A Rede Antissocial

OUTRAS OBRAS DE BEN MEZRICH

NÃO FICÇÃO

Bilionários do Bitcoin

Woolly

The 37th Parallel

Once Upon a Time in Russia

Straight Flush

Sexo na Lua

Bilionários por Acaso

Rigged

Busting Vegas

Ugly Americans

Quebrando a Banca

VOLUMES ÚNICOS

Seven Wonders

The Carrier (como Holden Scott)

Skin

Skeptic (como Holden Scott)

Fertile Ground

Reaper

Threshold

INFANTO-JUVENIS

Charlie Numbers and the Woolly Mammoth (com Tonya Mezrich)

Charlie Numbers and the Man in the Moon (com Tonya Mezrich)

Bringing Down the Mouse

CONTOS CURTOS

Q

A Rede Antissocial

O *short squeeze* da GameStop e o grupo desordeiro de traders amadores que desarmou *Wall Street*

Ben Mezrich

ALTA BOOKS
GRUPO EDITORIAL
Rio de Janeiro, 2023

A Rede Antissocial

Copyright © 2023 da Starlin Alta Editora e Consultoria Eireli.
ISBN: 978-85-508-2005-7

Translated from original The Antisocial Network. Copyright © 2021 by Mezco, Inc. ISBN 978-1-5387-0755-5. This translation is published and sold by permission of Grand Central Publishing Hachette Book Group, the owner of all rights to publish and sell the same. PORTUGUESE language edition published by Starlin Alta Editora e Consultoria Eireli, Copyright © 2023 by Starlin Alta Editora e Consultoria Eireli.

Impresso no Brasil — 1ª Edição, 2022 — Edição revisada conforme o Acordo Ortográfico da Língua Portuguesa de 2009.

Todos os direitos estão reservados e protegidos por Lei. Nenhuma parte deste livro, sem autorização prévia por escrito da editora, poderá ser reproduzida ou transmitida. A violação dos Direitos Autorais é crime estabelecido na Lei nº 9.610/98 e com punição de acordo com o artigo 184 do Código Penal.

A editora não se responsabiliza pelo conteúdo da obra, formulada exclusivamente pelo(s) autor(es).

Marcas Registradas: Todos os termos mencionados e reconhecidos como Marca Registrada e/ou Comercial são de responsabilidade de seus proprietários. A editora informa não estar associada a nenhum produto e/ou fornecedor apresentado no livro.

Erratas e arquivos de apoio: No site da editora relatamos, com a devida correção, qualquer erro encontrado em nossos livros, bem como disponibilizamos arquivos de apoio se aplicáveis à obra em questão.

Acesse o site www.altabooks.com.br e procure pelo título do livro desejado para ter acesso às erratas, aos arquivos de apoio e/ou a outros conteúdos aplicáveis à obra.

Suporte Técnico: A obra é comercializada na forma em que está, sem direito a suporte técnico ou orientação pessoal/exclusiva ao leitor.

A editora não se responsabiliza pela manutenção, atualização e idioma dos sites referidos pelos autores nesta obra.

Dados Internacionais de Catalogação na Publicação (CIP) de acordo com ISBD

M617r   Mezrich, Ben
A Rede Antissocial: O short squeeze da GameStop e o grupo desordeiro de traders amadores que desarmou Wall Street / Ben Mezrich ; traduzido por Carolina Freitas. - Rio de Janeiro : Alta Books, 2022.
304 p. ; 16cm x 23cm.

Tradução de: The Antisocial Network
Inclui bibliografia e índice.
ISBN: 978-85-508-2005-7

1. Administração. 2. Negócios. I. Freitas, Carolina. II. Título.

2022-3117
CDD 658.4012
CDU 65.011.4

Elaborado por Vagner Rodolfo da Silva - CRB-8/9410

Índice para catálogo sistemático:
1. Administração : Negócios 658.4012
2. Administração : Negócios 65.011.4

Produção Editorial
Grupo Editorial Alta Books

Diretor Editorial
Anderson Vieira
anderson.vieira@altabooks.com.br

Editor
José Ruggeri
j.ruggeri@altabooks.com.br

Gerência Comercial
Claudio Lima
claudio@altabooks.com.br

Gerência Marketing
Andréa Guatiello
andrea@altabooks.com.br

Coordenação Comercial
Thiago Biaggi

Coordenação de Eventos
Viviane Paiva
comercial@altabooks.com.br

Coordenação ADM/Finc.
Solange Souza

Coordenação Logística
Waldir Rodrigues

Gestão de Pessoas
Jairo Araújo

Direitos Autorais
Raquel Porto
rights@altabooks.com.br

Assistente Editorial
Mariana Portugal

Produtores Editoriais
Illysabelle Trajano
Maria de Lourdes Borges
Thales Silva
Thiê Alves

Equipe Comercial
Adenir Gomes
Ana Carolina Marinho
Ana Claudia Lima
Daiana Costa
Everson Sete
Kaique Luiz
Luana Santos
Maira Conceição
Natasha Sales

Equipe Editorial
Ana Clara Tambasco
Andreza Moraes
Arthur Candreva
Beatriz de Assis
Beatriz Frohe
Betânia Santos
Brenda Rodrigues
Caroline David
Erick Brandão
Elton Manhães
Fernanda Teixeira
Gabriela Paiva
Henrique Waldez
Karolayne Alves
Kelry Oliveira
Lorrahn Candido
Luana Maura
Marcelli Ferreira
Matheus Mello
Milena Soares
Patricia Silvestre
Viviane Corrêa
Yasmin Sayonara

Marketing Editorial
Amanda Mucci
Guilherme Nunes
Livia Carvalho
Pedro Guimarães
Thiago Brito

Atuaram na edição desta obra:

Revisão Gramatical
Carol Oliveira
Fernanda Lutfi

Diagramação
Ronald Monteiro

Tradução
Carolina Freitas

Copidesque
Eveline Machado

Editora afiliada à: ablr ASSOCIAÇÃO BRASILEIRA DE DIREITOS REPROGRÁFICOS ASSOCIADO CBL Câmara Brasileira do Livro

ALTA BOOKS
GRUPO EDITORIAL

Rua Viúva Cláudio, 291 – Bairro Industrial do Jacaré
CEP: 20.970-031 – Rio de Janeiro (RJ)
Tels.: (21) 3278-8069 / 3278-8419
www.altabooks.com.br – altabooks@altabooks.com.br
Ouvidoria: ouvidoria@altabooks.com.br

Para Asher e Arya, que basicamente viviam na GameStop de Boylston até o surto da pandemia; e para Bugsy, que sempre esteve lá com eles.

SUMÁRIO

NOTA DO AUTOR — IX
PARTE UM — 1

    Capítulo um — 3

    Capítulo dois — 9

    Capítulo três — 19

    Capítulo quatro — 29

    Capítulo cinco — 43

    Capítulo seis — 55

    Capítulo sete — 65

    Capítulo oito — 75

    Capítulo nove — 87

    Capítulo dez — 95

    Capítulo onze — 103

PARTE DOIS — 113

    Capítulo doze — 115

    Capítulo treze — 119

Capítulo catorze	**127**
Capítulo quinze	**137**
Capítulo dezesseis	**149**
Capítulo dezessete	**157**
Capítulo dezoito	**167**
Capítulo dezenove	**175**
Capítulo vinte	**185**
Capítulo vinte e um	**191**
Capítulo vinte e dois	**203**
PARTE TRÊS	**213**
Capítulo vinte e três	**215**
Capítulo vinte e quatro	**225**
Capítulo vinte e cinco	**237**
Capítulo vinte e seis	**245**
Capítulo vinte e sete	**249**
Capítulo vinte e oito	**267**
Capítulo vinte e nove	**273**
DEPOIS	**279**
AGRADECIMENTOS	**283**
SOBRE O AUTOR	**285**
ÍNDICE	**287**

NOTA DO AUTOR

O livro *A Rede Antissocial* apresenta uma narrativa dramática sobre um dos momentos mais únicos da história de Wall Street, baseado em dezenas de entrevistas, múltiplas fontes em primeira pessoa, horas de testemunho e milhares de páginas de documentos, incluindo registros de alguns processos judiciais. Apesar de haver diferentes opiniões, e geralmente controversas, sobre alguns dos eventos na história, com meu maior esforço, recriei as cenas no livro com base nas informações que descobri. Alguns diálogos foram recriados. Em alguns casos, certas descrições e nomes de personagens foram alterados a pedido das minhas fontes para proteger sua privacidade.

Apesar de, ao longo dos anos, ter passado horas nos corredores da *GameStop* local — afinal, eu era viciado em videogames aos 20 anos, me tornei adulto na era *Pac-Man* e *Donkey Kong*, e tenho um filho de 11 anos que sabe o nome de todos os personagens de *Fortnite* e *Roblox* — eu posso dizer, honestamente, que nunca esperei escrever um livro que girasse em torno da empresa ou, pelo menos, das finanças da empresa. Como muitas pessoas ao redor do mundo — presas em casa durante a época crítica da pandemia — eu assisti à confusão do mercado, que chegou ao ponto crítico em 25 de janeiro de 2021, com um misto de assombro e entretenimento. Não havia dúvidas de que algo grave estava acontecendo: uma história de Davi versus Golias, envolvendo um grupo desorganizado de investidores, gamers e trolls de internet que derrubaram um dos maiores hedge funds de Wall Street. Mas foi apenas quando mergulhei mais fundo na história que comecei a entender que isso era também algo significativo; que tudo o que estávamos vendo, dos nossos sofás de quarentena até nossas máscaras e distanciamento social, era o primeiro tiro de uma revolução — um que ameaça virar de ponta-cabeça o establishment financeiro como o conhecemos.

Quanto mais olhava, mais acreditava — a batalha que ocasionou o preço de uma única ação da GameStop a US$500 no pré-mercado tinha origens que remetiam ao Occupy Wall Street e além, quando a raiva direcionada aos grandes bancos e a destruição causada pela última crise ocasionaram protestos, majoritariamente impotentes, e ocupações. Ao mesmo tempo, o aumento do GME poderia, também, ser visto como o ápice de um movimento popular que começou com a interseção das redes sociais e o crescimento de portais simples e democráticos — tecnologia que enfraquece os pilares do velho mundo que apoiam o establishment financeiro, representados pelo maior arrivista dos negócios, Robinhood, e seus milhões de devotos, principalmente millenials.

O que parece certo, para mim, é que o primeiro tiro revolucionário — disparado diretamente em Wall Street, se não pela Main Street, pelo porão de um comerciante amador, a alguns quarteirões de distância — é apenas o começo. Aqueles pilares do velho mundo — protegendo as gravatas e os ternos da gentalha que vem de fora — não parecem mais tão firmes. Um mar de mudanças começou, bem ao lado da revolução da criptomoeda, com implicações filosóficas muito semelhantes.

É impossível saber aonde essa mudança nos levará; como Wall Street responderá; e se o que foi, agora, propagado pelas redes sociais pode ser contido. Mas, historicamente, revoluções alimentadas pela raiva tendem a ir na mesma direção. Em algum momento, quando os pilares começarem a estremecer, as paredes inevitavelmente cairão.

PARTE UM

Existe o deep value, e existe o deep value foda.

— *Keith Gill*

CAPÍTULO UM

26 de janeiro de 2021

Quatro horas e oito minutos da tarde.

Um escritório com paredes de vidro no décimo segundo andar de um arranha-céu na Madison Avenue. Deserto, desocupado, as luzes tênues, as mesas de operações vazias alinhadas e sem vida, como soldados terracota de alta tecnologia, cadeiras empilhadas e terminais *Bloomberg* escuros. Um lugar que, há um ano, estaria cheio, em plena atividade; o coração batendo, pulsante, no centro de um dos mais poderosos e bem-sucedidos hedge funds no mundo. Agora, quieto — junto com todos os outros escritórios em todos os outros arranha-céus no alfineteiro que era Nova York.

A 1.900km de distância, amarrado àquele núcleo em repouso por um sistema de torres celulares, de alguma forma ainda funcionando, satélites e cabos de fibra ótica, o mundo de Gabe Plotkin estava chegando ao fim.

"Isso não pode estar acontecendo."

Sua camisa social Oxford, feita sob medida, estava encharcada e sua gravata parecia um laço em volta do pescoço, movendo-se para cima e para baixo com cada batida de seu pulso, subitamente acelerado. Já havia retirado o paletó, jogado em um dos cantos de sua cadeira, mas não fez diferença alguma. Se estivesse em sua mesa, naquele escritório na Madison Avenue, ao invés de preso no quarto de visitas de sua casa alugada na pandemia, na Flórida, estaria fazendo menos um grau do lado de fora da janela panorâmica atrás dele — o tipo de vista que era geralmente reservada para banqueiros de Wall Street, ainda cambaleantes, apesar do tráfego escasso serpenteando o alfineteiro e as calçadas vazias pós-Covid — e ele teria ligado o aquecedor na maior temperatura possível.

Mas aqui, na Flórida, rios de suor desciam pela nuca e umedeciam a bainha das meias de padrão vivo.

"Impossível."

Os olhos de Gabe lacrimejaram enquanto olhava a tela do computador à sua frente. O gráfico na tela era inconcebível — e ainda assim, ali estava, uma montanha pontiaguda que se erguia como o Evereste, onde nenhuma montanha deveria existir. Mesmo enquanto ele observava, segundos indo embora na parte inferior da tela, mapeando os primeiros minutos do trading das horas extras de uma terça-feira comum — aquela montanha crescia diante de seus olhos, *exponencialmente*, mais e mais íngreme, ameaçando explodir pelo topo da sua maldita tela.

"Desastroso."

Gabe se inclinou para trás na cadeira, perplexo. Ele tinha visto trades perderem o valor antes; inferno, ele esteve no negócio por tempo suficiente para saber que as firmas realmente bem-sucedidas eram definidas por como se lida com situações de falha, não como se celebra quando as coisas vão bem. Como qualquer trader, ele tinha aprendido isso da forma mais difícil.

Quatorze anos atrás, Gabe era um recém-contratado da *S.A.C Capital Advisers*, de Steve Cohen — naquele tempo, um dos mais comentados gigantes financeiros, US$16 bilhões sob gestão. O *hedge fund* de melhor retorno de sua era — antes de se envolver com um escândalo de ações internas em 2013. Na *S.A.C*, Gabe passou a primeira metade de 2007 em uma corrida meteórica, transformando um *bankroll* de US$450 milhões em um baú do tesouro de um US$1 bilhão, marcando-o como um dos melhores traders do pedaço. A *S.A.C.* tinha começado a lhe dar mais e mais dinheiro para investir — quando de repente, a posição de Gabe balançou e se espatifou. Ao final do verão, ele havia perdido 80% de seus investimentos. Foi um momento existencial — muitos traders teriam abandonado o emprego. Mas Gabe foi resiliente. Ergueu-se, limpou o sangue no nariz, colocou um bife gelado nos olhos feridos e surrados. Aprendeu a confiar em seu processo, continuamente reajustando sua posição em um ambiente movediço. No fim daquele ano, recuperou todos os centavos que perdeu, e mais um pouco.

Mais de seis anos depois, ele se tornou um dos melhores traders na *S.A.C.* Na queda da investigação do *SEC*, que virou a *S.A.C.* do avesso — deixando o próprio Steve Cohen majoritariamente intacto, mas enviando alguns de seus traders para a prisão —, chegou a hora de Gabe abrir sua própria loja. Ele rapidamente economizou US$1 bilhão, parte vindo da nova manifestação de Cohen, *Point72*, e, após isso, Gabe nunca olhou para trás. Ele construiu um time diverso de pessoas certas, que conseguiam fazer *trade* no seu mais alto nível; pessoas humildes, mas que queriam trabalhar duro.

Oito anos depois, Melvin Capital era agora uma das luzes mais brilhantes em Street. Desde sua inauguração, em 2014, Melvin conquistou o retorno anual de 30% durante todo o ano de 2020; em 2020, a firma tinha uma rede de mais de 52%. A estrela de Gabe virou uma supernova; ele pessoalmente ganhou, segundo informações, mais de US$800 milhões apenas no ano passado, e estava rapidamente colhendo os louros de sua crescente posição no topo da hegemonia bancária. Ele tinha posse minoritária de um time de esporte profissional, o Charlotte Hornets, o que o fazia parceiro de Michael Jordan — *Michael Jordan!* —, um de seus ídolos de infância. Um apartamento luxuoso na East Side e, claro, tinha até mesmo uma mansão à beira-mar, em Miami. Na verdade, aquela única mansão não foi grande o suficiente, então ele comprou duas mansões, próximas uma da outra, por US$44 milhões, com a intenção de demolir uma para abrir espaço para uma quadra de tênis, uma cabana e um parquinho para as crianças. O local vinha com um cais privado, o que significava que Gabe certamente precisaria de um barco, por que para que serve um cais sem barco? Aliás, que titã de *hedge fund* de respeito, com US$13 bilhões sob gestão, não tinha um barco?

Mas, encarando a tela e aquele Evereste digital apontando para cima, pixel atrás de nauseante pixel, pensamentos sobre palácios em Miami, jogos informais de beisebol com Michael Jordan e o lastimável cais sem barco nem passavam pela mente de Gabe.

O que ele estava vendo não era possível, e ainda assim não tinha erro: apesar de toda lógica e razão, apesar de meses de pesquisa intensa, apesar das muitas horas desesperadoras gastas com relatórios financeiros e em ligações com analistas e experts — ele estava prestes a ter a maior perda de sua carreira.

Uma perda tão grande que poderia destruir tudo o que ele construiu — pior ainda, Gabe se preocupou, isso soaria um sino de alarme que reverberaria por toda Wall Street, com repercussões que seriam sentidas por anos à frente.

A Melvin Capital de Gabe recebeu esse nome em homenagem ao seu avô, um dono de loja de conveniência, um dos homens mais honestos e trabalhadores que ele já tinha conhecido — perdeu, supostamente, cerca de US$5 bilhões em uma questão de dias — muito disso nas *últimas 24h*. Tudo em uma única ação, uma empresa que era quase ridícula demais para ser nomeada. Uma ação que deveria estar despencando, mas, ao contrário, estava atravessando o teto.

Gabe, um dos homens mais poderosos de Wall Street, acabara de ser vencido por alguma força invisível. Algo que ele cedo aprenderia crescia nos mais profundos e escuros cantos das redes sociais — uma revolução, disparando seu primeiro tiro em direção ao arco da classe dominante. E talvez a maior indignação de todas — o golpe de misericórdia foi dado com um único tweet, há alguns minutos, vindo do maior troll de toda a internet.

CAPÍTULO UM

Gabe fechou seus olhos. Pensamentos de barcos, Jordan e Miami lampejaram e se misturaram como imagens em um rolo de filme que se soltava do projetor. Ele respirou fundo e desligou o computador.

Então, pegou o telefone.

CAPÍTULO DOIS

Dezembro de 2020

Seis semanas antes e a 600km de distância, Jeremy Poe, com 22 anos de idade e parecendo um cabide que foi desenrolado e estendido para invadir um carro por uma fresta na janela, encontrava-se em uma mesa de metal, estilo institucional, em frente ao vasto salão de baile do *Washington Duke Inn and Golf Club*, se perguntando como é que as coisas tinham chegado àquele ponto.

A única coisa que sabia com certeza era que seu último ano da faculdade não deveria ser assim. Ele viu todos os filmes, leu todas as revistas. O último ano supostamente era para ir de bar em bar e festas de fraternidade, aulas de dança, talvez um romance ou dois, passar o tempo às tardes no pátio, discussões em seu quarto de dormitório que durassem a noite toda, até que a luz da manhã entrasse pela janela e seu despertador tocasse, dizendo que ele estava atrasado para a aula — mas quem se importava, de fato, porque era seu último ano, um último suspiro antes que a faculdade terminasse e o mundo real viesse, rugindo.

Em vez disso, estava parado no salão de baile com uma dezena de colegas de classe, alinhados em filas desajeitadas e socialmente distantes, abaixo dos candelabros elegantes que derramavam lágrimas de cristal. Cada jovem, como ele, esperava sua vez naquela mesa de metal assustadoramente estéril, entupida de frascos, garrafas de amostra e loção desinfetante.

Havia uma enfermeira a alguns metros de distância, vigiando Jeremy com olhos que poderiam muito bem ser azuis, ou verdes. Pelo menos Jeremy pensou que ela era uma enfermeira; usava máscara, face shield e luvas, mas várias pessoas no salão estavam usando isso, mesmo fora do campus e nas ruas de Durham. Aliás, na TV, nos noticiários e em praticamente todos os lugares também. *Ícones fashion na era da Covid.* Mas essa mulher também tinha jaleco, o que significava que provavelmente sabia o que estava fazendo. E, apesar do jeito como as luzes dos candelabros salpicavam padrões obscuros por seu face shield, Jeremy conseguia ver a impaciência em seus olhos azuis, ou verdes, ou verde-azulados.

Jeremy deu um sorriso de desculpa enquanto se preparava para a tarefa à frente. Ele não estava usando face shield e sua própria máscara estava para baixo, sob o queixo — mas só por causa daquela coisa que ele segurava na mão direita. Tinha 15cm, coberto com um tufo de algodão de aparência maléfica. Uma reviravolta cruel quanto ao palito de festa e, no pensamento de Jeremy, isso era o mais distante de uma festa que um graduando poderia ter.

Pelo menos o salão de baile em si estava ligeiramente festivo; o tapete embaixo de seus pés era luxuoso e ornamentado com padrões em vermelho e azul, e havia cortinas de veludo pesado ao redor das muitas janelas das quais se via um dos principais cursos de golfe da Carolina do Norte. E, claro, havia os candelabros, brotando do teto ridiculamente alto como águas-vivas congeladas e brilhantes, tentáculos brilhantes balançando na brisa vinda dos circuladores de ar especialmente planejados que foram colocados no perímetro da sala.

— Não é difícil — disse a enfermeira, sua voz abafada pela máscara. Basta colocar no nariz, girar algumas vezes e deixar no recipiente em cima da mesa.

CAPÍTULO DOIS

Jeremy tentou pensar em algo espirituoso para responder, mas logo decidiu que o momento não era adequado. Era difícil ser carismático quando estava prestes a enfiar algo em seu nariz. Claro, era melhor do que o teste que eles costumavam usar, na primavera antes do campus ser fechado pela primeira onda da Covid. *Aquele* maldito swab era duas vezes mais longo e parecia chegar no cérebro.

Verdade seja dita, Jeremy era muito bom com conversas casuais e em fazer pessoas rirem; provavelmente tinha chances de conseguir pelo menos uma reação positiva da enfermeira se ele tivesse segurando um saca-rolhas ao invés de um palito de nariz. Por outro lado, apesar de não ser tímido, ele era peculiar, com uma personalidade idiossincrática; mesmo que tivesse feito bons amigos durante os primeiros três anos em *Duke*, ele esperava, de verdade, o último ano para construir uma estrutura social, o que foi destruído da pior forma.

Quando pensava nisso, sabia que sua peculiaridade não era inteiramente sua culpa. Sua criação tinha sido, em uma palavra, única. Não são muitos os jovens que podem dizer que cresceram em um barco, balançando pela costa da Flórida quando não estava ziguezagueando entre várias ilhas caribenhas. Em grande parte de sua infância, seu caminho matinal envolvera gráficos de maré e pedágio portuário, e suas reais companhias tinha sido sua família — seu pai, sua mãe e seu irmão mais novo, Casper. Não se ganhava habilidades sociais normais em um catamarã de 13m, e, quando chegou no ensino médio, ele havia desenvolvido alguns hábitos excêntricos. Mas ele trabalhara muito em sua personalidade desde então e controlou a maior parte de sua ansiedade e de seu desconforto social.

Ainda assim, sob a circunstância mais ideal, era sempre difícil quebrar o gelo com estranhos, e essa circunstância estava longe de ser ideal. No momento, o melhor que ele podia fazer era dar um sorriso amigável.

Ele não podia dizer se a enfermeira sorriu de volta, por conta da máscara, mas contou isso como uma vitória. Então, ele focou sua atenção no swab, enfiou-o no nariz e fez um giro confiante.

* * *

Uns 20 minutos depois, as narinas de Jeremy ainda doíam enquanto ele sacudiu os resquícios de uma garoa intensa de seu moletom com capuz, chutando para fora seus tênis na entrada do apartamento econômico de um quarto, fora do campus. *Dunworthy Pines*, um extenso complexo de casas com vários andares e que não era tão chamativo quanto seu nome, que fazia com que Jeremy pensasse em uma novela diurna — pessoas bonitas atuando roteiros fantásticos enquanto se reuniam usando biquínis e *Speedos* em volta de uma piscina comunal chique. Mas não era de todo ruim. Tinha, de fato, uma piscina, e até um lago artificial, ambos os quais Jeremy podia ver através das portas de vidro corrediças no canto mais distante de sua sala de estar, se as persianas não estivessem fechadas. E o terreno em volta do lago era razoavelmente bem-cuidado, um labirinto de pequenos arbustos e árvores podadas cortado por um caminho pavimentado e de pedras, para caminhar. Ainda que *Pines* estivesse apinhado de jovens universitárias que, como Jeremy, optaram por evitar as acomodações lotadas do campus principal da faculdade, não havia nenhuma reunião acontecendo, pelo menos que ele soubesse. Eram, em grande parte, estranhos compartilhando corredores, todos se escondendo atrás de máscaras e invisíveis campos de repulsão de 1,5m, fazendo seu maldito melhor esforço de se manter reclusos.

Quando Jeremy chegara ao campus pela primeira vez, esteve bastante sozinho — o que diz muito de uma criança que cresceu em um barco. Mas então, por insistência de seu pai, ele tomou a iniciativa de criar uma bolha com alguns de seus colegas de classe que, por acaso, moravam no mesmo prédio. Karl, dois andares acima de Jeremy, era um de seus melhores amigos em *Duke*, especializado em biologia e cujo hobby era artes marciais, foi quem ensinou a Jeremy como lutar e manter um estilo de vida saudável, ajudando-o a se manter fisicamente em forma, apesar do foco na vida acadêmica. A namorada de Karl, Josie, que era melhor lutadora que Jeremy ou Karl, estudava matemática aplicada e ciência política. Seu terceiro colega de classe, Michael, que Jeremy conheceu em sua turma avançada de álgebra linear, por acaso tinha a mesma dupla graduação de Jeremy — matemática e psicologia —, o que significava que eles tinham a predileção em comum de se sentirem miseráveis, aliada à vontade de descobrir *por que* buscavam a dita infelicidade. Entre a bolha de Jeremy, que se reunia duas vezes na semana, e a carga horária do curso, que incluía nomes extensos, tais como *estatística bayesiana* e *cinema da psicopatologia*, era quase possível esquecer que o mundo lá fora tinha parado bruscamente.

Jeremy puxou seu capuz para trás enquanto adentrava o apartamento, soltando o emaranhado de cabelos ruivos, que caiu sobre sua cabeça como um tipo halo louco, cor de cobre. Ele não ia ao barbeiro desde antes da Covid, apesar de ter tentado aparar o cabelo por conta própria algumas vezes durante os últimos meses. Pelo menos um dos benefícios de uma pandemia era que não importava a aparência, quando a maior parte da sua vida social era através de quadradinhos flutuando na tela de seu notebook. O Zoom era um ótimo equalizador e uma webcam com alta definição vencia um corte de cabelo adequado todas as vezes.

Jeremy adentrou ainda mais seu apartamento, puxando seu celular do bolso enquanto caminhava. Uma pequena luz verde em uma caixa de som, escondida a meia altura nas estantes de livro que separavam a entrada da sala de estar, disse-lhe que a mágica do bluetooth já estava dois passos à frente, e, com um toque de seu dedo, ele trouxe à vida o aplicativo de música.

Como de costume, a playlist sinalizou o começo de sua música favorita e os acordes hipercinéticos de uma música pop japonesa bem frenética espiralaram até ele, vindos da caixa de som, como pequenos anéis de confete eletrônico e invisível. Kanako Itō, com certeza, porque durante o último ano, mais ou menos, era quase sempre Kanako Itō. Seu nome real era Itō Kanako — em japonês, eles colocam o sobrenome primeiro — uma das muitas coisas que Jeremy aprendeu conforme seu amor por anime, e especificamente uma série chamada *Neon Genesis Evangelion*, crescia até uma quase obsessão. Produções de TV japonesas eram bem conhecidas. O enredo do anime — que também incluía mangá, filmes e videogames, além dos 26 episódios originais — era incrivelmente complexo, envolvendo um apocalipse global, biorrobôs enormes batalhando contra monstros ainda maiores, misticismo, imagens judaico-cristãs e muita angústia adolescente. A série foi ainda mais incompreensível pelo fato de Jeremy tê-la assistido completa no original, em japonês, que ele não falava; mas, ainda assim, tinha concluído que era uma obra-prima absoluta e costumava pressupor que era, de fato, um milagre que algo tão bom tenha sido criado. Ele passou muitas horas tentando decodificar a história e seus temas, usando todo o recurso da internet à sua disposição — uma jornada que o levou ainda mais fundo no mundo dos animes, onde ele descobriu inúmeras outras séries como *Kaguya-sama: Love Is War*, *O Serviço de Entregas da Kiki* e a série de *visual novels* de *Science Adventure*, incluindo *Steins;Gate* e *Robotics;Notes*, tendo jogado o último sem parar — as 40 horas totais — em três ou quatro dias.

Do anime foi um pulo para a música; Kanako Itō, Kikuo, pop e metal. No fim do terceiro ano, enquanto escrevia seu trabalho de teoria numérica algébrica, ele ouviu um mesmo álbum de metal japonês mais ou menos umas quinze vezes seguidas, durante as quais ele deu repetidas pausas para dançar, deixando a música o mover como um fantoche, para fazer sua veia criativa fluir.

No momento, enquanto cruzava seu apartamento, em direção ao canto perto das portas de vidro, onde seu notebook o esperava, ele não estava dançando; mas usava sua blusa *Neon Genesis Evangelion* sob o moletom, e tinha pelo menos um volume de mangá sobre a escrivaninha de cromo e vidro, perto do teclado do computador.

A mesa em si — brilhante, simples, lustrosa, com pernas retráteis e muitos pés com rodinhas — poderia ser dublê de um robô de batalha mecanizado, em tempos de dificuldade; o irmão de Jeremy, Casper, montou toda a maldita coisa quando Jeremy se mudou para o apartamento. Era algo que levaria alguns dias para conseguir, mas Casper tinha finalizado o trabalho em uma tarde apenas. Casper era

CAPÍTULO DOIS

sempre o mais prático dos dois, o que provavelmente era a razão dele ter escolhido cursar engenharia civil, enquanto Jeremy tomara a rota mais teórica. O que significa que, embora ambos se especializassem em matemática na mesma universidade, separados apenas por dois anos, eles praticamente não tinham cruzado caminhos, mesmo antes da pandemia.

Diferente de Jeremy, e apesar da Covid, Casper escolheu passar seu segundo ano em um quarto de dormitório no campus, porque queria estar mais próximo dos amigos. Pelo que Jeremy percebera desde as primeiras semanas do semestre de outono — barreira de quarentena, testes semanais e exigências de distanciamento social —, não parecia que Casper estava passando por isso muito melhor do que ele, tão isolado quanto. Não levou muito tempo para Jeremy perceber — em um dormitório cercado de colegas de classe ou em um apartamento cercado de estranhos — que uma pandemia era algo pelo qual se passava sozinho.

Sentando na cadeira em frente à mesa, ele puxou a máscara de seu queixo e a jogou na lata lixo próxima. Ele errou por um bom metro, e ouviu o tremular da máscara cirúrgica amassada aterrissando próximo a uma pilha de roupas sujas. Cedo ou tarde ele iria catar tudo e levar para a lavanderia do porão do prédio; quem sabe, talvez tivesse sorte e alguém estaria nas outras máquinas. Talvez eles conversassem presencialmente — uma atividade que ele lembrava vagamente, envolvendo uma troca real de pensamentos transformados em palavras, pensamentos que poderiam até não ter nada a ver com o coronavírus, o uso apropriado de EPI ou o ritual de testes, pensamentos comunicados sem o uso de um software de computador ou um roteador sem fio.

Ele sorriu com a ideia, então começou a apertar os botões no teclado, ligando a tela em suspensão. À sua direita, além da coleção de mangás, estava um imponente amontoado de livros didáticos de matemática, a maioria dos títulos aterrorizaria qualquer um que ele encontrasse na lavanderia, mesmo em uma universidade como *Duke*. Perto dos livros, um bloco de notas de papel pautado amarelo — as primeiras páginas já preenchidas com o princípio de um conjunto de problema que lhe foi passado antes mesmo da escola ter retornado às atividades. Mas, no momento, enquanto seus dedos dançavam pelo teclado, seus pensamentos não estavam no trabalho de casa, em um anime ou, ainda, em estranhos amigáveis e imaginários, conversas sem Covid em lavanderias menos imaginárias.

Em vez disso, seu foco estava no notebook, o qual, desde o começo de seu último ano, tinha se tornado basicamente o centro de seu universo. Não apenas porque era onde ele estaria, em breve, assistindo às aulas e administrando a maior parte de sua socialização. Fora a escola e sua rede existente de amigos e família, ele recentemente descobriu uma nova aptidão, que estava tomando mais e mais do seu tempo. Um interesse que começou como curiosidade tinha progredido para algo como hobby, e estava rapidamente se tornando mais uma de suas obsessões, bem ao lado de sua paixão por anime, pop japonês e introspecção causadora de ansiedade.

Continuando a pressionar as teclas do computador, mais uma vez tirou o telefone do bolso e o colocou em cima de um mangá. Um toque habilidoso de seu polegar mudou a tela do telefone de sua coletânea musical para um aplicativo diferente — a tela mudando para um verde cor de folha apelativo, interrompido apenas por uma imagem, um quarto acima, no topo — uma pena, como se estivesse flutuando do topo do telefone, arrancada da aba de um chapéu como os de contos de fadas.

Algo sobre a imagem sempre fazia a adrenalina de Jeremy subir; ele presumiu que sua reação era pavloviana, envolvendo ser atingido por um minuto de dopamina de alguma estrutura sobrecarregada em seu cérebro. Ele não tinha dúvida de que as pessoas que fizeram o design da tela de entrada passaram horas contemplando cores, sombras e imagens — ele leu em algum lugar que cassinos empregavam dezenas de cientistas quando projetavam o hall de jogos, encontrando o misto perfeito de iluminação, materiais, decorações e até cheiros — para envolver seus clientes em um nível subliminar, primordial. Ele não tinha ideia se as pessoas por trás do app em seu telefone tinham ido a tal ponto na construção da tela inicial — tudo o que ele sabia, de fato, era que um olhar para seu telefone o atingia como as primeiras notas de sua favorita Kanako Itō.

Mas, antes de ceder à repentina vontade de sair da tela inicial e estar imerso no app, ele voltou sua atenção para o notebook. Em alguns momentos desde que sentou à mesa, ele já tinha visto seus e-mails, deixado de lado alguns documentos do Word e um projeto de matemática em progresso. Agora, dominando o centro da tela estava algo mais — e, no minuto em que seus olhos começaram a escanear a tela, ele percebeu que tinha um largo sorriso.

Jeremy sabia que Na Vida Real, ele poderia ser mais peculiar, e às vezes autolimitar sua interação com outros. Passatempos como matemática teórica, anime e o saudável medo da Covid não colaboravam para desenvolver uma grande rede de amigos. Mas, preso em seu apartamento, com seu pop japonês retumbando e o trabalho de matemática empilhado, ele tinha acabado de encontrar algo para focar sua atenção. A tela à sua frente não era apenas uma ferramenta bidimensional para conectá-lo a lugares que ele estava acostumado a visitar e a ver. Tornara-se um portal para uma comunidade inteiramente nova — uma que vinha se tornando mais real e envolvente, ainda que o mundo atual se tornasse um lugar mais bizarro e menos social dia após dia.

Ele se inclinou para frente, vasculhando a tela, e seu sorriso cresceu.

— Okay, amigos primatas e retardados — sussurrou para ele mesmo. O que vocês têm para mim hoje?

CAPÍTULO TRÊS

Wilmington, Massachussetts.

Pouco antes das 18h de uma noite gelada. O típico anoitecer da Nova Inglaterra, onde o ar era tão frio que dava para ver e sentir o vento. Uma bela rua escondida em um subúrbio adormecido a vinte minutos de trem vindo do centro da cidade de Boston.

O tipo de lugar onde você fechava os olhos e vinte anos passavam rapidamente.

Keith Gill, 34 anos, com maçãs do rosto altas, olhos castanho-avelã e uma juba magnífica de cabelos na altura dos ombros, tendendo para o estilo *mullet* quando visto de lado, estava parado na grama congelada do seu jardim, do tamanho de um cartão-postal, tencionando os braços para levantar sua filha de 2 anos até o topo do escorregador de plástico à sombra de sua casa de 3 quartos. Sua filha sorria do jeito que uma criança de 2 anos no topo de um escorregador podia sorrir — uma expressão de alegria pura por antecipação, sem nenhum traço de medo. Ela só queria deslizar por aquela borda e ir rápido, mais rápido, tão *rápido quanto pudesse.*

Sem dúvidas, ela tinha herdado aquilo do pai. Até onde Keith lembrava, ele tinha sido rápido — e se esforçava para ir mais rápido. Até mesmo agora, na metade dos trinta anos, todas as células de seu corpo sentiam aquela fagulha de energia cinética dormente. Quando era criança, a coisa mais difícil do mundo era ter que sentar quieto; mais cedo do que se lembrava, canalizou aquela energia na corrida. Ele apontava em uma direção e ia — e, aos 12 anos, ele já tinha a reputação de ser a criança mais veloz da vizinhança.

Era um subúrbio diferente naquela época: Keith cresceu em Brockton, uma versão de Wilmington para a classe trabalhadora, um dos três filhos de um pai que dirigia caminhão por profissão e uma mãe que trabalhava como enfermeira formada. Brockton não era rica, chique ou bonita, mas era um lugar orgulhoso pra caramba, o tipo de lugar que só olhava para trás se fosse o suficiente para acertar uma boa cotovelada. Um lugar convencido o suficiente para chamar a si mesmo de "a cidade dos campeões", se recusando a desistir do título mesmo depois de Boston e de seu prefeito reeleito, Menino, ressaltarem que todas as paradas campeãs aconteciam na *Boylston Street*, não na *Route 28*. Tom Brady era o melhor de todos os tempos, e caras como Bourque, Bird e Ortriz podiam fazer milagres, mas qualquer um de Brockton podia dizer de onde os campeões reais vinham. Pessoas como Rocky Marciano e Marvin Hagle, que subiram na vida, vindos do ensino médio em escolas públicas; e bem ao lado deles estava Keith Gill, procurando acompanhar a corrida porque não era bom o suficiente para o beisebol profissional, grande o suficiente para jogar futebol americano ou mau o suficiente para jogar hockey. Sabe o que mais? Dane-se, ele era *rápido*.

Em uma rápida sucessão, a criança mais rápida da vizinhança se tornou a criança mais rápida de sua cidade natal. Então a criança mais rápida no ensino médio de Brockton, e, na época em que se matriculou na faculdade de Stonehill, era conhecido como um dos corredores mais promissores do Estado. Em Stonehill, seus recordes continuavam a se acumular: ele correu 800m em 1min52s em pista coberta. Na corrida de 1.000m ficou um pouquinho acima de 2min24s. E houve uma de 4,03 milhas, a qual o colocou na elite de corredores da faculdade. Menos de 1.500 pessoas no mundo con-

CAPÍTULO TRÊS

quistaram uma corrida de milha em quatro minutos e Keith estava a um passo de conseguir — ganhando para si o título de atleta de pista coberta da divisão II, e conquistando, junto com seu irmão corredor, Kevin, páginas na *Sports Illustrated*.

Se não fosse pela combinação de lesões sérias envolvendo seu tendão de Aquiles e pelo período duradouro de mononucleose, não tinha como saber onde a velocidade inata de Keith o teria levado. No entanto, Keith estava plenamente consciente de que corrida não era futebol americano nem hockey. Não há uma aposentadoria abastada para correr rápido.

Keith respirou outra vez o ar gelado e voltou a assistir a sua filha enquanto ela se inclinava para frente e deslizava para baixo no escorregador de plástico. Seu grito animado rompeu o ar noturno, fazendo Keith sorrir. Ele podia ver sua esposa, Caroline, pela janela do primeiro andar, que dava em sua cozinha compacta, e ela estava sorrindo também.

Não era uma corrida de milha em quatro minutos — mas um cara como ele, no lugar onde cresceu, poderia estar bem pior do que a vida simples e quieta que construiu para si mesmo. Uma casa — alugada, certamente, mas mesmo assim — uma esposa, uma criança, um emprego. Talvez não fosse o emprego dos sonhos — caramba, ninguém sonhava trabalhar para o que alguns poderiam chamar de uma empresa de seguros de segunda linha como a *Mass Mutual*, e certamente ninguém fantasiava sobre o trabalho cotidiano de Keith, que era desenvolver aulas de educação financeira que consultores financeiros — pessoas que ganhavam o dobro de Keith, que foram para faculdades melhores e provavelmente cresceram com pais mais ricos, mas que de maneira alguma conseguiriam correr nem perto de um milha em quatro minutos — poderiam apresentar para clientes em potencial.

O próprio Keith não tinha certeza absoluta de como ele mesmo terminou em *Mass Mutual*. O mais importante é que 2009 não tinha sido o melhor ano para se graduar na faculdade e procurar emprego. Apesar do fato de ele ter se tornado o primeiro da família a conquistar um diploma, se graduar na Stonehill não abria exatamente as portas para um futuro fácil. Um jovem de Brockton, com poucas conexões, não tinha grandes opções, e estar tão perto de Boston tinha vantagens e desvantagens. Não tinha sido fácil competir por oportunidades contra os cabeças de Harvard e Tufts, e os jovens ricos da Universidade de Boston — de 2009 a 2017, Keith passou grande parte de seu tempo desempregado. Quando ele conseguiu trabalho na *Mass Mutual*, no início de 2019, estava completamente sem trabalho há mais de dois anos.

Não era uma situação dos sonhos, mas colocava comida na mesa, como ele dizia a si mesmo todos os dias — pré-pandemia —, quando ele acorrentava seu pescoço com a gravata e lutava com o tráfego até o escritório da *Mass Mutual*, isso *era* um trabalho na área de finanças. Sua mãe contava, com frequência, uma história de como ele procurava bilhetes de loteria raspados, nas ruas e nas calçadas, esperando um grande prêmio que as pessoas que compraram o bilhete não tivessem notado. Na faculdade, que tinha modelado sua capacidade de fazer pesquisas criteriosas — novamente, ele procurava algo que outras pessoas tinham, de alguma forma, deixado passar. A corrida ensinou a ele como trabalhar duro e se esforçar ao máximo — velocidade inata importava, mas só se vence corridas se for mais fundo que todos os outros —, portanto, quando se formou, ele acreditava que finanças estariam de alguma forma em seu futuro. Mas também era realista; os bancos de investimento não batiam de porta em porta em Brockton procurando pelo próximo Warren Buffett.

Uma rápida passagem em uma startup de um amigo, seguida de alguns trabalhos em finanças em Nova Hampshire, em 2017, o levaram até sua prova de vendas de investimento, na qual ele passou facilmente para ganhar sua licença de trading. E aquilo, por sua vez, o colocou na *Mass Mutual*. Antes da pandemia ele tinha um escritório — bem, um espaço compartilhado —, mas com paredes e janelas, o que, tecnicamente, supera um cubículo. Talvez uns dois anos no futuro, se ele tivesse sorte, ascenderia para o andar de trading.

CAPÍTULO TRÊS

Mesmo quando a Covid aconteceu e o escritório teve de ser fechado, momento em que ele trocara seu terno por calças de moletom e sua jornada diária no trânsito por um curto cambalear até o notebook, na mesa da cozinha, ele ainda se considerava sortudo de ter um emprego na área financeira. Conhecia um monte de pessoas que estavam muito pior que ele.

Quando sua filha alcançou o fim do escorregador, ele a ergueu alto, no ar, com as duas mãos. Ela estava rindo, ele estava rindo, os dois não se importando nem um pouco com o ar frio — e, ainda assim, em algum lugar dentro dele, Keith ainda sentia a velha faísca cinética. Ainda lembrava, por dentro, como era ser a criança mais veloz da vizinhança, a criança que quebrava recordes, a criança que alcançava a linha de chegada primeiro.

Era um sentimento que ele não estava pronto para deixar de lado.

* * *

Quatro horas mais tarde, o sentimento cinético ainda permanecia ali enquanto Keith descia as escadas até o porão de sua casa de três andares. No andar de cima, Caroline estava colocando a filha para dormir; a mesa de jantar limpa, a lava-louças trabalhando arduamente, vazando filetes de água ensaboada no chão da cozinha, algo que Keith provavelmente teria que consertar por si mesmo, porque era ridiculamente difícil fazer alguém que sabia qualquer coisa sobre lava-louças entrar em sua casa durante a pandemia —mas, no momento, nada importava.

Desceu o último degrau para o porão, em grande parte terminado, ainda que estivesse bastante vazio. Tinha brinquedos de criança em estantes nas paredes, caixas cheias de jogos e quebra-cabeças em um armário perto da escada; mas o pequeno espaço no fundo com teto baixo era todo seu. Quando eles se mudaram para a casa, ele teve uma escrivaninha no andar de cima, com uma janela de onde se entrevia toda a vizinhança; mas não demorou muito antes que os hábitos de sono exigentes de sua filha o banissem para o porão.

Três passos longos e ele atravessou a porta para o que ele chamava de seu "cantinho de gato". Um dos bichos de pelúcia preferidos de sua filha — um gato, claramente, porque em sua casa tudo era de gatos — estava empoleirado na maçaneta interna, e tinha o pôster de um gato, pendurado pelas patas, preso na parede; abaixo do gato tinha uma frase banal: "Segure as pontas!" Não era o único pôster que Keith tinha; ele tinha pôsteres similares enrolados e presos juntos com elástico, guardados em um dos armários num canto do porão, junto com uns dois calendários com tema de gato e outras parafernálias de tema felino, como canecas, bonés de beisebol, e mais camisas do que ele gostaria de admitir. No momento, ele estava usando uma dessas camisas — estampada com um gato usando óculos escuros de aviador e, acima, dois aviões militares.

Em frente ao pôster estava sua mesa, dando suporte a três monitores grandes de computador, bem como seu notebook e um teclado bluetooth. Era um *setup* bastante sofisticado, ainda mais impressionante pelo microfone grande e articulado sobre seu desktop, pintado em tom escarlate, que combinava com sua cadeira, ainda mais imponente — equipamento gamer de alta qualidade feito pela *Secret Lab*, construído com couro artificial e ornado com suede preta. A cadeira era uma edição limitada, costas altas, design ajustável e decorada com o brasão da Casa Lannister da série *Game of Thrones*, da HBO, que era, claro, um leão dourado. A cadeira custou uma pequena fortuna a Keith e Caroline levantara ambas as sobrancelhas quando ela chegou via UPS; mas, no fim, parecia um pequeno mimo. Muito do que ele gastou na cadeira tinha sido compensado pela pechincha que foi o sistema de streaming de vídeo que ele colocou de frente para sua área de trabalho, e os programas de edição praticamente de graça que ele adicionou ao disco rígido do seu computador.

Keith se sentou na cadeira, preparando-se mentalmente para a noite à frente. Atrás dele, fixada na parede atrás do pôster de gato, estava uma tela de projeção branca, que ele podia reutilizar como quadro branco digital. Quando a câmera estava funcionando, seu

CAPÍTULO TRÊS

notebook costumava preencher o quadro com anotações, fluxogramas, cálculos e declarações de trading, mas, no momento, o quadro estava em branco. Embora ele tivesse um plano geral para a transmissão daquela tarde, essas coisas geralmente ganhavam vida por si próprias.

Assim que a câmera ligava, Keith gostava de deixar aquela energia cinética tomar o controle. O que significava que mesmo *ele* não tinha ideia de onde acabaria. Durante o dia, ele era um pai suburbano calmo, que trabalhava em uma empresa de seguros e dava conselhos sobre como vender ações. Mas ali embaixo, em seu porão — ele podia se tornar *outra pessoa.*

Respirou fundo enquanto esquadrinhava o resto de sua escrivaninha, certificando-se que os apetrechos necessários para a transmissão estavam onde deveriam. Próximo ao seu teclado estava um baralho de Uno e, perto das cartas de cores fortes enumeradas, uma bandana vermelha, atualmente ao redor do gargalo de uma garrafa fechada de cerveja artesanal. Próxima à bandana e à cerveja, sua bola oito mágica. O brinquedo era bobo e muito anos 1980 — uma esfera preta brilhante que você sacudia, com uma pequena abertura que dava conselhos. Quando Keith era criança, ele perguntava sobre garotas, pontuação em esportes, coisas do tipo. A bola não sabia muito sobre garotas, muito menos sobre esportes; mas, quando não se gostava da resposta dada, poderia sempre continuar agitando-a até que ela dissesse o que a pessoa queria ouvir. Na prática, não era muito diferente do jeito como a maioria das pessoas em seu emprego diurno escolhiam as ações que elas venderiam aos clientes. Se o gráfico de ações não parecia bom à primeira vista, vire-o de cabeça para baixo; sempre havia um jeito de convencer alguém a comprar.

Inclinou-se para frente e acariciou as telas de computador, que ganharam vida. Na tela mais próxima estava seu portfólio atual, as várias linhas indicando as diferentes ações que ele adquiriu, por meio de várias corretoras online — nenhuma conectada à empresa em que trabalhava. Junto ao patrimônio líquido havia mais um punhado de entidades mais sofisticadas — principalmente opções de compra, para expandir sua influência, tendo em vista que ele não trabalhou com uma grande quantidade de saldo inicial. Meses atrás, quando ele começou a transmitir de seu escritório, seu portfólio era variado; mas, nos últimos meses, uma única ação tinha dominado suas telas de computador e, sinceramente, mais e mais de sua vida.

Quando lançou pela primeira vez sua produção de porão, não tinha intenção de focar uma só ação, e certamente não tinha previsto que o vídeo fragmentado de poucos minutos se transformaria em uma transmissão ao vivo, com horas de duração, ou que ele passaria horas em seu covil de trading, algumas vezes até altas horas da noite, outras vezes pouco mais de uma tarde. Tudo começou de forma bem simples: um canal do YouTube sob a persona de "Gatinho Rugidor", criada devido à paixão de Keith pela educação financeira. Seu objetivo era fazer vídeos curtos e segmentados explicando suas estratégias de trading, majoritariamente autodidáticas, que giravam em torno de encontrar valor onde outras pessoas não reparavam. Seus métodos tinham a ver com pesquisa direcionada, a qual ele abordava de forma bem semelhante como fazia com corridas competitivas. Trabalho duro, atenção aos detalhes e um otimismo quase fantasioso.

Seu canal do YouTube era acompanhado por uma conta no Twitter, bem como postagens regulares no Reddit, sob uma abordagem mais "apropriada para o Reddit", DeepFuckingValue. O nome era mais uma referência sobre suas filosofias de trading — a de que o *deep* value era o que fazia valer a pena, ainda que tivesse que se balançar a bola oito algumas vezes antes de vê-lo.

E, apesar de não ter se tornado exatamente uma estrela da internet — ao final do verão, começo do outono, seu canal do YouTube tinha acumulado umas boas centenas de seguidores, no máximo —, descobriu que era uma experiência surpreendentemente gratificante. Como o resto do mundo, ele foi tirado de sua zona de conforto pela pandemia e, de repente, havia um jeito de interagir, mostrar um pouco de si mesmo para pessoas que pensavam igual, algumas talvez compartilhando sua sensibilidade, seu senso de humor e até mesmo estratégias de trading.

CAPÍTULO TRÊS

Ele tinha certeza que Caroline entendia — as transmissões ao vivo, as postagens, a câmera —, era uma escapada que o levava de volta aos dias em que era corredor competitivo. Como na corrida, o trading era todo focado em preparação. Mergulhar fundo, construir uma estratégia, descobrir contra quem você estava. Então, quando estivesse pronto, fazia-se a jogada.

Na faculdade, quando Keith corria competitivamente, havia um sentimento de que o mundo todo estava assistindo. Talvez a maior parte estivesse na cabeça de Keith, mas essa era a verdadeira diversão: o vento batendo e a multidão gritando, todos os olhos vendo o que ele podia fazer. Tinha sempre aquele momento em que a adrenalina estava bombeando, seus músculos estavam pegando fogo e sua mente se tornava ridiculamente clara. Sentia-se como se estivesse se movendo no ar.

Talvez fosse ridículo; talvez ninguém estivesse realmente assistindo. Mas Keith tinha finalmente encontrado, de certa maneira, algo que replicava aquele sentimento.

Estendeu a mão entre a bola oito e a pilha de cartas, pegou a bandana, que estava no gargalo da cerveja, e amarrou na cabeça. Então ele pressionou um botão em seu notebook, olhou para as telas do computador e expirou —

Enquanto

a câmera

ligava.

CAPÍTULO QUATRO

"Será uma noite daquelas."

Kim Campbell olhou sobre seu café descafeinado para um colega sentado a duas cadeiras de distância, atrás da mesa à altura do quadril que perpassava o meio do posto de enfermagem compartilhado. Chinwe — uma cabeça mais alto que Kim, pele escura sob o jaleco azul, com uma postura tão correta, rígida e orgulhosa quanto sua personalidade — estava gesticulando em direção à grossa divisão de vidro que os separava da sala de convivência. Mesmo antes de Kim olhar, ela podia dizer que ele estava certo. Chinwe geralmente estava certo; um dos enfermeiros formados com mais experiência em sua unidade, ele tinha uma ética de trabalho adequada a seu status de imigrante de primeira geração. Pouquíssimo acontecia no Centro de Medicina Psiquiátrica Davis (CMPD) sem que ele estivesse ciente. Mas, no momento, Kim não precisava de Chinwe para saber que algo estava errado. Após seis anos na posição de enfermeira no CMPD, ela adquiriu uma intuição para esse tipo de coisa. Enfermagem tinha toda uma rotina; eram momentos como este, em que a rotina se quebrava, ainda que muito sutilmente, que causavam alerta.

A tensão aumentou sob seu jaleco enquanto esquadrinhava o espaço com cores brilhantes do outro lado do vidro de segurança; a sala de convivência estava bastante desocupada, considerando que faltavam apenas vinte minutos para a troca de plantão, o que também coincidia com a hora da medicação para uma grande parte dos pacientes que chamavam o CMPD de casa temporária. Em geral, duas dúzias ou mais de residentes estariam amontoados próximo à área acarpetada de uso misto, alguns esperando pacientemente nas mesas redondas situadas ao longo da parede distante, outros reunidos na área de convivência, virados para a TV — que sempre estava sintonizada em algum programa de jogos de auditório ou comédia — qualquer coisa que não tivesse buzina de carro ou tiros — quanto mais agradável, melhor. Kamal, outro colega, estava no posto de medicamentos, escrevendo notas no quadro branco próximo a ele para o plantão da noite, que se aproximava; como sempre, suas notas eram escassas e escritas tão rápido que seria necessário um criptógrafo para decifrá-las, algo que o próximo plantão já estava acostumado, chamando de "kamalização". Quando ele terminasse, Kim teria sua vez no quadro, anotando meticulosamente todos os pacientes de quem ela estava cuidando na noite anterior, mais os recém-chegados em geral, porque o CMPD, que era um dos melhores centros de saúde mental na área dedicado a admissões involuntárias, estava agitado na maioria das vezes. Seis meses de pandemia e o lugar estava prestes a explodir.

Mas, estranhamente, nesta noite, Kim podia ver todo o piso de linóleo até as paredes em tom pastel no final da sala. Os poucos pacientes próximos tinham ido para os cantos, e estava a ponto de perguntar a Chinwe o que ele pensava que estava acontecendo quando ela notou uma comoção na parte de trás, bem em frente às portas duplas que conduziam para dentro do hospital.

Mesmo através da grossa divisória, ela podia ouvir os xingamentos, os gritos agitados. Era um dos recém-chegados, um homem com uns 60 anos que tinha sido trazido no fim da tarde, magro e se apoiando em um andador de metal, provavelmente se recuperando de algum problema. Apesar de sua aparência frágil, ele tinha sido inicialmente designado pelo delegado como 5150, o que significava, dentre outras coisas, que era um risco para os outros e para si mesmo. Apesar disso, ele não foi detido, o que significava que se acalmou o suficiente do que quer que tinha usado para se juntar com segurança ao resto da população.

Os dois ajudantes que normalmente supervisionavam o ambiente estavam ao lado dele, conversando com vozes pausadas, tentando acalmar o homem — e, mesmo à distância, Kim podia ver o estresse nos olhos deles.

Era necessário certo tipo de personalidade para trabalhar nessa área de assistência médica; por definição, você estaria vendo pessoas nos piores momentos das vidas delas. O próprio plantão de Kim era de 12 horas por dia, de 7h da manhã às 19h, e ela era apenas uma dos quatro enfermeiros formados de tempo integral, admitindo os recém-chegados na sala de emergência e monitorando os pacientes durante o dia.

A unidade era trancada, mas os pacientes estavam livres para ir e vir entre a sala de convivência, a área de jantar, a sala de recreação e seus quartos semiprivados. No total, Kim e seus colegas monitoravam vinte camas no andar, e outras dez na sala de emergência. As camas estavam quase sempre cheias e, como o homem de andador, nenhum paciente estava ali por opção. Muitos chegavam algemados, enquanto outros eram trazidos em ambulâncias ou pela família.

Quando Kim se graduara na faculdade de enfermagem há uma década, ela não esperava terminar na área psiquiátrica; ela focava a enfermagem de emergência quando se voluntariou para uma experiência em um acampamento de verão especializado em problemas de desenvolvimento e saúde mental. Ela descobriu que tinha uma afinidade real por falar com pessoas e um lado gentil para com pessoas que estavam passando por momentos difíceis. Mais do que isso, ela percebeu que amava uma boa transformação.

Trabalhar no Davis podia ser exigente, mas ver as pessoas mudando para melhor, geralmente em pouco tempo, era extremamente satisfatório. Pacientes chegavam em momentos intensamente vulneráveis, com frequência logo após uma tentativa de suicídio, ou chegando ao fundo do poço relacionado a algum tipo de droga — e eles geralmente saíam melhores do que quando entraram.

Além disso, Kim achava que trabalhar em uma instituição psiquiátrica era mais libertador que as outras disciplinas estudadas na faculdade de enfermagem. Como seus colegas aprenderam rapidamente, ela nunca teve muito filtro e uma instituição psiquiátrica era um dos poucos lugares onde isso poderia ser um benefício real. Conectar-se com todo tipo de paciente que Kim via regularmente costumava requerer uma combinação de conversa direta e um forte senso de humor. Era preciso ser forte; quando a ambulância abre a porta traseira, não se sabe se será um jovem universitário se recuperando de uma ferida de tiro dado por ele mesmo ou uma mulher em situação de rua que foi encontrada de calcinha perambulando em uma rodovia ou dançando em cima de um carro. Todos chegavam até Kim em péssimo estado, e ela se dedicava a tentar fazê-los se sentir melhor, pelo menos temporariamente.

Pelo jeito como a situação se desenrolava no fundo da sala de convivência, parecia que o recém-chegado do CMPD precisava de um pouco de direcionamento; se ele não estivesse pronto para rir de uma das piadas de mau gosto de Kim, uma abordagem gentil provavelmente faria muita diferença.

Ela começou a se levantar, o que fez Chinwe erguer as sobrancelhas.

— Eu sei — disse Kim. — Dez minutos e é problema do próximo plantão. Mas meu café esfriou, então pensei, "o que custa dar uma olhada?".

Aconteceu tão rápido que ela nem teve chance de terminar de pensar. O barulho chegou a Kim primeiro, o "crack" de um cinto de couro sendo apertado. Então veio o vidro de segurança, pequenos

CAPÍTULO QUATRO

pedaços voando por todo lado, cacos ricocheteando no posto de enfermagem como chuva de gelo. Ela olhou rapidamente e percebeu Chinwe de pé, a alguns metros de distância, Kamal, meio se cobrindo com o quadro branco, apontando em choque — então Kim viu: o andador em que o paciente agitado estava se apoiando agora estava parcialmente cravado no que sobrou da separação do posto de enfermagem da sala de convivência.

O paciente estava sendo segurado pelos ajudantes, gritando o mais alto que podia. Kim foi na direção deles, sacudindo os restos de vidro das mangas de seu jaleco enquanto andava. Kamal a viu se mexendo e pegou o sedativo que eles mantinham guardado no armário de remédios atrás do quadro; mas, quando Kim saiu de trás da mesa, percebeu que um sedativo não seria necessário.

Agora que ele havia conseguido a atenção deles, o homem parecia ter se tranquilizado e estava calmamente falando com os guardas de segurança enquanto eles o conduziam pela sala de convivência, em direção às portas duplas.

Kim se virou para Chinwe.

— Dez minutos — ele disse. — Por que essas coisas sempre acontecem antes da troca de plantão?

Kim sacudiu a cabeça, respirando com dificuldade, com o vidro quebrado estalando embaixo de seus sapatos.

* * *

Pouco tempo depois, ela bebia lentamente uma nova caneca de café, sentada perto uma mesa redonda da sala de descanso dos enfermeiros, organizando seus pensamentos. Ela ainda tinha algum tempo até precisar ir à casa de seus pais para pegar seu filho mais novo antes de ir para casa, para seu apartamento de três quartos na parte distante da cidade; seu filho mais velho ia e voltava de bicicleta da casa dela e de seu ex, o que significava que ele não entraria com tudo em casa até que ela estivesse quase terminando de cozinhar o jantar. Ela não tinha planejado nada, então — espaguete. Provavelmente causaria muitas reclamações, porque o mais velho tinha 15 anos e passava o dia enclausurado na casa de seu ex, aguentando 6 horas de escola virtual, o que, até onde Kim sabia, era inútil na prática.

Então, mesmo que tivesse sido um longo dia e ainda tivesse vidro em seu cabelo, ela não estava exatamente com pressa de voltar para casa. Ela poderia, pelo menos, acabar seu novo café, que estava na mesa próximo ao seu notebook aberto. Seus dedos estavam no teclado, mas ela não digitava, só rolava a página. E, quanto mais rolava, mais a tensão da noite desvanecia, mais seus ombros relaxavam, mais ela sorria.

Sua expressão deve ter sido a primeira coisa que Chinwe viu enquanto passava pela porta giratória que levava ao vestiário. Ele trocara seu jaleco por calças escuras e um cardigã; ele sempre se vestia com estilo, sendo um pouco conservador — no momento, ele parecia mais um professor universitário do que um enfermeiro formado. Kim supôs que tivesse a ver com seu histórico. Ela sabia que ele era extremamente bem-educado e frequentou a melhor faculdade de enfermagem depois de ter imigrado para os Estados Unidos, vindo da Nigéria. Ele era cristão devoto e preocupado com a família, com uma grande noção de certo e errado.

Quando eles se conheceram pela primeira vez em campo, não se deram muito bem; Kim tinha uma personalidade muito expansiva, e podia ser bem grosseira e direta. No começo, muitas vezes ela ofendia, sem perceber, a sensibilidade mais provinciana de Chinwe. Mas, com o tempo, ele percebeu que suas piores zombarias vinham com uma dose cavalar de amor, e eles se tornaram próximos. Geralmente, eles se referiam um ao outro como "esposo e esposa de trabalho", apesar de Kim se nomear como o "esposo" e Chinwe como sua esposa antagonista.

Jogando-se na cadeira ao lado dela, ele já estava incorporando o personagem, com uma falsa preocupação franzindo a pele sobre seus olhos.

— Estou com medo de saber o que você está vendo.

CAPÍTULO QUATRO

Kim riu, oferecendo-se para virar o computador a fim de que ele visse.

— Eu ficarei ofendido? — ele perguntou, se acovardando.

— Sem dúvida.

Ela só estava brincando. A maior parte do que ela via online ofendia Chinwe, mas, sendo justo, ele poderia achar algo ofensivo em um filme da Disney.

— É mais besteira de direita?

Ela sorriu — mas balançou a cabeça. Chinwe não era o único desgostoso com as inclinações políticas dela. Ele ficou muito chocado — inferno, todos seus colegas tinham ficado chocados — ao descobrir que ela apoiou Trump em ambas as eleições. Apesar de Kim ser próxima de todo o pessoal — a mãe urso dos outros enfermeiros, que eram um grupo verdadeiramente diverso, cobrindo todas as origens e etnias imaginadas — eles todos deixaram bem claro que ninguém entendia como alguém como ela — educada, gentil, compadecida, que tinha dedicado sua vida a ajudar os outros como profissional de saúde — poderia ser uma apoiadora de Trump. Na verdade, até sua própria família ficou chocada quando ela admitiu pela primeira vez suas inclinações.

As muitas vezes que ela tentou explicar para Chinwe, este apenas olhou para ela com uma expressão que variava entre pena e desânimo. Crescendo em uma comunidade liberal, ela nunca esperava se apaixonar por alguém como Trump. Ela votou em Obama duas vezes — mas, supôs, sua política atual aumentou em relação direta com as decepções que ela acumulou durante sua vida adulta.

Ela sabia que algumas pessoas olhariam para ela como se fosse um clichê ambulante; mãe solo de dois filhos batalhando para fazer o dinheiro render até o fim do mês por mais tempo do que podia lembrar, que se decepcionou com as pessoas, o governo e a vida mais vezes do que podia narrar. Em 2008, ela viu seus pais quase perderem a casa na crise financeira. Ela mesma teve um casamento fracassado e duas gestações não planejadas. Ela gostava de Obama

35

e do que ele representava — mas, realmente, que diferença ele fez na vida dela?

Quando Trump apareceu, ela imediatamente se sentiu atraída pela natureza contrária dele; seu *shitposting*, sua assertividade. Era diferente e parecia chatear as pessoas, e ela gostava disso nele. E o que realmente ela tinha a perder?

Ela sabia o quão chateadas as pessoas ficavam quando descobriam — e aguentou a pressão de seus colegas de trabalho durante os ciclos eleitorais. Mas nunca foi do tipo que se cala. Ela sempre foi verdadeira.

Então, claro, não foi surpresa para ninguém que Chinwe a tenha odiado quando se encontraram pela primeira vez, e ele nunca entenderia seu apoio a Trump, quem ele considerava racista e perigoso, e responsável pelo fato de seu filho adotivo ser incapaz de imigrar da Nigéria para estar com ele — mas a amizade deles avançou a ponto de fazerem piadas disso sem animosidade real. Na TV e nas ruas, a política poderia ser polarizada. Com todas as dificuldades do campo psiquiátrico, isso era apenas uma esquisitice pessoal, outro motivo para fazer piadas durante as longas horas quase no fim de um plantão de doze horas. Na verdade, nas eleições de 2016, Chinwe apostou US$100 que Hillary ganharia. Quando Trump vencera, Chinwe ficou tão triste que continuava se "esquecendo" de pagar. Chegou ao ponto de um paciente com "milhagem alta", que sabia da aposta, mencionar ela toda vez que era hospitalizado. Ainda agora, apesar de Trump ter sido retirado do poder por meio do voto e Chinwe ter ganhado os US$100 de volta, a perda ainda era um assunto delicado, o que fazia Kim gostar de trazê-lo à tona sempre que podia.

— Eu juro — disse ela, apontando para o computador. Não é sobre política.

Por fim, Chinwe se inclinou para frente e prestou atenção na tela.

— WallStreetBets? — leu ele no topo da tela. O que é isso, um site de apostas?

CAPÍTULO QUATRO

Kim riu.

— Meio que sim, eu acho. Mas não, é um fórum. No Reddit.

— Tipo, você escreve mensagens?

— Às vezes, mas eu geralmente leio.

Kim esbarrou no WallStreetBets cinco anos atrás, completamente por acaso. E, verdade seja dita, *foi* por conta de política. Ela estava no Reddit — uma rede social que era basicamente uma sala de chat gigante partida em comunidades alimentadas por qualquer hobby, posicionamento político, crença ou filosofia que se possa imaginar — desde antes da eleição de 2016. Ela foi direcionada pelo Twitter, do qual participa desde 2014. E ela tinha ido ao Reddit inteiramente por causa de Donald Trump. Ela descobriu um subreddit (subseção criada pelo usuário ou subfórum do site Reddit principal) inteiramente dedicado aos seguidores do Trump, chamado r/The_Donald, que era basicamente um comício do Trump 24h por dia, 7 dias por semana. Por conta da crença do Reddit em privacidade pessoal —diferente de sites como o Facebook — e do fato de que as salas de chat, apesar de moderadas, permitiam pessoas anônimas postando quase qualquer coisa que gostassem, com regras de conteúdo bem relaxadas, desde o começo o r/The_Donald esteve cheio de diálogo extremista e controverso, evoluindo rapidamente para um caótico criadouro de teorias da conspiração, discursos questionáveis e uma quantidade imensa de raiva verbalizada. Mas, apesar da selvageria do subreddit do Trump, Kim amava os elementos comunais de ser parte de uma conversa com pessoas com o mesmo pensamento que ela.

No subreddit do Trump foi onde ela encontrou o caminho para o WallStreetBets. Ela não sabia muito sobre a história do WSB, mas aprendeu um pouco ao ler as postagens. Tinha sido fundado por um consultor de tecnologia de 30 anos chamado Jaime Rogozinski, que queria construir um fórum para pessoas que não se encaixavam nas roupas conservadoras geralmente associadas a Wall Street, para discutirem ações, investimentos, vitórias e perdas. Desde o começo, o site atendia aos que gostam de risco. A ideia de que Wall Street era, para muitas pessoas, um cassino glorioso — de que pessoas compravam e vendiam ações da mesma forma como outros apostam em cavalos, cartas e roletas — não era exclusiva do WSB, mas, talvez, os usuários atraídos pelo WSB estivessem mais dispostos do que todos a dizer essas coisas em voz alta. E, diferente de muitos sites dedicados a falar sobre ações, o subreddit WSB era o lugar onde pessoas revelavam a miséria de suas perdas — as compras ruins que lhes custaram até a cueca — tão frequentemente quanto cantavam suas vitórias.

Ainda que Rogozinski tenha fundado o site, ele acabou sendo removido do próprio subreddit que criou quando acusações surgiram — às quais ele contestou — de que ele estava tentando "monetizar a inscrição" para ganho pessoal. No lugar dele, vários moderadores tentaram manter a ordem ao longo dos anos — uma tarefa constante no Velho Oeste de um dos poucos cantos verdadeiramente anônimos da web.

Quando Kim encontrou o site, o moderador daquela época era Martin Shkreli — um iconoclasta do hedge fund, conhecido na mídia como "Mano Pharma", que foi severamente criticado por aumentar o preço dos medicamentos a um nível obsceno, puramente pelo lucro, e que, por fim, acabou na prisão por fraude de títulos. Shkreli tinha aquele tipo de personalidade descarada e sincera que atraía Kim; ainda que ela não respeitasse seus princípios, ficou intrigada com sua personalidade selvagem e geralmente desequilibrada.

O próprio site, ela rapidamente percebeu, era livre para todos; mas não eram apenas idiotas e amadores falando sobre ações.

Muitos dos que postavam eram day traders com experiência e conhecimento, e ler suas postagens era como fazer um curso intensivo sobre o mercado de ações. E correndo sob a superfície das conversas constantes estava algo que Kim reconhecia: um sentimento de raiva em relação às regras que sempre parecem ir contra pessoas como ela.

Ela começou a visitar o site mais e mais, com frequência depois de colocar as crianças para dormir. Ela amava ser parte de algo que parecia estranhamente conspiratório. O subreddit WSB fazia perguntas que ela mesma poderia ter articulado:

"Por que deixar Wall Street para homens de terno?"

"O que esses homens de terno alguma vez fizeram por ela?"

"E por que diabos os homens de terno detinham toda a diversão?"

— O que isso significa? — perguntou Chinwe, correndo os dedos no topo da tela, lendo as letrinhas um pouco abaixo do logo/mascote de WallStreetBets, a imagem de um trader de cabelo loiro e óculos escuros, terno e gravata, como vindo de um videogame dos anos 1980 — "É como se o 4chan encontrasse um terminal Bloomberg."

Kim sorriu. O 4chan era um dos mais notórios sites sujos — na verdade, um painel informativo — que fazia a ponte entre a *dark web* e as redes sociais mais populares. E um terminal Bloomberg era onde os traders reais de Wall Street costumavam tirar dinheiro de pessoas normais como ela.

— É meio que um lema. O WallStreetBets é um lugar para falar sobre ações, vendas e compras.

— Você quer dizer investir.

— Às vezes. Às vezes, apostar. Às vezes, são a mesma coisa. A verdade é que, neste site, qualquer coisa é aceitável. Quanto mais subversivo, melhor.

Chinwe continuou lendo e as rugas sobre os olhos se aprofundaram.

— Tem bastante coisa ruim aqui.

Kim assentiu. Os moderadores tentaram manter o site relativamente limpo, mas, quando se tinha um grande número de pessoas anônimas postando, às vezes se via o lado feio. Se o Facebook era uma rede social modelo, o WallStreetBets tinha um tom antissocial feroz. Os moderadores não pareciam estar ali para silenciar ninguém — apenas deixar as coisas civilizadas, de alguma forma.

Quanto mais Chinwe lia, mais perturbado ele parecia. Muitas das mensagens estavam envolvidas em linguagem bastante repugnante. E muitas continham memes visuais — vídeos e imagens — que poderiam ser bastante explícitas. Mas Kim gostava de pensar que a feiura era um tipo de cortina de fumaça; um mecanismo de autosseleção que mantinha os "ternos" de fora. Pessoas que trabalhavam de fato em terminais Bloomberg se sentiriam desmotivadas pela linguagem asquerosa e os memes pervertidos. Mas e as pessoas normais que queriam retaliação aos caras de terno? Elas achavam um lar no subreddit WSB.

— "Retardados" — leu Chinwe. — "Primatas."

— Termos carinhosos. A maioria é autodirecionada.

Ele olhou para ela, e ela deu de ombros.

— Se você continuar lendo, verá que algumas pessoas aqui são bem sofisticadas.

Ela se inclinou e rolou até uma das mensagens. Era uma análise detalhada de certa participação acionária, uma análise que continuava por mais de três parágrafos. Era o tipo de pesquisa que, sem dúvida, tinha levado horas, talvez dias, para compilar. Apresentava muito bem por que, para quem postou, os preços atuais de uma ação pareciam desvalorizados e por que ele estava fazendo uma compra muito grande.

Abaixo do texto tinha uma imagem — uma captura de tela da conta de mercado de quem postou, mostrando o que ele adquirira.

Chinwe assobiou.

— Isto é real? Este número — ele gastou tudo isto? Então postou aqui? Por que ele fez isso?

Ela deu de ombros. De certa forma, o que acontecia no subreddit WSB era incrivelmente íntimo. Quase tão íntimo como se aqueles estranhos anônimos estivessem escrevendo sobre suas vidas sexuais. Era dinheiro de verdade — ou, ao menos, parecia ser

— e o cara estava assumindo um risco enorme. E ele estava contando a Kim, mostrando a ela em tempo real. Não se pode ficar mais íntimo que isso.

— E é possível comprar ações assim?

— Não. Aqui, você fala sobre elas. Para comprá-las, você tem que ir a outro lugar.

Ela se esticou para debaixo da mesa e alcançou dentro da bolsa, que estava no chão, próxima aos seus tênis. Os mesmos tênis que ela usou o dia todo sob o jaleco. Algumas vezes ela os trocava por sapatilhas antes de chegar à casa da mãe; em ocasiões muito raras, ela os trocava por salto alto, quando saía para encontrar um dos outros enfermeiros para beber ou se acontecesse de sua melhor amiga, Angie, estar ali, saindo de Pasadena. No entanto, quase sempre ela estava de saco cheio de respirar através de máscaras no trabalho para querer colocar uma nova a fim de sentar do lado de fora de um restaurante e assistir a outras pessoas mascaradas correrem.

"Além disso, quem precisa de uma vida social quando se tem uma rede antissocial?"

Ela colocou o telefone na mesa, entre ela e Chinwe, e começou a passar pelos aplicativos até achar o certo. Então ela pressionou a imagem com uma unha ligeiramente descascada, deixando toda a tela com um único tom de verde — exceto pela pequena pena flutuando perto do topo.

— O que é isto? — perguntou Chinwe. — Um videogame?

— É bem melhor que um videogame.

Ela abriu o app, vendo como os olhos de Chinwe se arregalaram.

— É Wall Street, Chinwe.

"Wall Street simplificada, digitalizada e tão diminuta que poderia caber em uma maldita bolsa."

CAPÍTULO CINCO

"Cristo, eu odeio unicórnios", Emma Jackson pensou consigo mesma enquanto tentava arranjar uma posição confortável para sentar no sofá ultramoderno, no centro de uma grande sala de espera brilhante, absurdamente moderna, excessivamente nova da *Menlo Park*, sede de uma das companhias com crescimento mais rápido do Vale do Silício. Era uma tarefa difícil, considerando que o sofá era extremamente pequeno, o que significava que os joelhos de Emma estavam quase nos seus ombros. Ela nunca pensou que uma peça de mobília conseguiria ser pretensiosa antes de começar a trabalhar para a empresa *Valley Internet*, mas, em seu sexto ano na indústria *fintech*, ela visitou sedes o suficiente para saber que qualquer coisa — e com isso ela realmente quer dizer *qualquer coisa* — poderia ser pretensiosa.

Janelas poderiam ser pretensiosas — como as enormes janelas de 6m, do tipo que pareciam paredes, rodeando a sala de espera aberta onde ela estava sentada. Tetos podiam ser pretensiosos, como o de madeira, abobadado, sobre sua cabeça, com seus feixes de luz e tons profundos que seriam mais adequados a uma propriedade rural estilo rancho ou uma casa de praia do que o lobby de uma empresa tecnológica. Pátios poderiam ser *assustadoramente* pretensiosos —

como o que estava do outro lado dessas janelas, pavimentados com madeira e paralelepípedos, completos com uma fogueira cercada com uma massa compacta de vasos com plantas.

Ainda assim, Emma supôs, os escritórios da *Menlo Park* eram um progresso em comparação com a sede anterior da empresa em *Palo Alto*, basicamente uma cúpula esculpida perto de um shopping ao ar livre, a uma pequena distância de onde dois jovens unicórnios tinham sido colegas de quarto em Stanford, antes de seus chifres, jorrando arco-íris, crescerem. Esses escritórios pareciam labirintos e, sem dúvida, tinham um aluguel menor — ainda assim, de alguma forma Emma estava tão intimidada quanto em sua primeira visita, no início de 2016. Talvez os sentimentos de inadequação fossem disparados pelos grandes murais que cobriam praticamente toda a extensão das paredes dos escritórios oficiais. Desenhada em tons de verde e prateado, de um artista chamado Nigel Sussman, a pintura, que ia do teto ao chão, retratava cenas das redondezas ficcionais da Floresta Sherwood e a fantasiosa história de Robin Hood e seu alegre bando contada por meio de personagens que, por acaso, eram todos gatos.

Os novos escritórios em Menlo Park também tinham murais: mais gatos, mas o alegre bando era agora visto dirigindo carros, flutuando pelo espaço e dirigindo lanchas. Emma tinha que admitir que preferia o tema original; pelo menos era óbvio e, de qualquer forma, ela não entendia a crescente fascinação, alimentada pela internet, por espécies felinas.

Ela supôs que estava sendo mente fechada, mostrando sua idade por meio das opiniões ultrapassadas sobre unicórnios e gatos. Ela tinha apenas 39 anos, mas, no momento, se sentia uma anciã. Não ajudava o fato de que, por conta da arquitetura aberta da sala de espera, era impossível não observar os dois empreendedores que ela veio ver, a alguns metros de distância, no meio de uma sessão de fotos em frente a um dos blocos da parede enfestada de gatos. O fotógrafo já tinha começado a sessão quando ela chegara e o assistente sorridente que a levou à sala de espera lhe ofereceu um cappuccino, o qual ela recusou com educação. A última coisa que precisava era tentar equilibrar um cappuccino enquanto balançava no maldito sofá, como um artista do Cirque du Soleil. Assim, ela não tinha nada para distraí-la da vista de dois homens de aparência incrivelmente jovem, fazendo poses constrangedoras para o fotógrafo, enquanto um jornalista influente fazia um monte de perguntas inofensivas para eles.

Emma não tinha certeza de qual revista, jornal, blog ou podcast o jornalista fazia parte: *BI*, *Wall Street Journal*, *Times*, inferno, poderia ser *Cat Fancy*. No momento, os dois espécimes empinando-se em frente a ela eram, possivelmente, duas das criaturas mágicas mais procuradas do vale, ainda que o mundo no geral não estivesse familiarizado com eles e com sua empresa que se expandia rapidamente.

Vlad Tenev e Baiju Bhatt não eram nomes conhecidos, mas seus produtos estavam se espalhando por lares e quartos de dormitório em um ritmo exponencial, como um vírus de telefone movido a pó de fada, um design excepcional, além de um pouco de ganância despertada. Em poucos anos desde a criação, a Robinhood estava agora para tornar realidade sua promessa de subverter o setor bancário sóbrio e direto ao consumidor de varejo — ao colocar o poder de um banco de Wall Street na palma da mão de qualquer pessoa com um celular. No papel, a Robinhood pode parecer qualquer outra corretora online — Schwab, Fidelity, E-Trade — mas era algo completamente diferente na prática. Uma virada estilo Jobs, desordeira e engenhosa, focando diretamente millenials e amadores, um portal móvel para o mercado de ações que era mais fácil que qualquer coisa já vista, tão útil e viciante como uma máquina caça-níquel.

Emma assistia enquanto Vlad e Baiju tentavam seu melhor para realizar qualquer visão que o fotógrafo estivesse tentando passar. Em especial Vlad — mas ambos, na verdade — parecia ávido e acessível. Baiju tinha um estilo mais confortável, intelectual, espiritual, com seu cabelo ondulado, sua barba desgrenhada cobrindo o queixo e um sorriso que era tão encantador quanto Cheshire. Vlad era mais como um filhote ou um bicho de pelúcia, com olhos de corça e cabelo longo, liso, parecendo mais o príncipe Valente do que Robin de Locksley. Obviamente, os dois rapazes eram melhores amigos que compartilhavam uma visão, e não aparentavam ser tão antissociais como seus currículos e sua história de origem poderiam sugerir. Por outro lado, Emma estava há tempo suficiente nesse campo de negócios para saber que uma boa história de origem tinha a mesma realidade que qualquer outro conto de fadas. Ainda assim, qualquer empresa liderada por um unicórnio tinha uma, e a da Robinhood era como um livro de histórias, acessível e tão mágica como uma floresta cheia de gatos.

Emma já tinha ouvido muito sobre o mito de Robinhood desde que entrou na sala de espera, parcelada em respostas bem praticadas — predominantemente de Vlad —, fáceis de lidar, lançadas para o jornalista bajulador. Um conto de fadas no estilo do Vale do Silício: Vlad e Baiju foram crianças imigrantes — Vlad da Bulgária e Baiju da Índia — que se conheceram como graduandos de Stanford, criando laços por serem os únicos filhos de pais professorais, e eles compartilhavam especialização em física e matemática. Em 2008, Vlad se matriculou em um programa de graduação na UCLA, planejando se tornar matemático, enquanto Baiju foi trabalhar em uma firma de trading em São Francisco. Quando o mercado colapsou, mais tarde naquele ano, estimulado pela queda do Lehman, um grande banco de investimentos, os melhores amigos, sob encorajamento de Baiju, decidiram fazer as malas e ir atrás do sonho americano. Eles foram para o leste, com a ideia de usar suas habilidades matemáticas para criar uma startup de trading, oferecendo ferramentas altamente sofisticadas de hedge funds e de bancos, que lutavam para sair da desordem recorrendo a estratégias automatizadas para o "trade do futuro" nas ordens — *flash trading*, como ficou conhecido —, o que transformava em bilhões de dólares os centavos em grandes volumes de pequenas margens de lucro.

Mas, conforme a história continuava, Vlad e Baiju ficavam cada vez mais desconfortáveis com a ideia de que seu negócio estava basicamente ajudando pessoas ricas a ficarem mais ricas; quando as injustiças do mercado e a raiva resultante se tornaram um movimento conhecido como *Occupy Wall Street* — um protesto em massa de majoritariamente jovens com raiva, que tomaram as ruas de Nova York para instigar mudanças — os dois amigos começaram a questionar seu papel em ajudar hedge funds e banqueiros a pisotear os consumidores de varejo. Quando um dos amigos de Vlad chegou perto de acusá-lo de "se beneficiar" das injustiças dos mercados, ele e Baiju decidiram tentar usar o que eles haviam aprendido, e a tecnologia que haviam desenvolvido, para nivelar as condições da competição.

Eles escolheram o nome "Robinhood" por razões óbvias; o personagem mítico e medieval Robin e seu alegre bando de ladrões que tinham como objetivo redistribuir riqueza, roubando dos ricos e dando aos pobres. Vlad e Baiju construíram sua própria *declaração de missão*, em estilo alegórico: em vez de redistribuir riqueza, eles "democratizariam as finanças" — dando aos consumidores de varejo o que Wall Street passou um século dominando: as ferramentas para revidar, em pé de igualdade. O plano da Robinhood era simples, com duas etapas: oferecer trading sem comissão para pessoas comuns e acabar com o saldo mínimo em conta. Além disso, a empresa seria, desde o começo, construída em torno de smartphones, no lugar de computadores — porque se tinha algo que pessoas jovens conheciam, amavam e confiavam, era aquela pequena tela brilhante em suas mãos.

Emma piscou quando o flash do fotógrafo foi disparado, capturando Vlad e Baiju em um momento de conversa falsamente casual. Claro, Vlad estava com seu telefone em um dos bolsos para a sessão, sem dúvidas aberto no app Robinhood.

Mesmo em seu momento mais calejado, Emma tinha que admitir que o app era bonito. Vlad e Baiju tinham construído o portal com o público em mente. Simples, elegante e viciante; abrir uma conta era tão fácil quanto fazer login no Facebook. E, uma vez que tivesse transferido alguns fundos — qualquer quantidade — para o perfil, era possível fazer trade de ações ao pressionar um botão. Procurando qualquer ação que gostasse, o aplicativo o levaria a uma única página com todas as informações necessárias: preço; um gráfico mostrando mudanças diárias, semanais, mensais e anuais; volume — e um botão gigante na parte inferior, implorando para fazer trade. O esquema de cores era deslumbrante, e havia muitos incentivos visuais, auditivos e até táteis durante todo o processo. Imagine que, ao fazer a primeira compra, uma chuva de confete aparecia na tela. Na opinião de Emma, eles não só elevaram as condições da competição ao dar ao povo comum uma ferramenta de trading sofisticada que cabia em seu bolso; eles tornaram todo o mercado de ações um videogame altamente jogável. E, se havia algo que millenials e jovens de faculdade, atraídos pela Robinhood, amavam e entendiam intimamente eram videogames.

Emma sabia que a idade média de um usuário da Robinhood — uma base que ultrapassou 2 milhões em 2018 e cresceria à terceira potência, duplicando novamente nos próximos 2 anos — era aproximadamente de 32 anos — mas o mediano era bem menos, perto dos 20 anos. E a favor da Robinhood, por certo a maioria era de Main Street, não de Wall Street, clicando nos botões e assistindo ao confete voar. Eles haviam "democratizado Wall Street", como prometeram. Mas o que a Main Street não percebia era que a democracia geralmente tinha um preço. Quando se olhava com mais atenção, o conto de fadas descoloria nas pontas, e a Robinhood não era a desgraça dos ricos nem o mito que se podia crer.

Emma se ajeitou no sofá, desejando que suas pernas não ficassem dormentes, enquanto continuava a esperar o fotógrafo e o jornalista acabarem seu trabalho. Sem dúvida, as fotos ficariam ótimas e o perfil da revista, matéria do jornal ou postagem de blog iria ao delírio sobre a "disrupção", a "equidade", talvez até a "imparcialidade". E seria quase tudo verdade. Mas Emma era mais esperta — a história estava muitíssimo incompleta. Porque o que era menos óbvio sobre a história da Robinhood — que por pouco entrou nas histórias brilhantes e nos contos de fadas — era como ela realmente ganhava seu dinheiro.

E quem poderia culpar as revistas? "Pagamentos por *order flow*" era um palavrão, nem chegava aos pés de "democratizando finanças". Em termos simples, a Robinhood era capaz de oferecer zero comissão porque seus usuários não eram realmente seus clientes — eles eram, essencialmente, o *produto*. A Robinhood abrigava e vendia os trades de seus usuários para quem fazia o mercado — firmas financeiras gigantescas como Two Sigma, Susquehanna, mas principalmente a Citadel — que podiam analisar quase instantaneamente o *trading flow* e seus ganhos pegando pequenas lascas de *spread* entre compra e venda. Como os usuários principais eram amadores que faziam trades arriscados — mais e mais atraídos por jogadas mais potentes e arriscadas, como opções — a Robinhood poderia impor um extra de quem fazia o mercado, cuja renda era ainda mais alta conforme mais volátil fosse o *trading flow*.

Então as mesmas pessoas que se beneficiavam do software de *flash trading* de Vlad e Baiju agora se beneficiavam ainda mais da "democratização de finanças" da Robinhood. Emma não os culpava por seus lucros, nem culpava a Robinhood pelo jeito como eles enchiam seus baús. Ela era uma profissional de olhos abertos, que também trabalhava para um *fund*. E os usuários da Robinhood estavam conseguindo fazer trade sem comissões, então, em teoria, todos ganhavam. Nos momentos em que a teoria causava atrito com a prática as coisas menos claras.

Outro flash disparado, refletindo os olhos quase de plasticina de Vlad e, por um breve momento, seu olhar se conectou com o de Emma, então ele o desviou rapidamente. Ela não o culpava por isso, tampouco; estava acostumada a essa reação. Sem dúvida, sua reunião com Vlad e Baiju seria curta, e muito menos divertida do que uma sessão de fotos. Diferente do jornalista, ela não estava ali para falar de democracia, do *Occupy Wall Street* ou de gatos brincando de se fantasiar com roupas medievais. Ela não era do Vale do Silício, era de Chicago e estava ali para falar da parte prática do negócio.

E por mais que Vlad não quisesse falar sobre o pagamento do *order flow*, ele queria ainda menos discutir a especialidade dela. Não porque envolvesse algumas verdades desconfortáveis que seriam difíceis de o público engolir sobre como a Robinhood ganhava dinheiro; mas porque o que Emma fazia para viver era, para alguém de fora, *terrivelmente chato*.

Emma não tinha problema em admitir isso para qualquer um que perguntasse: *Clearing* era a parte menos glamorosa de finanças, e uma que pouquíssimas pessoas realmente entendiam ou sequer queriam entender. Como o pagamento do *order flow*, que tinha a ver com a engrenagem por trás de como o trading funcionava, quase nunca se falava sobre isso na cultura das empresas. Você nunca veria um artigo em uma revista famosa sobre *Clearing* e ninguém estava pedindo a Emma para fazer pose em frente a qualquer mural.

Mas isso não tornava menos importante o que ela fazia nem menos fundamental o que viera falar com Vlad e sua equipe.

Não era a primeira vez que Emma tinha visitado a Robinhood para falar sobre *Clearing*; de fato, quando a Robinhood abriu suas portas pela primeira vez, os chefes de Emma — por meio de uma das empresas em seu portfólio, a Apex Clearing — ajudaram a lançar a revolucionária corretora, cuidando da parte "chata" do negócio para que os dois unicórnios pudessem se divertir sem preocupações sobre o que poderia estar acontecendo sob seus cascos.

Ela ainda podia se lembrar daquela reunião inicial, quando seus chefes — Matt Hulsizer e Jenny Just, bilionários brilhantes por mérito próprio que já tinham construído um dos maiores conglomerados *fintech* do mundo, os mais visionários, na surdina — tentaram explicar em termos bem simples porque era vital para todos que tentavam construir um negócio no setor bancário entender a essência do *Clearing*. Emma nem precisou ver como os olhos de Vlad ficaram confusos em sua primeira reunião para saber que suas palavras não estavam sendo absorvidas. O vice-presidente de Vlad, de Desenvolvimento de Negócios, ficou em cima de um skate durante toda a apresentação e, quando Matt casualmente mencionou a regra dos "30", que resumia de quanto dinheiro — fora o dinheiro de trading que a Robinhood recebia de seus usuários — a empresa precisaria para fazer trades com a Federal Clearinhouse, o homem comentou: "Vinte trinta? Muito longe."

Matt explicou devidamente que a regra dos "30" se referia aos anos 1930. Em 1930, quando muitas regulações sobre o *Clearing* de *stock trades* haviam sido combinadas, empreendedores que queriam entrar no setor bancário não ficavam em skates durante reuniões nem tinham paredes cobertas de murais mostrando gatos com arcos e flechas.

Todos na sala concordaram: o design da Robinhood era brilhante. Mas como Matt disse na época:

— Vlad, você é Michelangelo, você é um artista — não um engenheiro. E isso não é uma pintura, uma escultura bonita. É um prédio. A basílica de São Pedro. Se ela cair, pessoas irão se machucar.

Mas tinha sido óbvio, desde o começo, que os adultos na sala não conseguiriam passar a seriedade da situação para os unicórnios. E não foi nenhuma surpresa quando, alguns anos mais tarde, a Robinhood tomou a decisão de lidar internamente com o *Clearing*, construindo sua própria divisão de *Clearing* para atuar como intermediária da Federal Clearinghouse, que monitorava todos os seus trades. Era o pensamento mágico em seu ponto mais alto: você não compreende algo que as pessoas estão lhe contando e que é incrivelmente importante, então decide que pode fazer melhor por si mesmo.

Agora, dois anos depois, Emma estava de volta à Robinhood em nome de sua empresa para ver se eles queriam, talvez, rever a conversa. Mas, vendo os dois empreendedores enquanto eles terminavam a sessão de fotos — ambos mal olhando para ela, porque para eles provavelmente ela era tão interessante quanto as plantas nos vasos lá fora —, ela sabia que eles não a escutariam. Continuariam a fazer as coisas do jeito deles.

Ela não via nenhum skate dando bobeira, mas estava claro para Emma que os unicórnios estavam governando a Floresta de Sherwood — que estava mais para a Terra do Nunca, sempre sem supervisão adulta. Além disso, eles provavelmente pensavam —

não construíram seu aplicativo para os tipos de adultos que queiram supervisioná-los. E, apesar de sua empresa-modelo e o jeito como ganhavam dinheiro, eles eram inflexíveis sobre não terem construído a Robinhood para gatos gordos em suas mesas de trading em Wall Street.

Emma tinha que se perguntar para quem, exatamente, eles pensavam que tinham construído a Robinhood?

CAPÍTULO SEIS

Caledonia, Michigan.
A labuta cinza das 14h.

Sara Morales esticou as panturrilhas cansadas contra o apoio de pés de vinil da cadeira reclinável no espaço três do *Shiny Locks Salon*, enquanto se inclinava para trás tão longe quanto permitiam o apoio de cabeça acolchoado e seus ombros doloridos. Seu celular repousava gentilmente sobre o estômago, subindo e descendo a cada respiração fatigada, mas ela ainda conseguia ver a tela do telefone muito bem, não importava o quão inclinada para trás estivesse na cadeira, principalmente porque seu estômago estava, agora, mais ou menos do mesmo tamanho de uma toranja muito madura ou um pequeno melão cantaloupe, mas certamente maior do que estava uma semana atrás; e, nos últimos dias, parecia estar crescendo a cada minuto. Ainda assim, apesar de o estômago, as panturrilhas e a fadiga que sentia a essa hora diariamente — muito perto do almoço para justificar um lanche e muito longe do jantar para justificar uma refeição —, estar grávida de quatro meses tinha suas vantagens.

Ninguém iria culpá-la por tirar uns minutos em um dos salões mais vazios, surpreendentemente privativo, devido às separações de plástico fino que colocaram por causa da pandemia. O grande plástico branco leitoso de ambos os lados dela era transparente o suficiente para evitar que se sentisse claustrofóbica, mesmo em um espaço para uma cadeira, do descanso de pés a apenas alguns centímetros de distância da parede espelhada, que era da largura do salão, ao apoio de cabeça, acima alguns centímetros da pia de lavar cabelo que não era usada desde que o lugar reabriu. Fazer o cabelo era diferente; Sara chamava de essencial, ainda que o Centro de Controle de Doenças, o presidente, o governador ou quem quer que seja que parecia estar encarregado naquela semana em particular discordasse — e o *Shiny Locks Salon* tomava todas as precauções imagináveis. O cliente usava máscara, a cabeleireira usava máscara e *face shield*, e tudo era mantido com a mesma intimidade de um primeiro encontro muito ruim. Mas os poderes tinham determinado: se sua cabeça estivesse naquela pia e a água morna estivesse fluindo, essencial transformava-se em recreativa, e era uma medida muito drástica.

Claro, Sara não estava no *Shiny Locks* por razões essenciais nem recreativas; ela estava ali pelo pagamento. A alguns centímetros da cadeira, apoiada na separação de plástico, estava sua vassoura, a qual ela usava para varrer todas aquelas mechas, para que não acumulassem em pilhas, que ameaçavam fazer tropeçar algumas cabeleireiras que atendiam moradores de salário modesto de Caledonia, mas que ainda ligavam para a aparência. Eram mais ou menos quatro clientes em um bom dia, que entravam e saíam da loja como se estivessem assaltando um banco: mascaradas, contando os minutos de ar compartilhado e usando a menor quantidade possível de palavras para comunicar o que precisavam. Sara não ficaria surpresa se a maioria

CAPÍTULO SEIS

deixasse o carro funcionando no estacionamento, e garrafas de álcool gel empilhadas, prontas para partir.

Mesmo a essa hora do dia, a vassoura de Sara estava quase tão careca quanto seu marido, Trevor, que a tinha deixado no trabalho de manhã. Naquele momento, havia apenas uma cliente no salão, a duas cadeiras de distância, fingindo ler uma revista que ela trouxe de casa — como se tudo estivesse normal — enquanto sua cabeleireira colocava extensões baratas em seus cabelos. O que significava que Sara tinha bastante tempo antes de usar sua vassoura novamente. Bastante tempo para sua nova aquisição — algo que vinha tomando cada vez mais do seu tempo livre, parecendo exceder muito seu tempo de uso —, marcada pelo brilho verde quase neon vindo de seu telefone.

Sara não conseguia lembrar muito bem quando fez o download do aplicativo Robinhood e abriu sua conta de trading, mas foi certamente no ano passado. Como muitos outros, ela supôs, foi aquele subreddit maluco do Reddit que a levou à sua elegante corretora online. Antes de ter esbarrado no WallStreetBets, ela não lembrava de estar interessada no mercado de ações. Apesar de ter cursado algumas matérias de economia na faculdade, ela encontrou o subreddit WSB inteiramente por acaso, nos primeiros meses de 2020.

Na época, ela estava quase completamente ocupada com os planos para seu casamento. Seu casamento *dos sonhos*, de fato, que aconteceria supostamente no fim do ano. Uns duzentos convidados, todos seus parentes, uma igreja cheia de velas e de flores, seu pai conduzindo-a ao altar enquanto todo mundo se levantava, sorria, chorava e aplaudia. A recepção no salão de um hotel não muito luxuoso, mas quase, com aperitivos distribuídos, open bar e banda ao vivo. O casamento dos sonhos, que nunca aconteceu, por causa da Covid, porque era 2020, *porque não*.

Mas na época ela não tinha como saber o que viria, então passou a maior parte do seu tempo livre vasculhando sites de casamento na internet. Foi um pulo das imagens de casamentos luxuosos, e fora de seu orçamento, no Pinterest para postagens no Facebook que, por fim, a levaram a um subreddit do Reddit dedicado a arranjos florais. Em uma noite qualquer, enquanto Sara espiava uma discussão acirrada sob os relativos méritos de tulipas versus lírios, ela percebeu uma thread curta puxando outra, de um subreddit sem relação com o que ela estava. As pessoas que postavam falavam sobre o quão perverso e desagradável o subreddit podia ser, como parecia ser dominado por homens jovens que chamavam uns aos outros de "retardados", "autistas" e "degenerados", usando uma linguagem sórdida e memes sujos para pontuar qualquer coisa que estivessem tentando fazer. Sara só estava entediada com tulipas e lírios, então foi olhar.

Quando entrou pela primeira vez no subreddit WallStreetBets, também ficou desanimada por conta do linguajar de alguns. Ela não gostava da palavra "retardado" e não tinha certeza se o que as pessoas estavam postando — os portfólios doidos mostrando ganhos e perdas — eram reais ou só besteiras inventadas. Mas ela realmente sentiu o senso de comunidade que estava acontecendo no WSB, de uma forma que não havia visto em nenhum dos outros sites que visitara. Embora as pessoas que postavam eram homens em grande parte, ela tinha certeza que uma parcela considerável da população era mais diversa, mais como ela do que as senhoras do subreddit de flores pudessem perceber.

Então, se a Covid não tivesse acontecido, Sara duvidava que ela visitaria o WSB novamente. Ela esteve muito ocupada porque 2020 supostamente era o *seu* ano. Não só pelo casamento, mas por tudo. Ela estava perto de completar 30 anos, perto de se casar, seu noivo acabara de receber uma nova oferta de emprego como gerente de TI

CAPÍTULO SEIS

de uma pequena startup em Denver, Colorado. Ela e Trevor tinham feito tantos planos: eles encontrariam uma casinha perfeita para alugar, com vista para as montanhas ou perto do escritório dele. Eles tinham escolhido a data do casamento — 6 de outubro — e até escolheram os convites. Branco suave, com flores nos cantos e um cartão pequeno que se preencheria com a escolha de peixe ou frango.

Deveria ter havido uma terceira opção — a Covid — porque todos os planos que eles tinham foram pelo ralo assim que a pandemia começou. Em vez de se mudarem para o Colorado, eles se protegeram em casa, como todo mundo. Três meses limpando as compras, tomando banho após ir à farmácia, máscaras e até luvas. Sara viu os amigos que tinham casamentos em março e maio serem forçados a cancelar, um por um. E, a cada cancelamento, ela e Trevor olhavam um para o outro, sabendo que outubro não estava longe o suficiente — sabendo o que nenhum dos dois queria admitir.

Eles nunca chegaram a mandar os convites. Pior ainda, a startup de Denver perdeu seu financiamento e ao invés de uma casa na cidade com vista para as montanhas, eles terminaram alugando uma casa pequena de dois quartos em Caledonia, que estava mais perto de Detroit, onde ambos cresceram. Trevor conseguiu encontrar um novo emprego de TI — nada sofisticado, ele trabalhava no escritório dos fundos de um conglomerado de equipamentos médicos — e Sara aceitou o emprego de varrer cabelo para ter algo para colaborar financeiramente.

O *Shiny Locks* não era nada especial, só o tipo de cadeia de salões que se via em cidades pequenas e centros comerciais, não eram sujos nem glamourosos — só um lugar onde ela podia ganhar algum dinheiro com uma vassoura. Ela tinha planos maiores em termos de trabalho — em Denver, ela esteve procurando no ramo de design criativo, algo que ela tinha estudado um pouco na faculdade —

mas, no momento, era mais importante contribuir com a sua família como podia.

Cancelar seu casamento dos sonhos, optando por uma cerimônia pequena no quintal da casa de seus pais foi a cereja do bolo. Mas o dia estava tão bonito, apesar de tudo, ensolarado e claro, e seu pai de fato a levou até o altar, ainda que apenas alguns familiares e amigos próximos tenham estado ali para testemunhar o acontecimento. E, apesar de Sara ter estado em luto pelo casamento que não aconteceu, pouco depois, recebeu a notícia maravilhosa de que ela estava esperando um bebê. Por mais que ela tivesse perdido em 2020, por mais que a pandemia tivesse tirado coisas dela — sentiu que tinha recebido algo muito melhor. Com a chegada do bebê, ela sabia que tudo mudaria. Seria um novo começo.

Mas, até então, ela varria cabelo enquanto via seu estômago crescer, ainda bastante isolada dos amigos e da família. Ela tinha Trevor; mas, às vezes, mesmo Trevor, por mais que o amasse muito, não era o suficiente.

De muitas formas, o subreddit WSB tinha preenchido aquele vazio. Ela sabia que era tolice; estranhos em um site de mensagens na internet colocando memes e falando sobre ações aleatórias em linguagem sórdida não deveriam ser um preenchimento para ninguém com metade de um cérebro e um quarto de vida — mas, no momento, o que Sara mais tinha era expectativa — pelo bebê, pelas coisas ficando melhor, por um dia conseguir um emprego melhor e voltar ao seu mundo social. Era tão errado passar algumas horas do seu dia se perdendo naquela coisa sem sentido, grátis para todos, dando *likes* para compras de ações arriscadas e *dislikes* para grosserias estúpidas?

Ainda assim, depois de algumas semanas ficando cada vez mais viciada no site, ela percebeu que não havia comentado sobre ele com ninguém, nem mesmo com Trevor. Ela não tinha certeza do que

CAPÍTULO SEIS

ele pensaria; em sua vida de casados, ele lidava com os problemas financeiros — contas, impostos, qualquer investimento que ele conseguia juntar — e eles raramente falavam sobre dinheiro. Ela não conseguia lembrar se eles sequer mencionaram o mercado de ações — era apenas algo que não discutiam.

Ela não manteve seu interesse no subreddit WSB em segredo de propósito, exatamente, mas gostava do fato de que era algo *dela*, algo que ela fazia e que ninguém precisava saber. Se Trevor descobrisse um dia, ela não tinha ideia do que ele pensaria; mas, pelo menos, poderia mostrar o quanto ela estava aprendendo. Sobre Wall Street, finanças, ações.

E não era como se ela estivesse comprando ações. Não ainda. Lendo o subreddit, vendo aquelas pessoas que ela conhecia apenas pelos nomes na tela que apostavam alto em posições arriscadas, ela percebeu que tinha sentimentos bastante profundos sobre Wall Street, provavelmente datados de sua infância, ao crescer nos subúrbios da classe operária de Detroit. Seu pai estava no negócio de carros, como todo mundo que ela conhecia — era gerente de distribuição para um fornecedor de peças — então ela viu, em primeira mão, a carnificina de 2008. Muitos pais de seus amigos foram forçados a aceitar as ofertas, por fim perdendo suas casas e se mudando. Ela lia os jornais como qualquer outra pessoa, histórias sobre os grandes bancos de Wall Street abandonando o barco, seguidos pelas próprias montadoras; depois todos os amigos de sua família perderam seus empregos e suas casas — ela nunca achou justo.

Isso lhe causava raiva e decepção, e ela cresceu com uma desconfiança saudável do governo. Realmente parecia que as agências que estavam lá para proteger pessoas comuns como ela não estavam realmente fazendo seu trabalho. Parecia que as únicas pessoas que elas realmente estavam protegendo eram as ricas; os bancos, as montadoras, as pessoas que já estavam ganhando grandes salários e nunca tinham muita coisa para se preocupar, a princípio. Mesmo que estivesse com 20 anos, ela já tinha visto de tudo: planos de aposentadoria sendo destruídos, o mercado imobiliário indo para o inferno, pessoas trabalhadoras sendo ferradas o tempo todo.

Ela entendia a corrente de raiva que via claramente ondulando nas postagens do WSB; apesar de algumas pessoas do subreddit claramente só estarem ali pela aposta, buscando o entusiasmo que sentiam ao assumir riscos — muitas outras estavam tentando fazer declarações com seu dinheiro. Elas estavam compartilhando informação porque se viam alinhadas contra Wall Street, engajadas em um tipo de conflito tribal contra os ricos, os favorecidos, que ferraram com pessoas normais como Sara a vida toda.

Quando os mesmos donos de posts indicaram a ela o Robinhood — um aplicativo que dava a ela as mesmas ferramentas que banqueiros usaram para mudar o sistema a seu favor por tantos anos — ela ficou bem intrigada, a ponto de o instalar em seu telefone. Ela até mesmo movimentou um pouco de dinheiro para o aplicativo. Alguns milhares de dólares do orçamento de seu casamento, o qual ela acabou nunca gastando, junto com parte do cheque da Covid — seu "auxílio emergencial" — que ela recebeu do governo. Doze mil dólares — como se isso fosse supostamente fazer alguma diferença real em sua vida. Alguns meses de aluguel, algumas prestações do carro e ela estaria de volta aonde tinha começado. Varrer cabelo no salão enquanto esperava seu bebê nascer.

Talvez realmente tivesse algo que ela pudesse fazer. Talvez os donos malucos dos posts, bocas-sujas e degenerados do WallStreetBets, tivessem descoberto algo importante.

Reclinando-se na cadeira, passando a mão sobre sua barriga de toranja-melão enquanto rolava o aplicativo Robinhood, olhando os gráficos de ações que ela lia no WSB, ela se perguntou: seria muito errado tentar?

CAPÍTULO SEIS

Nada mais longe de uma mesa de trade de Wall Street que estar no *Shiny Locks Salon*, na Caledonia, Michigan. Mas, com as informações que ela estava conseguindo do subreddit WSB, unidas às poderosas ferramentas do aplicativo Robinhood, ali, sob seus dedos — pela primeira vez, as chances não pareciam contra ela, o nível de competição não parecia mais tão injusto.

Ela balançou a cabeça e desligou o telefone. Não estava pronta ainda para dar o próximo passo. Todas aquelas ferramentas poderosas, sua nova comunidade de apostadores e guerreiros de classe — ainda assim, ela estava esperando algo para dar o empurrão final. Até então, estava contente em ficar de lado; era suficiente ter essa válvula de escape para as frustrações com o mundo em que ela estava, não o que ela esperava. Pelo menos agora tinha essa coisa secreta, que era toda *dela*.

Ela colocou o telefone de volta no bolso da saia, então se levantou da cadeira reclinável e voltou sua atenção para a vassoura.

CAPÍTULO SETE

"Mano, todo mundo acha que estou louco, e eu acho que todo mundo está louco..."

Keith Gill se reclinou em sua cadeira gamer da Casa Lannister enquanto tocava sua nuca e puxava com força o nó da bandana, sentindo o material sedoso passar em sua pele. Seu corpo todo estava tremendo, seu peito subindo e descendo sob uma das camisas características dele — estampada com a imagem de um gato de pelagem tigrada, no meio do pulo, com as garras para fora e a boca aberta, um felino maluco e faminto o suficiente para devorar *o maldito mundo inteiro.*

Keith acalmou sua pulsação e olhou sobre a mesa, verificando se todas as ferramentas de trabalho estavam ao alcance. Seus gráficos, blocos de notas, bola oito mágica, cartas de Uno. Ele também tinha algo novo hoje: um prato de tirinhas de frango recém-assadas. Quando ele as estava aquecendo no forno, Caroline tinha pensado que eram para sua filha. Ela revirou os olhos quando, em vez disso, ele foi com o prato em direção à porta que levava ao porão.

"Eu lidei com ações em *deep value* por anos, mas nunca suportei um sentimento de baixa tão pesado..."

Apesar de duvidar que comeria qualquer uma das tirinhas ou "tendies" — o termo se popularizou no subreddit WSB para simbolizar o lucro com "stonks" (stocks, ações em inglês), outra expressão WSB baseada em um meme, um aceno autodepreciativo para a opinião geral de que qualquer um que seguisse ou desse conselhos sobre ações via subreddit, basicamente no porão da internet, era semelhante às crianças que costumavam sentar no fundo da sala no fundamental, comendo giz de cera — durante essa transmissão em particular. Não era um de seus melhores dias e apesar de Keith permanecer otimista — como sempre, utopicamente — sua filha provavelmente teria sua chance justa de comer as tirinhas quando Caroline voltasse com ela de sua ida vespertina ao parque.

O notebook de Keith já estava aberto e ligado à sua frente, mas ainda não tinha mudado para as imagens que ele usaria na transmissão do dia, agendada para começar em alguns minutos. Ao invés disso, seu computador estava aberto no subreddit WSB. Nas últimas semanas ele se tornou muito diligente quanto às suas postagens no fórum de stock frenético, adicionando atualizações frequentes de seu portfólio de trading, encaixando-as com seus vídeos do YouTube e do Twitter. Suas postagens como um todo eram extremamente simples: a captura de tela de sua conta de trading, listando todas as suas posições — incluindo o valor total de sua conta em dólares, suas perdas e seus ganhos diários. E, nos meses recentes, suas postagens tinham se tornado ainda mais simples pelo fato de que, apesar de ele ter algumas ações como objetivo em seu arsenal, sua nova conta agora praticamente girava em torno de uma só ação. Um único e exclusivo ativo, solitário, ao qual ele se apegou de forma total, maravilhosa e por um tempo obsessivamente longo, por meio da compra de participações e também de opções de venda, permitindo que ele alavancasse seu saldo a alturas bem extremas.

"Eu espero que a narrativa mude na segunda metade do ano quando investidores começarem a procurar meios de jogar no momento em que o console atualizar e eles começarem a ver o que eu vejo..."

CAPÍTULO SETE

Keith não tinha planejado se apaixonar por uma única ação. Começou lentamente — mais como uma infecção do que uma paixão — quase dezoito meses atrás, quando a transmissão ao vivo era mais uma pequena ideia no fundo de sua mente do que algo que envolvesse câmeras e tirinhas de frango. Mas agora, ele tinha que admitir, estava completamente apaixonado e, mais do que isso, em um relacionamento tão profundo e verdadeiro quanto qualquer outro que ele teve na vida real. Era um relacionamento que ele vinha diligentemente compartilhando em suas transmissões e suas postagens.

"Irei postar as atualizações amanhã como sempre faço após uma leitura de dados. Será feio, e todo mundo irá me ridicularizar como sempre..."

Seu pronunciamento — a princípio, e por muito tempo depois — foi recebido principalmente com escárnio. O que, ele tinha que admitir, tinha sido completamente justo. Apesar de ser um homem crescido com uma bandana e uma camiseta de gato, e não um trader em uma mesa em Wall Street ou mesmo um cubículo falso em *Mass Mutual*, ele não era, por definição, amador. Entendia que nem todos olhariam para os gráficos que ele tinha compilado, para a pesquisa que ele tinha feito, e veriam facilmente o que pareceu tão óbvio para ele. Ele tinha informação o suficiente para saber que escolher ações envolvia mágica e matemática. Não havia dúvidas da linha tênue entre genial e iludido, e Keith não conseguia saber, com certeza, de que lado ele ficava. Talvez o escárnio estivesse certo; talvez estivesse tão enganado pelo amor que ele estava vendo algo que não estava inteiramente ali.

"Mas espero que o GME volte ao normal como aconteceu após as leituras anteriores de dados dos ganhos..."

Quando começou a comprar a GameStop, cujo ticker da bolsa de valores era GME, em julho de 2019, ele tinha se sentido bastante sozinho em sua visão de que a empresa estava sendo muitíssimo subestimada. Claro, uma franquia física de 35 anos, com mais de 5.500 lojas especializadas em consoles de videogame, venda de jogos físicos e revendas, eletrônicos relacionados e brinquedos excêntricos e não convencionais como bonecos Pickle Rick e bonecos de ação *Fortnite* não estava na lista de compras de ninguém em uma época em que tudo estava se tornando digital e online. As vendas da empresa tinham caído mais de 13% só na primeira metade de 2019, continuando uma tendência que aconteceria por anos. Isso tinha coincidido com um carrossel giratório de liderança, com nada menos que cinco CEOs nomeados nos últimos doze meses. Vendas caindo, líderes sumindo, pouca a nenhuma estratégia de continuidade — não era surpresa que o preço das ações tenha ficado entre US$4 e US$5 quando Keith começara a focar a empresa, e era menos surpreendente que ele estivesse basicamente sozinho nessa.

Mas seu interesse inicial não tinha sido apenas ser do contra. Ele aplicara sua estratégia de pesquisa profunda na GameStop e tinha começado a ver coisas que talvez outros tivessem deixado passar. Não era uma operação suspeita; a GameStop era uma das empresas fundamentais no universo de videogames, um segmento de uma indústria a varejo que cresceu para mais de US$150 bilhões só em 2019 — e não mostrava sinais de desacelerar, conforme mais e mais pessoas passavam cada vez mais tempo online. A GameStop tinha falhado em tirar vantagem de sua clientela antiga e ser a primeira na área de jogos a ir além das fraquezas de seus estabelecimentos físicos — mas aquilo não significava que não poderia virar o jogo. Eles administraram mal a mudança para o online como muitos outros negócios antes — Blockbuster, Borders, BlackBerry (apenas para citar os Bs) —, mas isso não significava que ainda não tivessem tempo.

Keith não poderia também descontar o fator emocional que o atraiu para o GME: como muitas pessoas de sua geração, ele *amava a GameStop pra cacete*. Inferno, ele estava sentado em uma cadeira gamer naquele exato momento; ele cresceu jogando videogames e algumas de suas memórias favoritas tinham a ver com as horas que ele passara nos corredores da GameStop no Westgate Mall em Brockton, ao final escolhendo um videogame que ele e seu irmão devorariam durante o final de semana, só para devolvê-lo para a loja na segunda-feira e fazer uma troca. Claro, naquela época não

CAPÍTULO SETE

se tinha escolha, exceto comprar um jogo físico em uma loja física, algo que as crianças mais jovens olhariam da mesma forma como se encarava um velociraptor — mas a experiência era algo que Keith não acreditava que poderia ser inteiramente replicado online. E esses sentimentos realmente nunca sumiam.

Talvez a Blockbuster não fizesse mais sentido, mas era porque a coisa que a Blockbuster vendera não fazia mais sentido. Os jogos só estavam se tornando mais populares. Os consoles só estavam ficando mais elegantes. A comunidade gamer estava só se fortalecendo.

Ainda por cima, Keith acreditava que tinha um incentivo adicional que o fazia escolher uma ação como a GameStop, que todo mundo pensou que estava à beira de um colapso. Tinha tanto dinheiro alinhado no lado negativo — tantas posições short — que, se Keith estivesse certo, a subida seria muito mais rápida que a descida.

Em seu trabalho como educador financeiro, Keith tinha passado uma parte considerável do seu tempo analisando o ato — e algumas vezes, a arte — da venda a descoberto, de uma forma que os clientes menos experientes pudessem entender. Quando um trader acreditava que a empresa estava com problemas, e que a ação estava supervalorizada, era possível "pedir emprestadas" parcelas de ações, vendê-las e, quando a ação diminuísse como previsto, readquiri-las a um preço menor, devolvê-las para quem o emprestou e guardar a diferença. Se a GameStop estava no trading por 5, era possível pedir emprestadas 100 ações, vendê-las a US$500; quando a ação chegasse a 1, compraria de volta as 100 ações por US$100, devolveria elas, embolsando US$400 para si próprio. Pagava-se uma pequena taxa de garantia a quem emprestou e você acabaria com uma boa grana de lucro.

Mas o que acontecia quando a ação subia ao invés de descer? O que aconteceria se a GameStop soubesse como capitalizar seus milhões de clientes nostálgicos que gastavam bilhões em videogames todo ano? O que aconteceria se a ação subisse para 10 em vez de descer para 1?

Aconteceria que o vendedor do short estaria completamente ferrado. Ele pediu emprestado as 100 ações e as vendeu a 5. Agora a ação estava a 10, mas ele ainda precisava devolver as 100 ações. Comprá-las no mercado a 10 significava gastar US$1.000. E pior, quando ele pediu as ações emprestadas, concordou com um prazo para devolvê-las. Agora tinha um relógio marcando o tempo sobre sua cabeça, então ele tinha uma escolha — comprar as ações por 10 agora, perdendo US$500 no acordo ou esperar um pouco mais, desejando que a ação voltasse ao preço que era antes do tempo-limite acabar.

E o que aconteceria se ele esperasse e a ação continuasse subindo? Mais cedo ou mais tarde, teria que comprar as ações de volta. Mesmo que a ação subisse para 15, 20, ele estava em uma situação difícil por conta das 100 ações. Teoricamente, não tinha limite de quanto poderia perder.

O que significava que se, de alguma forma, a GameStop tivesse começado a subir, as pessoas que tinham vendido a descoberto a empresa começariam a sentir pressão para comprar; quanto mais a ação subisse, maior seria a pressão. E, quando começasse a cobrir o preço do short, comprando as ações para devolver ao credor, a ação aumentaria ainda mais.

No linguajar de finanças, isso seria chamado de *short squeeze*. Não acontecia com frequência, mas, quando acontecia, poderia ser espetacular. Famosíssima, em 2008, a tentativa de tomada surpresa da montadora Volkswagen pela rival Porsche subiu o preço da ação da Volkswagen em um fator de cinco — tornando-a momentaneamente a empresa mais valiosa do mundo — em dois dias rápidos de trading, quando os fundos de venda a descoberto tiveram dificuldade em cobrir suas posições. Do mesmo modo, a batalha entre dois titãs do hedge fund — Bill Ackman, da Pershin Square Capital Management, e Carl Icahn — levando a um *squeeze* envolvendo um fabricante de suplementos — e suposto negociante de esquema de pirâmide — Herbalife, que custou a Ackman declaradamente US$1 bilhão. E talvez o primeiro *short squeeze* amplamente divulgado

CAPÍTULO SETE

datasse de um século atrás, em 1923, quando o magnata de supermercado Clarence Saunders dizimou, com sucesso, vendedores a descoberto que almejavam sua crescente cadeia de supermercados Piggly Wiggly.

Como muitas pessoas estavam apostando contra a GameStop — e lojas físicas no geral — a posição do short como um todo era enorme, quase cômica. Em algum ponto desses últimos 6 meses, pulou entre 50% e 100% da flutuação total, significando que praticamente todas as ações da GameStop existentes tinham sido emprestadas e vendidas por vendedores a descoberto, todos com a obrigação de readquirir as ações em algum momento no futuro.

E se Keith estivesse certo e a ação subisse ao invés de cair? Seria como assistir investidores tentando sair de um prédio em chamas por uma única porta estreita. A ação iria aos céus.

Como educador financeiro, Keith sabia que a venda a descoberto poderia ser uma das jogadas mais arriscadas do mercado. Realmente precisava-se estar certo de que uma ação iria diminuir, porque seu caminho para o alto era limitado, mas suas perdas poderiam, teoricamente, ser infinitas. O fato de que muitos de seus investidores competentes estavam vendendo a descoberto a GameStop poderia significar que a ação realmente era um fracasso; mas também significava que a ação estava com o tanque cheio, e não precisaria muito para acendê-la e mandá-la direto para a lua.

Então, Keith comprou. Um pouco no começo — mas comprar ações, ainda mais na época de Robinhood, era viciante. Uns US$1.000 rapidamente se tornaram uma aposta total de US$53 mil, alguns em ações normais e outros via *call options*. Keith era sofisticado o suficiente para entender o risco inerente de uma *option*; comprar *options* não era tão perigoso quanto a venda a descoberto, porque sua perda potencial era uma renda limitada, porque poderia deixar as opções expirarem. Pagava-se uma taxa pelo direito de comprar certo número de parcelas de uma ação por determinado preço em certa data. Vendidos em blocos de cem parcelas, a taxa era baseada na demanda, a qual se relacionava com até onde as pessoas achavam que o preço da ação estava indo. Como a taxa paga por esses blocos de cem ações era uma fração do preço determinado, era possível alavancar a si próprio a uma posição com uma quantia relativamente pequena de dinheiro. Se o preço subisse, era possível fazer muito; se diminuísse, as *options* não tinham valor algum, mas só se perdia o que se investiu inicialmente.

Um total de 80% das *options* compradas por traders de varejo como ele expiravam sem valor; mas, quando se tinha pouco para trabalhar, não tinha melhor jeito de tentar alcançar a lua. Claro, US$53 mil era muito dinheiro, considerando que ele tinha uma filha de dois anos, uma casa, uma esposa. Era mais dinheiro do que seu pai conseguia em um ano quando ele era jovem. Mas Keith tinha certeza, mesmo quando flutuava em US$5 por ação, de que ele tinha achado algo valioso onde outros não enxergavam.

Quando ele postou pela primeira vez no WallStreetBets sobre a GameStop, as respostas variaram entre diversão e hostilidade completa. Isso não mudou até agosto de 2019, quando Keith acordou em uma quinta-feira e viu a ação escalando até 20%; como resultado, Michael Burry, famoso investidor e gerente de hedge fund, que tinha previsto a quebra dos imóveis em 2008 e foi representado no filme *A Grande Aposta*, de Michael Lewis e Adam McKay, escreveu uma carta para a diretoria da GameStop revelando que seu *Scion Asset Management* tinha comprado 3% das ações disponíveis da empresa — 2.750.000 ações — e acreditava que a GameStop estava em um estado melhor do que qualquer um percebia. Em uma entrevista com *Barron's*, Burry destacou ainda que a Sony e a Microsoft lançariam seus consoles — e nenhuma empresa tinha ainda abandonado os CDs físicos, mesmo que uma significativa parte dos jogadores tenha começado seus jogos por downloads digitais — o que atrairia mais clientes para a GameStop, e que a situação atual da GameStop "parecia pior do que realmente era".

A compra de Burry não só sustentou o preço da ação; ela eletrizou a comunidade do subreddit WSB — ou pelo menos a entusiasmou com a ideia de que Keith poderia não estar completamente

CAPÍTULO SETE

maluco. O subreddit WSB certamente tinha afinidade por Burry; ele se autoidentificava como alguém com síndrome de Asperger, no espectro autista, e seu personagem excêntrico no filme, retratado por Christian Bale, realmente inspirava empatia aos subversivos, que com frequência se referiam uns aos outros como "autistas" em seus comentários. De algumas formas, a autodepreciação era um mecanismo de defesa e uma maneira de marcar a comunidade como uma antítese do mainstream: WSB não era povoada por Mestres do Universo, ela povoada por "retardados" cujas esposas tinham namorados.

Depois da carta de Burry e do consequente efeito no mercado, a estrela de Keith começou a brilhar no subreddit WSB. Aquela tarde, fixado em sua postagem normal, ele escreveu:

Ei, Burry, muito obrigado por destruir minha base de custo.

Quando alguém chamado Techmonk123 respondeu:

Puta merda, amigo, o que fez você pagar 53 mil na GameStop?

Keith disparou de volta:

O fato de que custava um pouco mais que US$8 e era uma das numerosas catálises que poderiam disparar a reversão do valor justo nos próximos dezoito meses.

Ele tinha mais que dobrado seu investimento inicial — ele estava com um saldo superior a US$113 mil, mas, ainda assim, os céticos ultrapassavam os convertidos. Seus vídeos do Gatinho Rugidor ainda tinham menos de 500 visualizações.

Mais de US$100 mil — Keith sabia que ele poderia ter usado aquele dinheiro para fazer mudanças em sua vida. Talvez comprar uma casa ao invés de alugar, viajar para algum lugar. Mas, com Burry ali, ele não seria capaz de vender.

Você está deixando esperanças e sonhos dominarem em vez de ouvir o mercado, outro cético tinha postado. E, daquela vez, Keith só pôde responder com honestidade:

> Por que você está sugerindo que a minha tese é fundamentada em "esperanças e sonhos", e não em uma análise legítima?

Enquanto os meses passavam, Keith não tinha mudado sua opinião nem fraquejado em suas crenças. Mesmo antes da GameStop ter sido forçada, pela pandemia, a fechar todas as suas lojas nos Estados Unidos, e mesmo antes que eles tivessem divulgado seus péssimos números de vendas de 2019, nas épocas festivas — Keith tinha responsavelmente continuado a postar suas declarações, com muito mais sangue vermelho que verde, enquanto ele devolvia cada bendito centavo que tinha ganhado.

Quando um comentador, autointitulado "brutalpancake" o desafiou em sua determinação:

> Cara, tem o deep value — e tem a carcaça apodrecendo. Para mim, essa coisa começou a feder já tem um tempo.

Keith respondeu com o que se tornou um lema pessoal:

> Éh, existe o deep value, e tem o deep value foda.

Claro, uma parte de Keith sabia que o que ele estava fazendo era loucura. Ele era um homem crescido sentado no porão, com uma bandana amarrada na cabeça, usando uma camiseta de gato, contemplando uma bandeja com tirinhas de frango. Um homem crescido com um canal do YouTube nomeado "Gatinho Rugidor", postando em um subreddit sob o pseudônimo DeepFuckingValue.

A parte racional dele sabia: o amor pode ser perigoso. A crença que te impulsionava para frente poderia ser o que te mataria.

Mas ainda que fosse verdade — infernos, ele não seria o primeiro homem crescido a ser destruído pelo amor.

CAPÍTULO OITO

"Parece refrigerante."

As linhas ao redor dos olhos do pai de Jeremy marcaram em um franzir dramático, adicionando anos à sua aparência, em geral jovial, enquanto ele avaliava a armadilha aquática a apenas uns 10m à frente deles, descendo pelo canal. Mesmo com o cabelo rareando na frente e mechas cinzas nas ondas dos fios que restavam, em ambos os lados, Andrew Poe não parecia um homem de quase 50 anos. Mas, quanto mais ele falava, menos provável era que as pessoas o confundissem com alguém que não fosse um pai de meia-idade.

— Ou talvez um programa de televisão brasileiro. Você tem certeza do que está dizendo?

— Só joga logo. Nós dois sabemos que vai parar no lago.

Seu pai finalmente voltou sua atenção para a bola em frente às suas botas, que repousava no caminho de grama congelada. Ele segurou o taco de golfe com ambas as mãos e se inclinou para frente desajeitadamente a fim de chegar bem perto da coisa no chão. O taco era muito curto para sua estrutura de quase um 1,83m, e ainda tinha a ligeira curvatura no metal, logo abaixo do cabo. Já estava assim quando ele pegara o taco em uma venda de garagem de um vizinho durante a última visita de Jeremy à sua casa, perto do Dia de Ação de Graças. O vizinho tentou vender o conjunto completo, junto com uma bolsa em mau estado — mas o pai de Jeremy tinha pensado que um taco e um punhado de bolas eram suficientes para começar. Nenhum dos dois realmente sabia jogar golfe, no fim das contas.

— YOLO — disse seu pai, posicionando-se para sua tacada. — Isso parece legal.

Ele elevou o taco acima do ombro, ainda mais desajeitado agora, claramente o movimento de um homem que nunca teve uma aula de golfe na vida. Nenhum dos dois tinha qualquer direito de estar ali no sexto buraco de um campo como o *Sugar Mountain County Golf Club* ainda que fosse público, no final de dezembro, com o chão coberto de gelo — tinha até mesmo neve empilhada perto do buraco, o qual estava no outro lado de um lago parcialmente congelado, apesar de que poderia muito bem ser do outro lado da Carolina do Norte, pela probabilidade que eles tinham de acertar a bola em qualquer lugar próximo.

Ainda assim, era agradável sair com seu pai, especialmente bom porque afinal era o recesso de Natal. Geralmente não nevava assim no começo da estação; talvez isso também tivesse a ver com a pandemia. Talvez porque ninguém estava saindo, o aquecimento global tinha claramente parado e o *Sugar Mountain*, na Carolina do Norte, estava a caminho de outra era do gelo.

A longa viagem de Durham até a casa de seus pais na cidade turística em Blue Ridge Mountains tinha sido divertida e irritante; pouco trânsito, cenário bonito durante as três horas completas direto pela rodovia US 421, mas Jeremy tinha sido forçado a ouvir seu irmão tagarelar sobre sua vida nos dormitórios na maior parte da viagem. Mesmo com todas as restrições, era claro que Casper estava tendo uma vida escolar melhor que a de Jeremy, razão pela

CAPÍTULO OITO

qual Jeremy se certificou de que ambos estivessem usando máscaras na maior parte da viagem; ele faria o teste e entraria de quarentena quando voltasse para o campus. Ele devia isso à sua bolha, afinal.

Mas ali fora, no campo de golfe com seu pai, Jeremy conseguia se sentir quase normal. Ele estava sem máscara, porque a brisa estava soprando e seu pai mantinha uma distância saudável; além disso, não havia ninguém perto. O que era provavelmente uma coisa boa, porque eles não estavam exatamente usando roupa de golfe. Jeans, moletons, jaquetas, e Jeremy usava tênis, enquanto seu pai usava botas estranhas e revestidas de pele que ele comprou em uma loja no cassino ameríndio a oeste de Asheville. Ainda pior, ele era o único dos dois que tinha um taco, o qual seu pai abaixou com uma tacada poderosa — acertando a bola, deslizando-a à frente, em um ângulo terrível, mais uma linha do que um arco desafiando a gravidade. A bola alcançou metade do lago antes de descer na superfície congelada. Duas saltitadas e um pulo, então uma pancada para dentro d'água.

— Não se ensina algo assim — disse seu pai.

Apesar da tacada feia, Jeremy sabia que seu pai era mais atlético que ele ou seu irmão, que herdaram o físico alongado de sua mãe. Andrew Poe tinha jogado vários esportes no ensino médio antes de decidir pelo futebol na faculdade. Ele continuou bastante em forma enquanto envelhecia, apesar de ser um pouco mais redondo no meio do que Jeremy lembrava de sua infância. Mas ver um peso extra em seu pai não incomodava Jeremy — era justamente o contrário. Na maior parte do tempo, Jeremy conseguia esquecer que seu pai ainda ia ao oncologista a cada dois meses para check-ups de rotina, mas duvidava de que deixaria de se preocupar com qualquer mudança que notasse na saúde de seu pai ou em seu comportamento.

— Você deve ter praticado enquanto eu estive na escola — disse Jeremy, enquanto pegava o taco do pai. Então Jeremy enfiou a mão no bolso e pegou outra bola de golfe, que largou na frente de seus sapatos.

— Claro — respondeu seu pai. — Estive aqui toda manhã com a sua mãe desde que nos mudamos para cá. Então, esse "YOLO" é tipo um lema?

Jeremy bateu no chão com a cabeça do taco, checando o peso.

— É mais como uma estratégia financeira. Você faz a pesquisa. Investiga os fundamentos. Pesa os riscos e as oportunidades de lucro. Então aposta tudo.

Jeremy ergueu o taco sobre o ombro, mirou e balançou usando toda sua força. A cabeça do taco errou a bola em uns bons 15cm, e Jeremy quase caiu. Quando finalmente se equilibrou, ele estava sorrindo.

Tinha que admitir, parecia um pouco ridículo. YOLO ("You Only Live Once" ou Só Se Vive Uma Vez, em português) parecia o tipo de tautismo que se lia em um livro de autoajuda, incentivando a não encanar com pequenas coisas, e talvez reservar aquela viagem para Ibiza ou ostentar um novo casaco de couro. Mas, quando se aproximava do investimento, isso beirava o profano. E, ainda assim, quanto mais Jeremy passava tempo no subreddit WSB, mais ele se convencia que para pessoas jovens normais como ele, presas em um momento irregular do tempo, enfrentando um nível de competição historicamente desigual, havia uma lógica perversa por trás de tentar alcançar a lua.

Jeremy não estava surpreso que uma porção abrangente do subreddit WSB tivesse, ao longo dos anos, encorajado outros sobre a filosofia de trading — especificamente, como representado por uma das estrelas de crescimento mais rápido do site, uma pessoa que postava chamando a si mesma de DeepFuckingValue. Desde que descobriu as postagens de DFV sobre a GameStop, Jeremy passou

CAPÍTULO OITO

muitas horas assistindo às transmissões online do cara no YouTube, em um canal chamado "Gatinho Rugidor", e Jeremy tinha que admitir que o cara era realmente carismático. DFV era espero, aberto com sua pesquisa e explicava a lógica por trás de seus trades, em termos fáceis de entender. Ele não estava tentando iludir ninguém, ele não parecia ter nenhuma segunda intenção. Só realmente amava a GameStop e decidiu tomar uma decisão YOLO sobre isso, colocando tanto dinheiro quanto podia em uma aposta de que a ação iria até a lua.

E, de forma surpreendente, a aposta não tinha evaporado como 90% dos trades YOLO que Jeremy seguia no site. De fato, tinha ido inacreditavelmente bem para DFV. Apesar das fortunas das ações terem mudado para melhor depois do anúncio de Michael Burry sobre seu interesse pela empresa, no verão de 2019 as coisas tinham realmente começado a acontecer há alguns meses, quando, no final de agosto, um documento na SEC tinha chegado até DFV, seus seguidores no YouTube e no subreddit. Em 28 de agosto, um empreendedor e quase bilionário chamado Ryan Cohen informou na SEC que ele tinha adquirido 10% do float da empresa — 9 milhões de ações — por aproximadamente US$8 cada. Cohen colocou US$76 milhões em sua crença de que a GameStop poderia virar o jogo; mas, diferente de DFV, que era basicamente um cara na internet que gostava de gatos, Cohen era um gênio do e-commerce que, há dez anos, tinha fundado uma empresa de comida de animais chamada Chewy com US$15 milhões em capital — e tinha evoluído para um negócio de US$250 bilhões em receita, que ele vendeu para a PetSmart por US$3,35 bilhões. Quando a Chewy foi a público em 2019, seu valor tinha explodido para mais de US$43 bilhões.

O investimento de Cohen na GameStop tinha sido um catalisador importante para a ação, elevando-a em um fator de cinco nos próximos meses. E esse aumento transformou DFV em uma de suas lendas, deixando de ser apenas mais uma das vozes no WSB.

Jeremy tinha praticamente memorizado o vídeo que o homem postou há apenas dois dias, no Natal, 25 de dezembro — marcando a corrida maluca que ele já estava antes com a ação. Nesse vídeo, postado na conta do Gatinho Rugidor e intitulado "VAMMMMMMMMMMMBORAAAAAA", DFV parecia estranhamente sobrecarregado. Ele ainda usava sua bandana vermelha característica, mas ao invés de uma camiseta de gato, ele usava uma blusa preta com o slogan "GAME OVER" em fonte de videogame, uma referência a praticamente todos os jogos dos anos 1980 e 1990, os quais terminavam com essas palavras maravilhosas e inevitáveis.

— E aí, qual é, pessoal, um brinde!

DFV começara o vídeo, e tinha ido direto ao ponto: seu investimento na GameStop tinha se tornado mais de *US$1 milhão* em lucro. DFV parecia tão embasbacado pelos acontecimentos quanto todo mundo. Ele era só um cara normal:

— Eu certamente não dirijo uma Lamborghini, nós alugamos essa casa que vocês veem, tem sido uma experiência fantástica para nós enquanto família, e foi muito divertido ter vivenciado isso com vocês nos últimos meses.

Para Jeremy, tinha sido uma coisa incrível de testemunhar — e não parecia ser o resultado de uma aposta sortuda que realmente recompensava. Realmente parecia a culminação de uma *estratégia*.

— Veja — disse Jeremy ao voltar para uma posição de golfe razoavelmente idêntica. — O pensamento é, se você é um grande banco de Wall Street ou um cara rico em uma mansão, você pode custear a diversificação de seu portfólio. Tirar os riscos, mirar em

CAPÍTULO OITO

retornos frequentes, sólidos. Mas, quando é um idiota normal com uma hipoteca, financiamentos escolares ou prestações do carro —

— Esse Gatinho Rugidor.

— Isso. Quando se é alguém como, bem, nós — diversificar é só uma maneira de se manter na superfície. Ganhar um pouco aqui e ali não o leva a lugar algum. Quando você finalmente vende suas posições, ainda tem os mesmos problemas de antes. Ainda tem a mesma vida, com as mesmas contas a pagar —

— Contas? Quem paga contas?

Jeremy riu. Ele sabia que era privilegiado — seu pai ainda mandava cheques mensais para cobrir seus custos de vida e de educação. Antes da Covid, ele trabalhava meio-período fazendo análise de dados para um professor a fim de ajudar a cobrir seu empréstimo estudantil, mas agora ele vivia de doação parental. Ele sabia que tinham muitas pessoas do subreddit WSB que estavam bem piores que ele. A pandemia acertou a comunidade em cheio, e muitos estavam sem trabalho. O que tornava mais compreensível, para Jeremy, que eles estivessem dispostos a tentar usar qualquer dinheirinho que tivessem para mudar as coisas, e não só de forma progressiva, mas monumental.

— Você sabe o que eu quis dizer — disse Jeremy. — Ao invés de ouvir consultores financeiros que escrevem colunas para o *USA Today* ou são condescendentes com você no CNBC, você pode fazer sua própria pesquisa, e então cavar o quanto puder e achar ouro. Você cresce exponencialmente.

Jeremy ergueu o taco novamente, dessa vez fazendo contato com a bola. Ao invés de ir reto, em direção ao lago, a bola voou para a direita, batendo direto em um pequeno monte de gelo. Jeremy sacudiu a cabeça, procurando outra bola nos bolsos.

— Entendi — disse seu pai. Diversificar é para os boomers, não para as crianças no fundo da sala com o giz de cera.

Jeremy ergueu as sobrancelhas. Obviamente, seu pai prestou atenção em pelo menos alguns dos e-mails e das conversas de telefone que eles tiveram durante a última semana antes do recesso de Natal; talvez ele tenha até mesmo passado um tempo no subreddit WSB, lendo as postagens de DeepFuckingValue — intituladas "Atualização YOLO GME" e suas respostas, talvez até alguns memes ridículos. Jeremy tinha certeza que muitas das coisas seu pai não entenderia ou, mais precisamente, que estavam abaixo de seu nível. Cenas adaptadas de *Planeta dos Macacos* ou *Star Wars*, sem falar das pessoas bebendo xixi porque perderam a aposta de uma ação, não convenceriam seu pai de que o subreddit era o lugar para ir em busca de conselhos financeiros seguros. Mas, como Jeremy tentava explicar, o subreddit funcionava com a linguagem de um grupo de colegas. Se Jeremy tivesse vivido seu último ano em uma época normal, estaria conversando com amigos em bares, festas de dormitórios, talvez até casas de fraternidade. No lugar disso, estava socializando pela internet, em uma fraternidade chamada WallStreetBets.

YOLO era algo que fazia total sentido naquele ambiente. E Jeremy tinha começado a acreditar que o investimento YOLO na GameStop fazia ainda mais sentido. Não apenas pelo que o Gatinho Rugidor estava dizendo sobre o potencial da ação; Jeremy podia ver que os fundamentos da empresa tinham problemas e havia poucas razões para crer que sua gestão tinha a coragem de ajustar o barco. E, droga, Jeremy sabia o quão fora de época a GameStop atual parecia para qualquer pessoa que visitasse uma de suas muitas franquias nos anos recentes. Entrar em uma GameStop era um pouco como entrar em um flash-mob equivalente a uma venda de garagem; itens espalhados sem nenhuma ordem, jogos usados empilhados perto de bichinhos de pelúcia e mercadoria aleatória relacionada a entreteni-

CAPÍTULO OITO

mento. Andar por aquele labirinto de prateleiras era desconcertante e algumas vezes aterrorizante; a fileira de animais de pelúcia rosa felpudos poderia acabar subitamente em alguma criatura roedora horripilante segurando uma serra elétrica coberta de sangue.

E, se você encontrasse aquilo que estava procurando, pagar era sempre uma aventura. Tinha sempre fila, e ela sempre parecia andar como um bloco de gelo; os vendedores geralmente pareciam carentes, solitários e muito afim de conversar com os clientes estereotipados da franquia.

Mas, ainda assim, Jeremy acreditava que a GameStop poderia mudar. Ele acreditava que Ryan Cohen realmente ajudaria a empresa — e a comunidade WSB estava começando a disputar a GME. Mais e mais pessoas estavam seguindo DFV na trade, e Jeremy entendeu o poder disso. Era algo que ele queria que seu pai entendesse também.

Jeremy sabia — seu pai tinha tanto YOLO nele quanto qualquer outro no subreddit WSB. Jeremy ainda conseguia se lembrar claramente do dia em que seu pai chegou cedo do trabalho, em uma firma de advocacia de nível intermediário fora de Raleigh, onde Jeremy tinha morado até os 7 anos, e anunciou à família que ele queria largar tudo e comprar um barco. Bem na melhor época de seus ganhos — e seu chefe da firma de advocacia tinha reclamado —, fez as malas e os levou para o litoral, rodando por toda a Flórida e então pelas Bahamas, uma vida circulando entre ilhas enquanto estudavam em casa, nas velas de um catamarã.

Aos 7, 8, 9 anos, Jeremy tinha vivido essa vida insana e idílica, se perguntando se seu pai tinha enlouquecido ou se tomou a melhor decisão que alguém poderia tomar. Até que, aos 10 anos, seu pai finalmente sentou-se com ele, ao lado seu irmão, e contou o segredo que ele vinha carregando desde que deixaram a Carolina do Norte.

Câncer, nos rins, e agressivo.

Aquela noite, Jeremy tinha navegado online e mergulhado no que seu pai lhe contara; mesmo então, Jeremy era bom com computador, roubando quantas senhas de Wi-Fi conseguisse toda vez que o catamarã estivesse perto de um porto ou de um barco maior, mais bem equipado tecnicamente. Mesmo a profundidade de pesquisa de um menino de 10 anos dizia que as chances de seu pai não eram boas. Para piorar, o timing do diagnóstico de câncer de seu pai tinha coincidido com o colapso financeiro de 2008; o mercado estava despencando. Então seu pai não apenas saiu de seu emprego, que provavelmente ele teria perdido, de qualquer forma, mas também cogitou a possibilidade de que morreria, deixando duas crianças jovens para que a esposa cuidasse — vendeu todas as suas ações e sua casa, e se mudou com a família para um barco.

Ainda bem que Jeremy tinha sorte; seu pai superou as expectativas e, com cirurgia e tratamento, conseguiu sobreviver ao câncer e recuperar sua saúde, assim como sua conta bancária; ele reassumiu seu posto no campo jurídico, e recentemente comprou uma casa em Sugar Mountain. Mas profundas lições foram aprendidas no caminho, sobre quão rápido as coisas podem mudar, quão injusta a vida pode ser e como aproveitar a oportunidade e fazer algo louco era frequentemente a jogada certa.

— Então, em quanto você está pensando? — perguntou o pai, e Jeremy pôde ouvir uma mudança em sua voz. Apesar dos memes, talvez algo no subreddit tenha falado com ele? Michael Burry, os juros crescentes do short, o otimismo infalível de DFV? Ou ele acreditava que era finalmente a hora de deixar Jeremy pilotar o barco.

— Eu tenho cerca de US$6 mil na minha conta escolar — Jeremy respondeu.

— Isso é para livros didáticos. E comida.

— Ambos superestimados.

— Jeremy.

Jeremy balançou o taco de novo, acertando a segunda bola direta em cheio. A bola subiu em um arco razoável, então despencou dentro do lago. Seu pai deu um tapinha em suas costas, e o contato fez bem, porque, no fim de 2020, praticamente qualquer contato fazia bem.

— Talvez eu compre algumas também — disse seu pai. YOLO, certo?

Então ele sorriu, pegando o taco.

CAPÍTULO NOVE

A adrenalina corria por Kim pela surpresa enquanto ela erguia seu dedo sobre o botão laranja digital, em forma de pílula, à direita inferior da tela do telefone. Ela hesitou por um momento, deixando-se inundar pelo sentimento. Ela estava exausta depois de outro longo turno há apenas alguns minutos, quando se sentou à mesa na cozinha pequena e funcional, empurrando para o lado uma pilha de livros didáticos de seu filho mais velho, Brian, e praticamente erguendo uma das construções de Lego de seu filho mais novo — Kyle — lembrando tanto um submarino como um megalodonte, dependendo da coisa protuberante no topo ser uma barbatana ou um periscópio. Agora, a exaustão tinha deixado completamente seu corpo. Estava prestes a fazer algo fora do comum para ela, algo emocionante e talvez um pouco louco.

"E, cara, como isso era bom."

Ela olhou rapidamente para além da mesa, além da sala de estar, para o corredor que levava aos quartos de seus filhos, do outro lado do apartamento. Era pouco depois das 21h, em uma das ocasiões milagrosas em que a casa estava quieta. Kim não acreditava nem por um momento que seus filhos estivessem de fato dormindo.

Sem dúvidas Brian tinha tirado o iPad do esconderijo sob o colchão — por que rapazes de 15 anos achavam que suas mães não sabiam sobre os colchões? — e Kyle provavelmente estava debaixo das cobertas com uma lanterna, trabalhando na construção de algo com palitos de picolé, o que era sua nova obsessão, ou talvez brincando com seu Lego da Estrela da Morte que ela comprou para ele em seu último aniversário em um site na China por um décimo do preço nos EUA. Seu ex a tinha criticado por conta da Estrela da Morte, dizendo que estava fazendo com que a pobre criança tivesse "expectativas inalcançáveis" ou alguma outra coisa sem sentido, mas Kim tinha deixado o comentário passar sem causar briga. As coisas estavam bem com seu ex; na verdade, pela primeira vez, as coisas iam bem com ambos os pais de seus filhos, o que acontecia tão frequentemente quanto um eclipse lunar — então ela não queria fazer nada para complicar o meio de campo. Sua vida podia ser difícil o suficiente sem ter que lidar com discussões com suas antigas paixões.

Além disso, ela não estava indo mal, considerando tudo. Seu apartamento tinha três quartos, uma lavadora de louças nova, janelas que davam para um pátio tranquilo, e o prédio ao redor era praticamente novo, o que significava que as coisas não estavam se quebrando ainda. E seus vizinhos eram legais, em sua maioria profissionais que a respeitavam porque ela ia para casa com jaleco e suas crianças não ateavam fogo aos corredores.

Na realidade, eram crianças realmente boas, que faziam seu melhor em uma situação que poderia parecer bastante disfuncional. Brian dividia o tempo entre sua casa e a casa do pai, e eles faziam o melhor para conviver bem. Ela e o pai de Brian não tinham se separado legalmente porque, tecnicamente, eles nunca foram casados, para início de conversa.

Eles se conheceram na faculdade — Penn State — como calouros; Kim era esgrimista e o pai de Brian era membro do time de lacrosse. Eles se aproximaram extremamente rápido e, ao final do primeiro ano, passavam todas as noites juntos nos dormitórios um do outro.

No dia após Kim ter voltado para casa para o recesso de inverno, no segundo ano, ela percebeu que algo estava errado e fez o teste de gravidez. Ter um bebê aos 19 anos não era parte do plano de nenhum deles, mas de alguma forma Kim ainda conseguira terminar o segundo ano em Penn State antes de se mudar novamente para a casa dos pais a fim de ter o bebê. Quando ela recomeçou na California State University, no outono, as coisas entre ela e seu ex tinham amargado. Ela percebeu, então, que precisava aprender a viver sozinha.

Seis anos depois, ela cuidava de uma criança precoce enquanto começava como enfermeira formada, quando o papai do bebê número dois entrou em jogo. Tinha começado com uma solicitação de amizade no Facebook, de um dos colegas de time de lacrosse de seu ex, que, aparentemente, tinha um crush nela. Algumas mensagens inocentes se tornaram um relacionamento, o qual então a levou a fazer uma viagem imprevista para Massachusetts a fim de empacotar todas as coisas dele, incluindo dois cães e duas chinchilas, e dirigir pelo país até a Califórnia. Alguns meses depois, eles tiveram um casamento no quintal, com seu filho como pajem. Kyle chegou pouco tempo depois, e as coisas começaram a esfriar com o pai número dois, levando-os ao divórcio, a várias idas ao tribunal e a mais que algumas pensões faltando. Ela terminou como um clichê ambulante: mãe solo de dois, com uma grande quantidade de dívidas e um bocado de sonhos destruídos.

Mas ela estava em um relacionamento muito mais amistoso com o pai número dois, agora que Kyle era um pouco mais velho e sua carreira de enfermeira saldou a maior parte das dívidas. Pensão não era algo com o qual ela pudesse contar, mas ambas as crianças estavam bem adaptadas e felizes. Ela tinha muito trabalho com ambos, e sua casa geralmente estava um desastre. Brian estava quase sempre no quarto, mas Kyle tinha mania de ocupar qualquer espaço em que estivesse com seus projetos. Palitos de picolé poderiam ocupar um quarto, e um pacote de balões poderia, de alguma forma, dominar sua sala de estar; mas, quando ela aceitou que sua casa era uma batalha que ela sempre estaria no lado perdedor, as coisas melhoraram.

Ainda assim, os momentos livres, quando ela estava sozinha depois que as crianças desligavam as luzes, pareciam pequenos milagres — e esse momento particular parecia ainda mais abençoado, porque ela tinha esperado por ele desde que batera o ponto no trabalho.

Ela sabia que podia ser uma pessoa obsessiva e tinha tendências de se deixar levar pelas coisas — ela teve vários hobbies antes. Esgrima no ensino médio e na faculdade, crescimento pessoal, o que a levou, nos seus 20 anos, a um mergulho de um ano nos ensinamentos de Tony Robbins — ela até tinha ido a alguns retiros de final de semana, aprendendo a identificar suas necessidades, focar sua energia e tomar decisões que levavam a mudanças reais — e, claro, Trump. Passou meses se aprofundando em sua própria ancestralidade, instigada por sua melhor amiga, Angie, que a persuadiu a se inscrever em uma organização de caridade chamada Filhas da Revolução Americana, cujo principal requerimento de filiação era encontrar um parente direto que tinha sido um patriota norte-americano comprovado. Com o suficiente de investigação direcionada, Kim encontrou um bando de parentes que se qualificavam, incluindo seu tatara-tatara-tatara-tio, que carregava um mosquete, apesar de ela não ter certeza de que ele tenha o apontado para alguém.

Quando ela punha algo na mente, sabia ir até o final.

Mas o que estava acontecendo entre ela e o subreddit Wall StreetBets era algo em um nível totalmente diferente. O que tinha começado como um jeito divertido de passar seu tempo livre no trabalho e em casa — procurando mensagens, aplaudindo boas compras de ações e caçoando das perdas atrozes — agora se transformou em um passatempo ativo. Não apenas ela postava no subreddit — geralmente questões sobre táticas financeiras e ações em particular — como ainda tinha entrado com tudo, usando sua conta Robinhood para comprar um punhado de ações depois de ler

CAPÍTULO NOVE

postagens que eram particularmente persuasivas. Nada sério; como o Robinhood não tinha requisitos de conta, ela conseguiu colocar umas centenas de dólares e usar em tickers. E, apesar de ela ter perdido a maioria, a animação tinha sido inegável.

Agora, ela estava pronta para ir ainda mais além, porque nas últimas semanas tinha assistido, como todos os outros no subreddit WSB, a algo que parecia único e significativo.

Ela não sabia muito sobre a GameStop. Seu filho mais velho amava, é claro, porque ele passava a maior parte de seu tempo jogando videogames. E, apesar de ele fazer download de quase tudo diretamente da internet, ainda era algo divertido caminhar por uma loja dedicada a pessoas que sabiam a diferença entre *Fortnite* e *Roblox*. Mas Kim não ligava tanto para a GameStop, a empresa, porque ela se encontrava completamente envolvida com a GME, o meme "stonk".

Tinha começado com as postagens de DeepFuckingValue e suas transmissões ao vivo. Ela as revisitava como se estivesse pesquisando sua própria ancestralidade, procurando por um patriota — procurando qualquer coisa que tenha feito o Gatinho Rugidor se apaixonar tanto pela ação que estava disposto a colocar a maior parte de seu dinheiro em uma grande aposta. Ela escutou quando ele contou sobre Michael Burry e Ryan Cohen, e seu apoio à empresa. Ela tomou notas enquanto ele falava sobre os juros do short, e o que poderia significar para uma ação ter a maior parte de suas participações em short. E ela tinha assistido, fascinada, enquanto ele tornava uma aposta de US$53 mil em uma fortuna de US$1 milhão.

Existia alguma coisa no jeito como o subreddit WSB funcionava, não era uma figura presunçosa na TV falando para o público ou um "especialista" jogando termos que ela nunca esperaria entender. DFV era só outro primata, outro retardado, falando sobre essa coisa louca na qual ele acreditava.

Kim amava todos os minutos disso, e queria *entrar*. Ela sabia que parte do que a estava movendo era o FOMO — o medo de ficar de fora (fear of missing out, em inglês) que já havia tornado milionário um cara comum com um cabelo mullet e uma fixação por gatos. E ela sabia que era menos persuadida pelas postagens cuidadosas e longas que geralmente acompanhavam os comentários de DFV do que o culto de personalidade desenvolvido em volta dele e de sua atitude YOLO.

Uma vez que ela decidisse sair do escanteio, era apenas uma questão de escolher seu momento — e a quantidade que ela poderia apostar, se não responsavelmente, pelo menos sem arriscar a estabilidade de sua família. No geral, era uma pessoa bastante econômica: ela ainda dirigia seu Honda 2006 com mais de 370 mil km rodados. Ela comprou todas as suas roupas e as das crianças em brechós. Ela usava cupons religiosamente e comprava apenas em promoções. Ela também tinha um fundo de aposentadoria no trabalho, o qual era um pequeno investimento acumulado para sua aposentadoria. Estavam todos colocados em ETFs Vanguard e, apesar da queda do coronavírus, ainda estavam se segurando.

Devido a já ter perdido aproximadamente US$400 em ações aleatórias sobre as quais ela leu no subreddit WSB, ela tinha que ter cautela — mas moveria com cuidado US$5 mil para uma conta de trading. Era uma grande quantia — mas era um valor que ela tinha escolhido por duas razões. Ela se sentia confortável deles conseguirem sobreviver se perdessem toda a coisa; e, se DFV estivesse certo e a GameStop pudesse — na melhor das hipóteses, ela imaginou — dobrar de onde estavam, a US$16 a ação, ela teria o suficiente para pagar o aparelho dental de Brian.

Seu plano era começar com cem ações. Comparado a algumas postagens que ela leu no subreddit, era uma ninharia; mas, para ela, era enorme, e ela sentiu o momento em cada célula quando finalmente pôs o dedo no botão Comprar.

Embora fosse após as horas de mercado, a conta Robinhood parecia tão emocionada quanto ela se sentia. O telefone vibrou em sua mão e, apesar de não receber confetes — ela já tinha aproveitado aquele espetáculo quando comprou uns tickers bostas, semanas antes —, ela sentiu uma boa dose de dopamina nas veias. No dia seguinte pela manhã, quando o mercado abrisse, Robinhood atiraria suas flechas para Citadel, Two Sigma ou Susquehanna, e Kim estaria mais próxima de seu objetivo.

CAPÍTULO DEZ

Não importava o quanto eles tentassem decorar a sala de exame — a selva de plantas em vasos, perto da porta, os pôsteres lustrosos nas paredes, de ilhas gregas curtidas de sol, o suave Muzak flutuando para fora dos alto-falantes escondidos atrás de montanhas de equipamento médico, e até mesmo o sistema de ventilação sobrecarregado que falhava em mascarar o aroma de antisséptico característico de qualquer localidade médica que se prezasse —, Sara não podia evitar a ansiedade que sempre parecia atingi-la em lugares como esses.

Ainda que seu marido estivesse esperando do lado de fora no carro — devido às duras precauções de Michigan em relação à Covid —, e a enfermeira, em seu jaleco azul-claro, máscara e *face shield*, estivesse supostamente sorrindo, sendo calorosa e falando como se fosse a coisa mais rotineira do mundo, Sara não conseguia deixar de se sentir intensamente vulnerável. Deitar-se em uma mesa cercada de máquinas e estranhos mascarados era bem surreal; estar deitada com a blusa puxada para cima deixando seu estômago descoberto, que agora já tinha passado de toranja e melão cantaloupe — subindo na escala, indo direto para uma maldita *melancia*.

A enfermeira logo foi acompanhada por um obstetra, que andou pela sala, vestido e com luvas, como se estivesse a ponto de conduzir uma orquestra. As papadas do homem estavam escondidas sob sua máscara, mas seus olhos se iluminaram por trás de seus óculos, e aquilo, em si, fez Sara se sentir um pouco mais tranquila. Olhando para ele, imaginando o sorriso que não podia ver, ela sabia que estava sendo tola; aquilo realmente era rotineiro, ela era jovem e saudável e grávida.

E estava ficando mais grávida diariamente.

O doutor deu um aperto amigável em seus ombros, então aproximou a máquina de sua cama, verificando a tela. A máquina estava virada para longe dela, mas ela podia ver o brilho esverdeado refletido em um dos pôsteres lustrosos na parede, pixels cintilantes surfando nas ondas que brincavam na Costa Amalfitana.

O médico disse algo para a enfermeira, então a mulher se aproximou da mesa e gentilmente ajudou Sara a levantar sua blusa um pouco mais no estômago.

— Isto será um pouco gelado — disse a enfermeira, enquanto apertou algum tipo de gel claro, de um tubo branco, no estômago de Sara.

Então ela se afastou e o médico se aproximou, segurando um aparelho pequeno e achatado preso a um longo fio. Ele pôs o aparelho contra seu estômago, mais forte do que Sara esperava. Ela se encolheu com a pressão; então o médico movimentou o aparelho, pressionando de um lado para o outro. Ele estava olhando para a máquina, então Sara olhou também; ela ainda não conseguia ver a tela completamente, mas o visor estava um pouco mais virado em sua direção devido ao movimento do médico. Ela conseguia ver linhas confusas, então apertou os olhos, tentando entender. O doutor continuou movendo o aparelho, obviamente procurando algo. Ele também estava pressionando botões no teclado conectado à tela. Sara segurou o ar, querendo descobrir o que ele estava procurando, mas também lutando contra a vontade repentina, que a pressão es-

CAPÍTULO DEZ

tava criando, de rir e fazer xixi ao mesmo tempo. Rir seria normal, ela percebeu, mas realmente esperava não fazer xixi na mesa. Isso seria embaraçoso.

O médico parou de se mover, e pelo jeito como seus olhos se apertaram ela podia imaginar seu sorriso se abrindo. Ele assentiu para a enfermeira, apertou outro botão no teclado — então um barulho preencheu o cômodo. Um tum, tum, tum.

— Isto é...? — perguntou Sara.

O doutor assentiu, então apontou para um ponto da tela. Sara podia vê-lo agora — um pequeno saco amniótico em movimento, o coração batendo. Então, próximo, uma cabeça, ou o que ela pensou que poderia ser uma cabeça, e uma mãozinha, estendida.

— É lindo — disse ela.

Ela não podia acreditar que estava olhando para o seu bebê. Menino ou menina — não sabia ainda — e ela não tinha certeza se queria saber. Mas estava olhando para seu filho. Em questão de meses, aquela criança nasceria naquele mundo. Ainda seria um lugar de máscaras e quarentenas? Sara só sabia que, para ela, aquele pequeno coração batendo significava que nada seria mais o mesmo, e por aquilo ela era imensamente grata.

Ela queria que Trevor pudesse estar ali, perto dela, apertando sua mão. Ela pensou nele sozinho no carro; provavelmente preocupado, mas provavelmente também lidando com ligações do trabalho, uma após outra. Por dias, ela chegava em casa do salão e encontrava a casa vazia, fazia o jantar para si mesma e deixava a metade dele em potes Tupperware na geladeira. Ela entendeu — e a pequena criatura na tela em frente a ela, na sala de exames, fazia ela entender ainda mais. Apesar de 2020 estar chegando a um rápido final, as coisas ainda não tinham ficado nem um pouco mais fáceis para eles.

Seus pensamentos foram interrompidos quando o médico apertou outro botão no teclado, congelando a tela.

— Quer um souvenir? — perguntou ele.

Quando ela assentiu, ele foi para uma sala adjacente, onde uma máquina diferente imprimiria a foto. A enfermeira entregou a Sara uma pilha de lenços de papel para seu estômago, depois foi em busca do médico, deixando Sara fazer o trabalho sozinha.

Sara fez o que pôde com a bagunça em sua pele, então puxou sua blusa de volta sobre a barriga saliente. Ainda sozinha no cômodo, ela não tinha certeza se deveria levantar da mesa; em vez disso, decidiu esperar — e buscou seu telefone na bolsa, que estava em uma cadeira próxima o suficiente para alcançar. Ela estava a ponto de mandar mensagem para seu marido e para sua mãe, contando a eles sobre o feijãozinho, as batidas do coração e sua mão. Mas, diferente disso, ela se viu em um lugar familiar, um que deveria ter feito ela se sentir totalmente errada na sala de exames, deitada na mesa, com a imagem congelada de seu bebê em uma tela próxima; contudo, de alguma forma, não fazia.

Nas últimas semanas, o subreddit WSB tinha se tornado uma segunda casa, tão parte de sua vida quanto o Facebook ou o Instagram. Isso fazia ela sorrir e, ultimamente, fazia com que pensasse. Porque algo novo estava acontecendo — algo drástico e completamente louco.

Ela leu todas as postagens de DeepFuckingValue — como poderia não ter lido se elas subiram ao topo do subreddit e estavam atraindo um grande número de seguidores? Ela também tinha assistido a algumas de suas transmissões ao vivo — apesar de que: quem tinha tempo para um alvoroço de cinco horas de duração sobre a GameStop, não importa quão carismático o cara fosse? E ela tinha rolado a maioria dos comentários sobre o que ele esteve dizendo, tanto no YouTube quanto no WallStreetBets.

Era óbvio, muitas pessoas estavam comprando e a ação tinha subido para quase US$20 a participação. O que, ela compilou, tinha sido o objetivo do valor original de DFV quando ele começou a postar sobre a companhia sendo desvalorizada. Mas Sara não acreditava que o aumento da ação tinha muito a ver com as notícias sobre as quais ele tinha falado insistentemente, o interesse daquele

CAPÍTULO DEZ

cara estranho de *A Grande Aposta* ou mesmo do empreendedor de comida para pets e simpático a memes.

Ela acreditava que algo mais profundo estava acontecendo.

Sozinha na sala de exames, esperando pela volta do doutor, rolou pelo WallStreetBets para uma postagem que ela tinha marcado, a qual ela encontrou pela primeira vez quando estava lendo de trás para frente os diferentes comentários, para tentar entender mais sobre o que estava acontecendo. Essa era uma das grandes coisas do Reddit — e da internet no geral. Como o ditado dizia, não estava escrito a lápis, mas a caneta. E, assim que algo caía naquele éter, não importa o quão inócuo, podia crescer e ter vida própria.

Claro, o vídeo estilo meme que tinha sido postado em 27 de outubro no subreddit WSB por alguém que chamava a si próprio de Stonksflyingup tinha sido tudo, menos inócuo. O post, "*Squeeze da GME e o falecimento da Melvin Capital*", era um vídeo roubado da minissérie televisiva *Chernobyl*, sobre a fusão nuclear de um reator na Rússia, que causou uma catástrofe internacional. Stonksflyingup tinha adicionado uma legenda, feita por ele, ao vídeo, comparando o que ele acreditava que aconteceria com algo chamado *Melvin Capital* — aparentemente, um grande hedge fund de Wall Street com uma massiva posição de short na GameStop — com a fusão nuclear de Chernobyl; como a batalha entre a long da GameStop e as shorts de Wall Street acabariam com a Melvin em uma explosão nuclear incandescente.

O vídeo se tornou uma sensação imediata no subreddit. Lendo de trás para frente centenas de comentários, Sara podia ver — a Melvin Capital não tinha sido escolhida aleatoriamente para o vídeo. A raiva profunda contra Wall Street, que muitas das pessoas tinham enunciado em muitos memes, comentários e críticas diferentes, agora tinha um foco, uma *cara*.

Pelo que Sara tinha lido, a Melvin Capital chamou a atenção do subreddit no começo do outono depois de preencher a papelada da SEC, chamada Form 13F, na qual ela tinha revelado uma posição de *short option* na GameStop, escondida sob outros prováveis trades de rotina. Mas, desde que o relatório ficou público e os membros do WSB ficaram motivados — e entediados — o suficiente para filtrar todos os documentos da SEC que conseguiram encontrar, procurando qualquer coisa que tivesse a ver com a GameStop — com o relatório 13F, a Melvin tinha inadvertidamente se tornado o bode expiatório perfeito. Para o subreddit WSB, a Melvin de repente representava tudo sobre Wall Street que eles odiavam. Uma firma séria, respeitada, multibilionária, controlada por homens de terno, visando ao lucro nas falhas de uma empresa amada, se não mal administrada.

Sara podia ver nas postagens que seguiam o vídeo: algo tinha seriamente mudado. As pessoas não estavam mais apenas comprando a GameStop para tentar fazer dinheiro. De fato, muitos dos comentários diziam inteiramente o contrário — pessoas estavam dispostas, até mesmo felizes, a *perder* todos os centavos colocados na GME, para tentar ferrar com a Melvin, para explodir aquilo que ela representava.

A GME não era apenas mais uma ação. Era um token, um meme, e simbolizava algo obscuro, impressionante e do momento.

Deitada ali, ainda se sentindo vulnerável naquela mesa de exames, com seu novo bebê crescendo dentro dela — Sara entendia aquele momento porque ela o estava vivendo. Ela o sentia em sua alma.

A raiva borbulhando, inquieta, a confusão e o maldito tédio de milhões e milhões presos dentro de casa, perdendo seus empregos e assistindo a suas contas bancárias diminuírem, completamente sem voz — então, que droga, um hedge fund faz um short da GameStop e, bem, *é claro que eles fazem*. Talvez a GameStop não fizesse mais tanto sentido quando eles estavam todos assistindo ao apocalipse se desdobrar, pedindo as compras de mercado pela internet, o jantar no delivery e o papel higiênico na Amazon. E sim, claro, a GameStop estava morrendo antes de qualquer coisa dessas, como qualquer outro negócio físico — ninguém chorou pela Blockbuster, pela Borders ou pela Tower Records. Mesmo os

CAPÍTULO DEZ

hedgezinhos como a Melvin fariam aquela aposta e ficariam ainda mais ricos, tirando mais uma coisa de nós. Mas — o grito de batalha continuou — talvez dessa vez não tivesse que acontecer daquela forma. Talvez, pela primeira vez eles pudessem fazer algo, parar algo, ter voz, fazer a diferença.

A GME não era apenas a GameStop; era um *grito de guerra mobilizador.*

Quando o obstetra voltou para a sala de exames, Sara rapidamente cobriu o telefone na palma da mão, tampando a tela.

Ela ainda não tinha se juntado à batalha da GameStop; era ainda apenas uma bisbilhoteira, uma observadora. Mas estava juntando coragem, dia após dia. Sua conta Robinhood não tinha jogado confete nela ainda, mas sabia que, mais cedo ou mais tarde, ela estaria pronta.

O doutor ficou no lado da mesa onde Sara estava deitada e segurou a imagem impressa do ultrassom para que ela pudesse ver. A foto estava escura, principalmente em tons de azul e de verde, mas ela podia claramente enxergar a forma de seu bebê, pequeno, crescendo dentro dela.

Sara sentiu-se começando a chorar; ela não sabia se estava feliz ou triste, mas, pela primeira vez em um longo tempo, ela sentiu — força. O mundo era injusto e o último ano tinha sido tão difícil. Mas agora ela sentiu como se estivesse prestes a escrever seu próprio caminho avante e talvez, pela primeira vez, ela conseguiria saber como era estar no lado vencedor.

Talvez finalmente seria sua vez.

CAPÍTULO ONZE

"Vencer não era algo ocasional, era algo certo."

Apesar de Gabe Plotkin estar bem instalado em sua casa alugada na Flórida, tendo fechado os escritórios da Melvin Capital na Madison Avenue desde 13 de março, quando a Covid acabara de começar sua marcha mortal ao redor do globo — sempre que fechava os olhos, ele voltava a Manhattan, andando pelos corredores vazios de sua firma, passando pelas paredes de vidro das salas de conferências e escritórios bem mobiliados, as mesas de trading vazias e os centros de documentação; mesmo em sua imaginação, nada daquilo parecia certo.

"Não se vence de vez em quando; não se faz as coisas certas de vez em quando. Elas são feitas o tempo todo."

Ele sabia o que estava errado, porque era impossível ignorar o silêncio. Para ele, era uma das piores coisas sobre esse ano pandêmico. Mesmo antes de deixar Nova York, indo para a Flórida, isso o tinha incomodado em seu âmago: como tudo estava calmo. As ruas da cidade 22 andares abaixo de seus escritórios, que deveriam estar lotadas de táxis e de ônibus disputando espaço, buzinas tocando e xingamentos por todo lado, no tráfego intenso de uma terça-feira ensolarada, talvez gelada. As calçadas, que deveriam estar cheias com um fluxo contínuo de pessoas; turistas carregados de bolsas de shopping de alguma loja de ponta na Madison Avenue, homens e mulheres de negócios em ternos com bolsas de notebook, mochilas e até mesmo maletas incomuns, todos falando ao telefone e gritando para os táxis enquanto desviavam de vendedores de cachorro-quente e carrinhos de halal. Até a praça bem em frente às portas giratórias de vidro do lado de fora de seu prédio, que deveria estar repleta de pessoas reunidas segurando cafés e saladas de preço alto e montadas com esmero, em volta do Christie's Sculpture Garden, estava acesa e brilhando conforme as horas passavam e a noite caía.

"Vencer é um hábito."

Em vez disso, silêncio. As ruas, as calçadas e a praça estavam bastante vazias, como os escritórios da Melvin. Apesar de os primeiros dias traumáticos da pandemia, que tinham acertado Nova York como um furacão de categoria cinco — e quem iria esquecer as noites preenchidas com sirenes de ambulâncias ou as imagens horríveis de hospitais sobrecarregados com pacientes doentes —, terem retrocedido para um fraco e exaustivo chuvisco dormente de momentos carregados de ansiedade, de otimismo e de terror sem fim, o movimento que fazia Nova York ser especial ainda não tinha voltado.

Como a maioria das firmas na cidade, a maior parte dos empregados da Melvin ainda trabalhava virtualmente, com alguns entrando e saindo rápido dos escritórios de tempos em tempos, quando o negócio de finanças tornava isso absolutamente necessário. Mas, à parte dos visitantes pouco frequentes e incomuns, os escritórios permaneceram como uma casca vazia; todos os escritórios de todos os arranha-céus permaneceram como uma casca vazia, como muitos navios fantasmas flutuando lado a lado em um vasto oceano sem vento.

Para Gabe, tal silêncio, e a distância que agora existia entre ele e seus traders, era completamente anormal. A Melvin não era apenas um hedge fund, com bilhões sob gestão, povoado por trinta e poucos traders e sua equipe de apoio. Era uma família composta apenas

CAPÍTULO ONZE

pelas mentes mais espertas, trabalhadoras e mais bem-sucedidas no negócio, cuidadosamente selecionadas por Gabe e por seus parceiros, compartilhando um único e nobre propósito:

"Vencer é um hábito."

Gabe trincou os dentes, ainda imaginando que ele estava andando pelos escritórios, com palavras poderosas flutuando atrás de seus olhos. Ao caminhar dentro das maiores firmas de Wall Street com bilhões de dólares em seus registros, a pessoa seria recepcionada por obras de arte de milhões de dólares, penduradas nas paredes. Basquiats, Picassos, Warhols, Koons; às vezes, falava-se com o gerente de portfólio, e teria um quadro colorido de US$30 milhões atrás de sua mesa, pairando sobre seu terminal Bloomberg.

No entanto, desde o começo, Gabe tinha construído a Melvin Capital para ser diferente. Ao entrar na Melvin, não se viam pinturas, mas frases inspiradoras. Quando inaugurou a empresa, havia uma única parede de citações, agora elas estavam por todo canto. Não custaram nada a ele, mas, para Gabe, significavam mais do que qualquer Picasso.

Especialmente em tempos assim — quando não era apenas a pandemia que tinha tornado seu mundo estranho e anormal, o chão acarpetado de seu escritório parecendo balançar sob seus pés —, ele podia recorrer às palavras brilhantes de pessoas como Vince Lombardi, o famoso técnico falecido dos Packers, uma das figuras mais vitoriosas de toda a história dos esportes — para mantê-lo focado no resultado final. Desde o começo, as palavras de Lombardi tinham capturado a filosofia por trás do hedge fund que Gabe esperava construir: para ser verdadeiramente bem-sucedido, um trader precisava entender que tinha que trabalhar duro todos os dias, e sempre fazer as coisas do jeito certo. Consistência superava ganhos rápidos, e não havia atalhos.

Enquanto crescia, Gabe ficou obcecado não apenas por Lombardi, mas por todos os esportes — futebol americano, basquete, mas particularmente beisebol. Algumas de suas primeiras memórias eram de ler a sessão de esportes de seu jornal de domingo e memorizar cada estatística de cada jogador; certa vez, indo para um jogo do Red Sox com seu pai e seus amigos, Gabe passou a viagem corrigindo-os quando eles erravam as estatísticas. Para as outras crianças, mesmo as que amavam basquete e beisebol tanto quanto ele, aquelas estatísticas eram apenas números. Mas Gabe sempre soube o poder que havia nelas. Números atuais e números anteriores reunidos da forma certa previam números futuros. E prever os números futuros era o principal — e talvez único — negócio verdadeiro de um hedge fund como a Melvin.

No geral, hedge funds eram mais trabalho nos bastidores do que na sala de reuniões. Apesar do fato de que podiam ser imensamente grandes, eles operavam em segredo e estavam relutantes em mostrar suas cartas, a menos que fossem legalmente forçados a fazer isso. Uma das poucas vezes que um hedge fund como a Melvin deixou pessoas saberem de suas estratégias foi quando eles tinham se tornado uma sociedade anônima. A Melvin chegou em Street como um hedge fund de ações *long-short* — uma abordagem de investimento proeminente que datava de muitos anos — construída com uma pesquisa intensa, modelando o que podia incluir centenas de empresas, seguida literalmente por anos, semeada nos alicerces de sua base de operações e um fixo de profissionais de trade que incluiriam os mais brilhantes e melhores de Wall Street.

Imediatamente, a Melvin se tornou um sucesso. Em 2015, eles tiveram 47% de lucro, colocando-os como o segundo hedge fund mais bem-sucedido do setor. Em 2017, eles ainda estavam alcançando 40% dos lucros. Um 2018 ruim tinha sido seguido de um enorme 2019, e eles tinham se consolidado como uma das melhores performances da cidade. Seu saldo tinha crescido para US$1 bilhão —US$200 milhões sendo investidos por Steve Cohen, o chefe anterior de Gabe — para um hedge fund que agora valia mais de US$12,5 bilhões, combinando as posições long e short em uma ampla variedade de ações. No primeiro ano da Melvin, Gabe havia focado empresas consumidoras, nas quais ele tinha sido um expert

CAPÍTULO ONZE

na S.A.C. Sua posição incluía Amazon, Foot Locker, Del Frisco's, Dick's Sporting Goods; e, de uma vez, ele tinha crescido, investindo US$900 milhões de US$1 bilhão sob sua gestão.

Como um fundo de posição *long-short*, ele também tinha sido obrigado a assumir posições short — apostando contra empresas —, uma tática que, para a maioria dos experts em finanças, era incontestável. O pensamento era que, quando as empresas estavam performando mal, eram mal administradas ou estavam em um setor que tinha sido dominado, ou que simplesmente tinha probabilidade de falhar, conseguir uma posição short não era apenas lógico — protegia o mercado ao apontar ações superfaturadas, impedia fraudes, agindo como controle contra uma gestão duvidosa, e furava potenciais bolhas. Vendedores de short também adicionavam liquidez e volume a uma ação — porque eles eram obrigados a comprar a ação de volta em algum ponto no futuro. Sim, vendedores de short se beneficiavam quando as empresas faliam, mas geralmente o vendedor de short não estava apostando em uma empresa falindo — apenas que o preço da ação eventualmente seria corrigido com o verdadeiro valor.

Algumas vezes, no entanto, um trader escolhia uma posição short porque a companhia em questão realmente *iria* falir. Porque, talvez, ela estivesse em um setor que estava morrendo; tivesse uma gestão que parecia completamente incapaz ou sem vontade de melhorar; e problemas fundamentais profundos com seu financiamento que pareciam impossíveis de superar.

A Melvin Capital tinha se tornado extremamente adepta a identificar tais empresas. Apesar de, no geral, os investimentos da Melvin serem long, muitas de suas posições short tinham dado ótimos retornos. Em seu primeiro ano, imediatamente, foi reportado que a Melvin fez 70% de seu ganho vindo de suas posições short. E foi durante esse período, bem no início de seu hedge fund, que Gabe Plotkin tinha dado uma primeira olhada atenta na GameStop — e decidido escolher o short.

Naquela época, tinha sido uma decisão fácil e descomplicada. Em 2014, a ação tinha sofrido um trading de US$40 a participação. Gabe não esteve sozinho em sua posição — muitas firmas de Wall Street tinham visto que algo daria errado em breve e visto o que estava acontecendo com as lojas a varejo de shoppings que tinham excedido as franquias de consumidores. A GameStop tinha um modelo de negócios arcaico — vender videogames novos e usados em lojas físicas, quando o mercado tinha sido tomado por downloads digitais via internet — e, aparentemente, sem estratégias de continuidade. Claro, eles tinham algum dinheiro e inventário, e um alcance interessante. Mas, para sobreviver, eles precisavam se reinventar para o mundo digital. Consoles gamers do futuro, muitos acreditavam, não usariam cartuchos físicos ou CDs para ficar online. Eram um negócio em extinção, e parecia que eles queimariam até não restar nada.

E queimaram — de US$40 a ação até cerca de US$4, exatamente como Gabe e muitos de Wall Street tinham previsto. E, ainda assim, o interesse do short não tinha caído — de fato, aumentou. A GameStop tinha provado que, pelo menos no que dizia respeito ao mercado, a única coisa em que eram bons era no fracasso. Mesmo com a indústria de jogos crescendo exponencialmente, o lucro da GameStop diminuiu.

E, então, a pandemia. O varejo de shopping, já mal das pernas, despencou. Apesar de alguém poder argumentar que apostar contra uma amada franquia de shopping durante uma pandemia mundial era eticamente duvidoso, a leitura da situação, baseada na matemática da Melvin, tinha apenas se fortalecido. Em 2020 — mesmo que a indústria de jogos tivesse seu melhor ano de todos, devido a clientes presos em casa jogando videogames o dia inteiro, a GameStop continuou a perder dinheiro: ela declarou perdas de US$215,3 milhões ou US$3,31 por ação, além da perda de US$470,9 milhões em 2019 ou US$5,38 por ação.

As chances de a GameStop se recuperar só tinham piorado. Da mesma forma, a ação continuou a cair até chegar a US$2,57 por

CAPÍTULO ONZE

ação — oscilou de novo em torno de US$5 e, ainda assim, as shorts continuaram a se acumular.

Assim como a venda a descoberto da GameStop tinha parecido a trade mais óbvia, comum e habitual em 2014, Gabe poderia ter assumido que adicionar mais *put options* à sua posição em 2020, alavancar para ter um lucro maior se a empresa finalmente colapsasse, seria igualmente incontestável. O fato de que as posições de *option* tinham que ser reportadas em um documento Form 13F na SEC, significando que se tornariam públicas, também não era uma preocupação em particular; embora os hedge funds gostassem de manter em segredo suas estratégias, por que um documento 13F indicando posições que incluíam cerca de 91 empresas diferentes — prática-padrão no setor — causaria problemas?

Certamente, ele não previu que um bando de pessoas anônimas reunidas em um subreddit chamado WallStreetBets selecionaria a Melvin para representar todos os vendedores a descoberto visando à GameStop. Nem poderia ter imaginado que ele mesmo terminaria sofrendo comentários, ridicularizações e até ameaças no WSB e no Discord — outra rede social frequentada pelo público do Reddit —, além de ter mensagens enviadas diretamente para sua empresa.

A princípio, as conversas da rede social sobre a GameStop tinham sido predominantemente inofensivas. As postagens na rede social tinham sido pouco frequentes, em geral isoladas e principalmente sobre quanto um investidor de varejo individual, que gostava da ação, estava fazendo dinheiro investindo. Mas, conforme o outono avançava para o inverno, o teor das postagens começou a mudar.

Elas se tornaram mais e mais pessoais e focadas — como o infame vídeo de Chernobyl, prevendo a explosão da firma de Gabe. Apesar de Gabe entender que o subreddit WSB transitava no humor negro e na licença poética, era difícil ver humor na maior parte do que estava acontecendo em torno da GameStop, da posição de short da Melvin e, especificamente, do próprio Gabe. Alguns comentários que ele tinha visto eram imbuídos em antissemitismo e ódio — é muito claro que nós precisamos de um segundo holocausto, os judeus não podem continuar saindo dessa impunes — e ele mesmo tinha começado a receber mensagens de texto igualmente racistas e depreciativas. Onde antes os comentários na rede social tinham sido, em grande parte, sobre comprar a GameStop porque as pessoas comentando gostavam da ação, a narrativa tinha mudado para comprar a GameStop como uma maneira de atacar a posição de short da Melvin Capital. E, do começo ao fim, havia uma mensagem subliminar facilmente visível em muitas dessas postagens que pintavam Gabe como uma figura maléfica a ser destruída.

Gabe não era sensível. Ele tinha se fortalecido em Wall Street, um lugar notório pelas profanidades, pelas personalidades de mau gosto e pelas filosofias de lutar ou morrer. Apesar de seu comportamento discreto, ele era conhecido por muitos no setor como sendo extremamente simpático, um cara bom, que podia também ser agressivo e intenso. E seria uma mentira ele descrever a si mesmo como impassível; ele tinha o espírito competitivo de um atleta e, como dizia a citação, para ele *"vencer era uma coisa que acontecia todo o tempo"*.

Mas todos os comentários odiosos e racistas, e os memes cruéis, prevendo a queda da sua empresa, eram difíceis de ignorar. Bem o oposto — era o tipo de coisa que podia despertar o espírito competitivo de alguém que jogava no nível dele.

Ele não estava animado com o conhecimento do bando do Reddit sobre sua posição short — mas isso não mudava o fato de que era a jogada *correta*. A ação tinha subido desde seu ápice de US$5. Mas isso não mudava os fundamentos da empresa. Ainda era um negócio debatendo-se em um setor que morria. A matemática estava a favor de Gabe, e, se tinha uma coisa que ele aprendeu a confiar, era na matemática.

Não apenas ele continuou a acreditar na jogada a descoberto — mas, nos dias iniciais, adicionou: um extra de US$600 mil ações via *put options* no último trimestre de 2020 — aproximadamente US$130 milhões em valor. Era o máximo de ações que ele tinha feito em short; e o documento 13F e quaisquer documentos públicos

CAPÍTULO ONZE

só revelavam a ponta do iceberg. Ninguém podia saber, realmente, quão grande era a posição short que Gabe tinha assumido — apenas que ele agora estava arriscando uma parte significativa de seus fundos em uma única aposta.

Outras firmas poderiam considerar arriscado tal movimento; short significava que as perdas potenciais eram sem fim. E o volume do short da GameStop era imenso — bem além da aposta da Melvin — e agora estava sendo reportado como se aproximando dos *140%* de flutuação. Que algo assim fosse possível — que mais 40% de participações de uma ação pudessem estar em short do que de fato *existia* — parecia contraditório. Gabe podia aceitar isso como evidência de que seu ponto de vista era seguro. Tantas pessoas em Wall Street sabiam que essa empresa iria à falência que estavam dispostas a pedir emprestado cada vez mais ações para uma venda a descoberto — tantas que era quase metade do que estava sendo pedido emprestado mais de uma vez.

Nenhuma postagem raivosa no Reddit poderia mudar o fato de que a aposta segura estava do lado do short. E era improvável — se não impossível — que uma ação pudesse ser desconectada de seus fundamentos simplesmente por ser impulsionada por day traders a varejo.

O WallStreetBets não era povoado por profissionais — eram principalmente amadores, apostadores. Inferno, chamavam *a eles mesmos* de "retardados", "primatas" e "degenerados", termos que perturbavam Gabe e que ele nunca usaria. Alguns pareciam estar fazendo uma *due diligence* real — mas eles realmente acreditavam que poderiam remover um ticker de uma empresa, de alguma forma tornar uma ação um tipo de símbolo, como bitcoin ou doge?

Nos cantos mais escuros de sua mente, talvez Gabe soubesse que o que estava sendo estimulado nele não era inteiramente matemática, mas também sua natureza competitiva. Ele nunca admitiria por si próprio, mas muitos outros no setor sim: Gabe era um vencedor — e aqueles merdinhas em seus sofás lançando memes raivosos no Reddit eram perdedores. E eles aprenderiam uma lição muito dolorosa.

Independentemente do tipo de ação, ela ruiria. A GameStop era um cubo de gelo derretendo. O subreddit poderia postar o quanto quisesse; falar merda, afinal, fazia parte de qualquer esporte. Mas Gabe Plotkin sabia que dessa vez o tempo estava do seu lado.

Um cubo de gelo derretendo sempre acabava da mesma forma — uma boa e grande poça d'água.

PARTE DOIS

"Gostamos da ação! Gostamos da ação!"

— *Jim Cramer*

"Gamestonk!!"

— *Elon Musk*

CAPÍTULO DOZE

11 de janeiro de 2021

A bota esquerda de Keith Gill tocou o gelo fino primeiro, a sola escorregando na superfície lisa, levando a perna esquerda toda para frente em um ângulo bizarro que iria jogá-lo direto no chão da calçada se ele não estivesse segurando a mão com luva de sua filha. Ela estava rindo enquanto ele usava o peso dela para se firmar, e ele ria também, mas não apenas porque a caminhada matinal ao redor do quarteirão tinha se tornado um espetáculo circense; ele ainda estava olhando a tela do telefone na outra mão, mas fazer malabarismos ao checar notícias sobre ações enquanto guiava sua filha nas calçadas desimpedidas de Wilmington era tão traiçoeiro como qualquer corrida que ele tenha feito.

Mais difícil ainda do que manter a postura naquele gelo de marca especial da Nova Inglaterra era ler as notícias financeiras, completas com documentos da SEC, em uma tela pequena. Ele podia ter trocado seu telefone na viagem de Natal para casa com sua família; mas ter dinheiro sobrando na conta bancária era uma experiência esquisita e nova. O pensamento de que ele poderia ter algo tão inofensivo como um novo telefone era emocionante e apavorante; mesmo que sentisse que certamente era o resultado de uma pesquisa profunda e *due diligence*, ainda parecia uma reviravolta improvável.

Tinha passado um mês desde que Keith Gill tinha oficialmente se tornado milionário. Ele foi o primeiro da família a poder dizer isso, e tinha acontecido por causa de uma louca trade YOLO. A maior parte ainda estava no papel — apesar de que a frase precisava ser atualizada, porque quem diabos ainda usava papel —, mas os US$53 mil que ele colocou na GameStop tinham decolado para uma cifra de sete dígitos.

À medida que ele se equilibrava, enquanto usava o polegar para rolar mais para baixo no reporte de notícias, seu sorriso aumentou. Um milhão de dólares era um número transformador — mas Keith não tinha mudado muito sua vida, ainda. Mesmo assim, finalmente contou a toda sua família o que ele esteve fazendo, durante sua visita no Natal. Todos tinham apoiado ele, apesar de que eles poderiam ainda pensar que ele era maluco. Sua mãe só perguntou se o que ele estava fazendo era ilegal. Ele explicou pacientemente que fazer dinheiro em uma ação, não importa o quão improvável fosse, era uma das maneiras mais legais e, para ser franco, uma das coisas mais patrióticas que uma pessoa podia fazer. O fato de que ele ainda estava falando de sua trade — *ad nauseum* — online, para qualquer um que pudesse ouvir, não fazia dela menos legítima.

E era verdade, suas transmissões online como Gatinho Rugidor tinham se tornado muito mais do que o segmento de poucos minutos que ele inicialmente havia planejado, passando a ser uma sessão de maratonas até tarde da noite. A mais longa tinha terminado com mais de sete horas, apesar de que qualquer um que tivesse acompanhado tudo tinha que ser mais maluco que Keith. E sua audiência tinha crescido; ele agora era uma das pessoas com postagens mais populares no subreddit WSB, e a qualquer hora que ele postasse uma de suas atualizações YOLO, certamente receberia uma chuva de comentários. Ele não tinha apenas fãs, tinha discípulos, e um grande número estava obviamente comprando ações da GameStop. Mas ele acreditava — ou pelo menos queria acreditar — que estavam todos

CAPÍTULO DOZE

comprando com os olhos abertos. Ele tinha deixado claro, muitas vezes, que o mercado de ações era arriscado e seu estilo YOLO era ainda mais arriscado. A enorme flutuação do short da GameStop era evidência de que a maioria dos experts ainda acreditava que a ação era um fracasso.

Da perspectiva de Keith, era um fracasso com bastante chance de sucesso. Quando ele abriu o aplicativo de notícias no telefone, na metade de sua caminhada com sua filha, foi aquele fracasso que quase o derrubou na calçada. Sua tese atual sobre a ação tinha sido bem simples; havia mais oportunidades para boas notícias do que notícias ruins, já que todas as ruins já eram inerentes. E com uma imensa pressão de short, da Melvin e de outros, cada boa notícia impulsionaria o preço para cima. Cento e quarenta por cento das ações em short significava que a ação tinha começado a correr, os vendedores a descoberto estariam esperando pelos 80 milhões de participações e havia mais 60 milhões. Pelo subreddit, parecia que uma porção nada insignificante daquelas ações estava nas mãos de "diamantes", de pessoas como Keith, que provavelmente preferia vender a mãe a vender sua GameStop.

O sorriso de Keith aumentou. "Se apaixonar por uma ação?" Ele já estava casado com ela, teve filhos e planejava o casamento dos netos. Por isso a notícia estampada em seu telefone era tão monumental.

O anúncio tinha vindo da GameStop e foi reproduzido pelas mídias financeiras: Ryan Cohen e uns membros de seu pessoal da Chewy estariam se juntando ao quadro da GameStop. Cohen já possuía uma parte significante na empresa — além de 5% do *float* revelado primeiro em seu documento do mês de agosto, ele tinha adicionado 10% em novembro, uma posição avaliada em US$79 milhões na época. A adição de ações tinha sido seguida de uma carta agressiva para a gestão da empresa, apontando tudo que eles estavam fazendo errado e exigindo que se voltassem para os jogos online, construindo sua presença digital e tentando algumas estratégias inovadoras, como se envolver com eSports, streaming e aplicativos de celular. Na época, a GameStop não pareceu muito receptiva com um forasteiro agitado. Mas as notícias de hoje eram um completo giro de 180º; Ryan Cohen estava se dirigindo como um cavaleiro branco para salvar a empresa, e agora Keith comeria tirinhas de frango e beberia cerveja em sua transmissão ao vivo esta noite, porque Cohen no comando significava uma chance real de que ele pudesse ajudar a reinventar a empresa, da mesma maneira como reinventou o negócio de comida para animais.

Keith estava andando mais rápido agora e sua filha estava saltitando pelo gelo para acompanhar. Ele podia ver em seu telefone que o valor estava se aproximando de US$20 por ação nas notícias. Ele não tinha certeza de que poderia atingir uma nova altura em 12 meses — ela tinha oscilado próxima dos US$21 por ação no fim de dezembro — mas, ainda assim, tinha bastante potencial para subir.

No fundo da mente de Keith, visões de começos de um *short squeeze* lendário, sobre o qual o subreddit WSB continuamente cacarejava, ganhavam vida — mas ele não queria se atropelar. Tentou estar acima das linhas narrativas mais agressivas do site, as que atiçavam aqueles que acreditavam na GameStop contra os hedge funds, particularmente as que levavam para o lado pessoal a disputa entre ele e a Melvin Capital. Ele não sabia nada sobre a Melvin Capital, ele certamente não conhecia Gabe Plotkin, e tinha bastante certeza que eles transitavam em círculos bem diferentes. Se Plotkin sequer tivesse passado por Brockton, ele provavelmente manteria as janelas fechadas e as portas trancadas.

Mas, com um *short squeeze* ou não, Keith acreditava que a GameStop, a empresa que já o tinha tornado um milionário, estava perto de um novo momento.

Ele olhou para baixo, para sua filha, e viu que ela ainda estava rindo por ele quase ter caído. Um dia, quando fosse velha o suficiente para entender, ele explicaria. Ímpeto era uma onda que poderia derrubar o corredor mais estável.

CAPÍTULO TREZE

13 de janeiro de 2021

"Isto vai doer mais em mim do que em você", pensou Kim consigo mesma enquanto a técnica — toda sorrisos sob sua máscara — veio até ela com a agulha. A manga do jaleco estava enrolada no ombro de Kim, e ela estava em uma pequena cabine com cortinas no fundo da área das enfermeiras, a qual eles ocasionalmente usavam para guardar medicamentos —, mas, hoje, o lugar era tão privativo quanto uma estação de trem. A cortina estava puxada para trás e a equipe de enfermeiros completa, junto com os ajudantes, estava reunida para assistir. Chinwe segurava seu telefone e duas das garotas estavam usando um iPad para conseguir suas próprias imagens, as quais elas eventualmente iriam imprimir e colocar no quadro — próximas à foto que eles tiraram do andador enfiado na separação, de semanas atrás, que agora era exibida sob o título cômico: "Avaliação de paciente aprovada."

— Se eu virar um jacaré, irei atrás de todos vocês.

A agulha entrou e, felizmente, Kim não sentiu nada. Ela balançou seu outro braço, recebendo os poucos aplausos. O momento era surpreendentemente comovente; Kim nunca se apavorou muito com a Covid — ela lidava com isso todo dia e tinha até feito turnos na ala da Covid do andar de cima —, mas aquele ainda era um momento significativo.

Nunca houve dúvidas: ela seria a primeira da equipe a receber a vacina. Houve uma surpreendente hesitação entre seus colegas, ainda que eles fossem profissionais de saúde e tivessem visto a destruição causada pelo vírus em primeira mão. Mas Kim sentiu que era sua responsabilidade influenciar os outros com seu comportamento. Se assisti-la deixasse mesmo um deles mais confortável em dar aquele primeiro passo em direção a tudo voltando ao normal, ela estava feliz por ser a cobaia do hospital.

Ela agradeceu à técnica, que estava muito ocupada pressionando um band-aid sobre o local da injeção. Então levantou e sorriu.

Chinwe e Kamal continuaram seus aplausos quando ela passou por eles em direção à sala de descanso. Ela sabia que tinha que ficar por ali nos próximos quinze minutos, mas pensou que a sala de descanso era perto o suficiente. Se começasse a crescer uma cauda ou garras, ainda estaria à distância de um grito. Conforme ela passava, lutou contra a vontade de dar um abraço em Chinwe; muito cedo, ela pensou, apesar de que, se a vacina fosse tão boa quanto disseram, talvez em breve o termo "distanciamento social" seria apagado do vocabulário geral. Kim não podia esperar até isso ser apenas outra memória linguística coletiva. Junto com "achatar a curva", "rastreamento de contato" e "imunidade de rebanho".

"E talvez até 'GameStop'", acrescentou Kim para si mesma enquanto atravessava as portas duplas, já alcançando seu telefone, que estava enfiado no bolso do jaleco. Os vinte minutos esperando pela vacina tinham sido o tempo mais longo que ela passou naquele dia sem checar sua conta Robinhood ou o WallStreetBets; mas agora que tinha quinze minutos de espera antes de voltar para casa e para seus filhos, ela estava pronta para mergulhar de volta na loucura.

Ela estava completamente perdida na tela de seu telefone quando chegou na quieta sala de descanso, se jogando em seu assento habi-

CAPÍTULO TREZE

tual na mesa redonda perto da porta. Alguém tinha trazido donuts em honra à vacina — uma seleção misturada, colorida, que se erguia como uma metrópole salpicada sobre as bandejas de plástico da cafeteria. Mas as massas, não importava o quão tentadoras, não conseguiam competir com o que Kim estava vendo no telefone.

Seu investimento na GameStop tinha dobrado em um único dia: o preço tinha disparado para mais de US$31 a ação. Kim já tinha lido muitos comentários no WallStreetBets e até assistiu a algumas das últimas transmissões ao vivo do Gatinho Rugidor; sabia tudo sobre a adição dos caras da Chewy na gestão da GameStop. Mas não pensava que uma mudança na liderança por si só poderia ser responsável pelo que estava acontecendo com a ação. Ela teve um milhão de chefes em sua vida e, não importava o quão brilhantes ou inovadores eles pensavam ser, nunca faziam muita diferença no seu dia a dia.

O trio de novos membros da gestão, não importa quantas sacas de comida de cachorro tenham vendido, não fariam a ação dobrar. Mas ali estava, em números brilhantes e gráficos rapidamente subindo. Kim tinha feito mais de US$1.600 nas últimas 24 horas.

Suas bochechas estavam quentes quando ela saiu do WallStreetBets de volta para sua conta; estava tão tomada pelo momento que não percebeu que Chinwe estava de repente sobre seu ombro.

— Eles encontraram outras cédulas de votos sob uma ponte?

Sentou-se próximo a ela, esfregando o band-aid em seu próprio ombro com uma mão, enquanto pegava um donut da torre com a outra. Com geleia, polvilhado, e ele deu uma mordida tão delicada que normalmente Kim estaria fazendo comentários sarcásticos, mas ela estava de muito bom humor.

— Melhor que uma urna de votos.

Mostrou a ele seu telefone, e os olhos dele se arregalaram.

— Trinta e um, quarenta? Isso é impossível.

— Acho que está acontecendo.

— A coisa da Melvin Capital?

Chinwe olhou para ela da mesma forma que tinha olhado da última vez que tiveram essa conversa, há apenas um dia. Ela tentava encontrar jeitos diferentes de explicar o que as pessoas que postavam no WallStreetBets acreditavam que estava para acontecer, principalmente porque ela mesma estava tentando entender. Ela pensou que poderia tentar mais uma vez — afinal, ainda tinha bastante tempo para gastar. O segredo era encontrar um jeito de fazê-lo de forma simples.

Ela pensou por um momento, assistindo a Chinwe cautelosamente atacando seu donut, então sorriu.

— Vamos dizer que este donut é a ação GameStop — começou ela.

— E tem que ser *este* donut?

— Sim, tem. E vamos dizer que o preço de mercado atual por este donut é US$5,00. E eu sou da Melvin Capital. Eu acho que este donut é uma porcaria. Então eu o peço emprestado para você.

Ela tirou o donut das mãos dele. Ele olhou para ela, mas ela apenas continuou sorrindo.

— Fazemos um acordo de que eu tenho que devolver este donut a você em alguns dias.

— Kim.

— Então eu vendo o donut para o mercado por US$5,00, o preço atual.

Ela devolveu o donut para a bandeja.

— Eu mordi isto.

— E eu espero – continuou ela. — Planejando comprá-lo de volta e devolvê-lo a você quando o preço abaixar, faturando a diferença. Mas vamos dizer que o preço não diminua. Porque outras pessoas amam estes donuts e começaram a comprar como loucas.

CAPÍTULO TREZE

Ela começou a pegar donuts da bandeja, colocando-os ao lado.

— Comprando e comprando. Talvez o trecho de uma notícia seja divulgado, algo sobre como donuts curam a Covid. O preço dá um salto ainda mais alto. E as pessoas continuam comprando.

A bandeja agora estava meio vazia, os donuts empilhados em ambos os lados.

— E esses compradores, talvez eles não sejam apenas amantes de donuts comuns. Talvez passem seu tempo em um subreddit maluco do Reddit sobre como pessoas ricas, que chegam às lojas primeiro, ferraram com eles estragando os sabores bons para sempre. E dessa vez eles não iriam deixar essas pessoas ricas dominá-los.

Ela pega mais alguns donuts da bandeja.

— Agora eu ainda devo a você o donut que eu peguei emprestado. Mas não sou apenas eu — todos os meus amigos de Wall Street também. Todos eles pediram donuts emprestados. Alguns, vendo os maus pressagios, começam a comprá-los de volta antes de aumentarem seu prejuízo.

Ela pega mais donuts, colocando-os de lado.

— O que faz os preços aumentarem ainda mais rápido. Mas meus amigos não têm mais escolha agora. Como eu, eles precisam devolver aqueles donuts.

Ela continuou pegando donuts até restar só um, o donut de geleia que ela tinha pegado emprestado com Chinwe.

— O preço dos donuts está disparado, mas muitos de nós ainda não cobrimos. O que você acha que acontece quando todos nós tentarmos pegar o último donut ao mesmo tempo?

— Não — alertou Chinwe.

— Você sabe que eu terei que fazer isso.

Kim deu uma boa espremida no donut. Geleia escorria por todos os cantos. Chinwe suspirou.

— Mas é pior que isso — disse Kim. Porque não apenas meus amigos e eu pedimos emprestados todos os donuts da caixa, nós pegamos emprestados mais donuts do que estavam na caixa. Se isso continuar, em breve os vendedores a descoberto estarão tentando pegar donuts que sequer existem.

Chinwe se aproximou mais, encontrando um donut novo e não espremido, tirando-o do alcance dela.

— E, agora, o que acontece? — perguntou ele. — O preço continua aumentando para sempre?

Ela deu de ombros. Chinwe sacudiu sua cabeça.

— Você dobrou seu dinheiro. Isso é bom. Deveria vender.

— Você não está escutando? Os donuts.

— Não estamos falando sobre donuts.

Eles tiveram essa conversa sobre finanças durante os anos em que trabalharam juntos, sobre quão duro o trabalho deles poderia ser e quão difícil poderia ser planejar um futuro com o salário de um enfermeiro formado. E ela sabia que, a princípio, ele estava certo: ela tinha US$1.600, ainda não o suficiente para pagar o aparelho dental de Brian, mas aquele dinheiro cobriria muitas despesas.

Ainda assim, assistir ao preço continuando a aumentar e lendo os comentários no WSB — realmente parecia, para ela, que o *squeeze* estava acontecendo ou estava a ponto de acontecer. Se as mãos de diamante permanecessem firmes...

— Você não pode vencer esses caras — disse Chinwe, como se estivesse lendo seus pensamentos. — Isso é um cassino e eles são a casa. Eles encontrarão um jeito de vencer. Eles sempre encontram.

Chinwe geralmente era aquele que dizia *a ela* para ter fé.

— Davi vencendo Golias — finalmente respondeu ela.

— Isso não é Davi versus Golias. Isso é Davi versus Golias, e o primo do Golias e o melhor amigo de Golias.

Kim sacudiu a cabeça.

— Há muitos de nós, também.

Chinwe suspirou novamente, então voltou a comer seu donut. Kim o viu dando outra pequena mordida. Ela sabia que ele estava tentando ajudar, mas não estava vendo o que ela via. Linhas de batalha tinham sido demarcadas.

Era fácil pensar no WallStreetBets como um local de encontro desarticulado e caótico para tolos e apostadores, porque assim era como eles geralmente se intitulavam. Mas Chinwe não entendia: os tolos e os apostadores tinham se unido por uma causa comum, e havia um grande poder nesse tipo de união. A raiva era uma motivação poderosa, mais forte que a ganância. Kim tinha visto isso na eleição de 2016, e a cegueira de Chinwe custou a ele US$100,00. A Melvin Capital e seus colegas de Wall Street estavam provando ser cegos, gravemente subestimando o exército contra o qual eles estavam lutando.

Kim não tinha intenção de vender. Pelo contrário, ela estava pensando em comprar *mais*.

— Golias pensava que ele era o herói da história — disse ela enquanto assistia a Chinwe comer seu donut. — Até que a pedra o acertou na cara.

CAPÍTULO CATORZE

19 de janeiro de 2021

Era uma vez uma ação jogada ao mar,
O nome da ação era GME,
O preço explodiu e os shorts afundaram,
Segurem valentões, segurem.

Em breve o Tendieman chegará,
Para enviar nosso foguete ao sol,
Um dia quando o trading estiver feito,
Pegaremos nosso lucro e iremos...

Os olhos de Jeremy estavam fechados, os pés descalços no carpete sob a escrivaninha, enquanto a imagem de um navio de três mastros em um fundo negro ondulava em perfeito ritmo com a canção de marinheiro que ele já tinha na memória, apesar de ele ter acabado de encontrar a postagem — jogada no WallStreetBets por um usuário que chamava a si mesmo, ou mesma, de quingoshin — naquela mesma manhã. Não era surpresa que *O Tendieman* estivesse rapidamente se tornando viral no exército crescente do Reddit; Jeremy estava lutando contra a vontade de clicar no meme e escutá-lo pela enésima vez, e, se ele não estivesse em um encontro naquele exato momento, teria cedido ao seu desejo.

Para ser justo, descrever a última tentativa de Jeremy de fazer uma conexão com o sexo oposto como um "encontro" seria um ato extremo de licença poética. Mesmo se o compromisso não envolvesse o Zoom e uma droga de conexão sem fio da parte dela, cruzando direto com sua óbvia preocupação com as outras janelas ainda abertas em seu notebook — particularmente, o WallStreetBets e sua conta de trading — ainda assim teria ido mal.

Jeremy também tinha sido razoavelmente competente com encontros; sobretudo no mundo real, ele tinha se tornado um mestre em decifrar os sinais de que um encontro não estava indo bem. Era capaz de ler as entrelinhas como se estivesse decifrando seu próprio código Da Vinci. Coisas pequenas, como o jeito que o telefone da pessoa com quem estava saindo ficava na mesa no jantar, de forma que a pessoa pudesse ver as mensagens dos amigos. Ou o jeito como ela procurava o garçom no restaurante quase no momento em que as sobremesas chegavam. Com frequência, ele era encantador o suficiente para conseguir uma segunda saída, mas algumas vezes tinha que estar preparado para o discurso que receberia, entre a conta e o Uber para casa: "Sobre como foi ótimo encontrar alguém com quem podia apenas falar, alguém que você sabia que terminaria sendo um ótimo amigo…"

Mas, neste ano de Zoom, era uma agonia saber o que alguém estava pensando. Claro, Jeremy tinha contado uma dúzia de silêncios constrangedores antes de começar a repetir a canção de marinheiro da GameStop em sua cabeça; mas os silêncios constrangedores eram comuns durante as conversas virtuais, e era difícil distinguir desconforto verdadeiro de falhas técnicas da rede sem fio e mudos sem advertência. Só depois ele começou a perceber os olhos de sua

CAPÍTULO CATORZE

companhia movendo-se para qualquer outra coisa aberta em seu computador que ele teve certeza, a principal coisa que eles tinham em comum era o desinteresse de continuar essa conversa, ainda que ambos fossem muito educados para gaguejar uma boa razão para desligar a chamada.

Jeremy supôs que a culpa maior era dele. Ele conheceu Teresa — a bela colega de classe, de cabelo cor de areia, preenchendo a tela de seu notebook, que ele abriu por completo até a parte de baixo esquerda, o mais perto da tecla Esc quanto o design do seu computador permitia — no final de seu primeiro ano. Ela estava saindo com um conhecido em comum de Jeremy de uma de suas aulas de estatística, que terminou se transferindo para uma faculdade na região nordeste. Depois que o namorado de Teresa foi embora, ela e Jeremy começaram uma amizade mais profunda, que os levou a algumas saídas tarde da noite para a lanchonete local, compartilhando conversas emocionantes sobre *probabilidade de lançamento de moeda honesta, análise* e *regressão à média.* Não era exatamente *Casablanca*, mas, quando eles perderam contato durante o verão entre o primeiro e o segundo ano, Jeremy sempre se perguntava se havia uma atração que ele tinha deixado passar.

Agora ele tinha sua resposta. Tinha sido Teresa quem o contatara primeiro, há uma semana, convidando-o para uma bebida, a fim de se reconectarem. Apesar de intrigado, ele tremeu com a ideia de encontrá-la pessoalmente e ofereceu uma ligação pelo Zoom. Desde o começo, tinha basicamente sido um desastre. Sem as estatísticas do primeiro ano para se aprofundar, eles tinham muito pouco para conversar. Dizer que ele estava preocupado com o que estava acontecendo com a GameStop e sua conta de trading seria um eufemismo gigante.

Mesmo antes da ligação no Zoom, ele estava encarando a tela do seu notebook desde que ele acordou de um sono inquieto às 5h da manhã e planejou criar raízes ali, atrás de sua escrivaninha, até que a fome ou alguma outra função corporal igualmente importante o arrastasse para longe.

Ela não estava a duas semanas da orla,
Quando Ryan Cohen se uniu à gestão,
O capitão chamou todas as pessoas e jurou,
Ele pegaria suas ações e manteria,

Em breve o Tendieman chegará,
Para enviar nosso foguete ao sol,
Um dia quando o trading estiver feito,
Pegaremos nosso lucro e iremos...

Ele realmente sentia que a música e sua letra capturavam o sentimento de esperança que estava varrendo o subreddit. E agora que Jeremy era parte da multidão, investindo completamente na GameStop, sentia como se estivesse na linha de frente, alinhado com o resto dos degenerados em uma batalha que obviamente só tinha começado.

Ele fez sua primeira compra de ação pouco tempo depois do dia na pista de golfe com seu pai. Duzentas ações pelo preço médio de US$15,44, totalizando US$3.088 — zero comissão, é claro. Em 4 de janeiro, ele adicionou mais 150 ações por US$19,20 cada, ficando com US$2.880. Um investimento total de quase US$6 mil. Pelo que ele leu no WallStreetBets, isso o colocava no meio da alcateia, nada perto de lendas como DFV, mas um guerreiro leal à luta.

E assim foi exatamente como Jeremy tinha começado a ver sua trade: não um investimento, nem mesmo uma tentativa YOLO de alcançar a lua, como ele tinha descrito ao seu pai. Assim que finalmente deu o salto e comprou as ações, ele se tornou emocionalmente alinhado com a comunidade WSB em sua missão de provocar Wall Street.

Abrindo seus olhos, tentando focar o melhor que podia em sua conversa do Zoom, que estava tomando mais espaço real de seu no-

CAPÍTULO CATORZE

tebook do que ele poderia justificar respeitosamente, Jeremy se perguntou o que Teresa pensaria se ele contasse sobre o WallStreetBets, e o fato de que agora ele era parte de um movimento que girava em torno de uma loja de videogames e um cara com uma bandana no YouTube. Talvez ela já tivesse ouvido sobre a GameStop — as histórias já estavam alcançando a imprensa de negócios, e era só uma questão de tempo antes de alcançarem os principais meios de comunicação. Apesar de ainda ser uma questão de debater se o verdadeiro *short squeeze* estava começando, o movimento da ação estava sendo insano — há algumas horas, Jeremy assistiu ao preço alcançar US$43,00. Isso significa que suas parcelas valiam agora incríveis US$15 mil. Ele tinha mais que dobrado sua parte.

Ainda que estivesse indo bem na GameStop, seu pai estava bem melhor. Depois da conversa deles na pista de golfe, seu pai tinha decidido segui-lo em seu trade, comprando mil ações por um preço médio de cerca de US$17,00. Comparado com o que Jeremy tinha arriscado, esse era dinheiro de verdade: um investimento de US$17 mil que agora valia US$43 mil. Jeremy teria que trabalhar duro para conseguir que seu pai mantivesse aquelas ações. Seu pai tinha apenas rido quando Jeremy usou o termo "mãos de diamante", e era claro que seu pai não estava abordando isso com o mesmo fervor emocional do próprio Jeremy. O que — seu pai tinha argumentado — era uma coisa boa.

Jeremy seria o primeiro a admitir que tinha que ser cuidadoso para não se deixar levar. Ele já estava tendo dificuldade em se concentrar no trabalho da escola e tinha perdido duas sessões de estudo com a sua "bolha" nos últimos dias. Ele começou e parou seu último conjunto de problemas mais de uma vez, mas álgebra linear não tinha o mesmo apelo que a guerra, que ele estava ajudando a acontecer, contra Wall Street.

Talvez a garota no Zoom já tivesse ouvido algo sobre a guerra; se ela tivesse ligado a TV no CNBC ou lido qualquer *thread* de negócios no Twitter naquela manhã, por exemplo, já teria uma noção completa de como o outro lado via o que estava acontecendo. Apesar do preço ainda estar relativamente pé no chão, em US$43,00, ternos e gravatas já tinham começado a contra-atacar. Talvez o mais irritante das vozes conservadoras atacando o pessoal do Reddit até agora tinha que ser o aficionado por venda a descoberto e ativista Andrew Left, que comandava uma empresa chamada Citron Research. Naquela mesma manhã, logo após o mercado ter aberto e a GameStop ter começado a aumentar, a firma de Left colocou um tweet anunciando que no dia seguinte eles fariam uma transmissão online: "Cinco razões para os compradores dessa estirpe da GameStop $GME serem otários nesse jogo de pôquer. Ações de volta a US$20,00 rápido. Nós entendemos juros de short melhor que vocês e iremos explicar."

Como qualquer um esperava, o tweet acertou o WallStreetBets como uma banana de dinamite. A comunidade imediatamente se manifestou em conjunto, indo atrás de Citron e de Left usando a mídia. Memes maliciosos, ataques pessoais, ridicularização — "aperte o limão" —, nada estava além dos limites. Apesar de Jeremy não condenar algumas das táticas mais obscuras empregadas por aqueles que viam a Citron como estando no mesmo nível da Melvin, um inimigo a ser destruído, era claro que a Citron não tinha muito respeito pelos traders a varejo do WSB. Para Jeremy, ele era apenas um cara cuspindo sua opinião, a qual não era mais válida do que a de DeepFuckingValue. A CNBC deu a ele um megafone, mas tudo que ele estava fazendo era estimular a oposição. Ao final do dia, o alvoroço online seria tão intenso que Citron cancelaria sua transmissão ao vivo — alegando, mais tarde, que seu feed do Twitter havia sido hackeado.

Jeremy não concordava com os ataques violentos e pessoais lançados contra Left, mas ele entendia a resposta natural da comunidade WSB ao serem chamados de "otários" — especialmente quando a ação alcançava novas alturas. E por que qualquer um deles deveria ouvir Left ao invés de DFV? Ele foi a uma faculdade melhor? Ele trabalhava numa mesa em Manhattan ao invés de um porão em algum lugar de Massachusetts?

CAPÍTULO CATORZE

Ainda assim, mesmo que Teresa estivesse seguindo a GameStop, Jeremy nunca teria uma chance de deixá-la deslumbrada com sua conta de trading — porque ela já estava a meio caminho de uma desculpa de que a bateria de seu notebook estava baixa. Jeremy não tinha certeza de qual deles venceu a corrida até o botão Sair da Reunião, mas na imagem congelada de seu rosto, que permaneceu em sua tela por um longo momento, ele podia ver que ela compartilhava seu alívio.

Antes das notícias chegarem ao mercado,
O WallStreetBets apareceu e comprou,
Com mãos de diamante eles sabiam que iriam lucrar,
Se eles conseguissem apenas manter.

Em breve o Tendieman chegará,
Para enviar nosso foguete ao sol,
Um dia quando o trading estiver feito,
Pegaremos nosso lucro e iremos...

Ele já estava banindo o Zoom de volta à sua pasta de aplicativos quando um novo toque informou que ele ainda não tinha permissão para voltar ao WallStreetBets, para as canções de marinheiro e o discurso antiCitron. Uma olhada rápida no telefone lhe disse que seu irmão estava ligando pelo FaceTime — um timing preciso que apenas um irmão mais novo poderia conseguir. Claro, Casper sabia que o encontro iria acabar cedo e fracassar. Afinal, eles tinham crescido compartilhando 13m de vela em um catamarã na maior parte de seus anos de infância.

Jeremy aceitou a ligação a contragosto, e viu Casper sorrindo amplamente para ele sob seu próprio esfregão de cabelos loiro-avermelhados.

— Você estragou tudo de novo, certo?
— Cala a boca, imbecil.

— É esse tipo de atitude que espanta elas. Você já tentou ser legal?

Jeremy alcançou a tela para desconectar e Casper acenou na frente de sua câmera.

— Espera aí, cara, era brincadeira. Eu não te liguei para falar sobre sua inaptidão com as mulheres. Meu pai mandou uma mensagem. Sobre a GameStop.

O estômago de Jeremy se revirou.

— Ele não vendeu, né?

Teve uma curta pausa, da qual Casper extraiu tudo o que podia.

— Não. Mas eu disse a ele que devia. E você devia também. Uma ação a US$43,00! Vocês estão ricos pra cacete!

Jeremy soltou o ar.

— Você não sabe do que está falando. Isso está só começando.

Jeremy já tinha conversado várias vezes com Casper sobre a GameStop, começando durante a longa viagem de volta do recesso de Natal. Casper tinha pensado que Jeremy era maluco e o criticou por fazer seu pai entrar com dinheiro, também.

— Você é um expert agora?

— Não — disse Jeremy. Eu sou um primata. Sou o rei dos primatas.

Seu irmão não estava surpreso.

— Você realmente acha que as firmas de Wall Street que estão fazendo o short da GME não sabem o que estão fazendo?

Jeremy não pensou que seu irmão realmente queria uma resposta, mas já tinha pensado muito sobre o assunto. Ele não sabia muito sobre a Melvin Capital, além de que era uma das firmas mais respeitadas em Street. E Gabe Plotkin era supostamente um trader estrela do rock, criado por Steve Cohen, um dos homens mais temidos em finanças. Plotkin era inteligente, provavelmente mais inteligente que todos no subreddit WallStreetBets. Mas Jeremy acreditava que Plotkin não entendia o que estava enfrentando.

CAPÍTULO CATORZE

Ele decidiu colocar em termos que seu irmão pudesse entender. Seu irmão não investia em ações, mas jogava muito pôquer com seus amigos na escola e também online. Ele sabia como apostar, e sabia o que significava se achar muito.

— A Melvin está segurando um par de ases. Tudo mudou, e está mostrando dois seis e outro ás. A Melvin está certa de que ganhou com um *full house*, ases sobre seis. Ela não vê que somos nós. Nós seguramos um par de seis — temos quatro de um tipo. A Melvin e as outras firmas de Wall Street estão fazendo a jogada certa, fazendo venda a descoberto com a empresa que eles acreditam ser um fracasso. Mas ainda vão perder. Elas são tão estupidamente arrogantes, tão habituadas à vitória, que não podem só deixar passar.

Seu irmão pausou, digerindo, então olhou para sua câmera.

— Acho que você não vai vender.

— Talvez eu nunca venda.

— Isso é estúpido. É a GameStop. O valor de mercado já está...

— E é isso que você e Wall Street não entendem. Vocês ainda acham que o valor de mercado significa algo. Você lembra a Citron, indo à CNBC me dizendo porque eu sou um otário na mesa. Você não entende o que está realmente acontecendo aqui.

— Jeremy.

— Esse mundo todo está ferrado — continuou Jeremy. Ele sentiu seu rosto esquentar, as emoções fluindo. — Nós todos estamos presos em casa em nossos sofás e camas, e esses caras de Wall Street, como os da Citron e da Melvin, estão olhando para nós de suas casas de praia e apartamentos na cobertura. E eles têm times de analistas e algoritmos matemáticos complicados, e um grande saldo. E o que nós temos?

Casper pausou novamente.

— Nossa, esse encontro tem que ter sido muito ruim.

— Nós temos a GME — terminou Jeremy.

Então ele estendeu a mão para a tela e desconectou.

GME. Não GameStop — GME.

Uma chance de alcançar a lua que só acontece uma vez na vida.

CAPÍTULO QUINZE

22 de janeiro de 2021

Orlando, Flórida.

Uma bela tarde de sexta, ensolarada e com brisa.

Dez minutos antes de o mercado fechar.

Jim Swartwout pôde respirar pela primeira vez desde o café da manhã, enquanto seu olhar pousava nas folhas de uma palmeira balançando distante através das janelas em seu escritório de canto na sede da Robinhood em Lake Mary, Orlando. Ele esperou até que as últimas batidas do fechamento ficassem em silêncio, apenas respirando profundamente em harmonia com aquelas folhas em forma de foice, ondulantes. Ansioso pelo fim de um dos dias mais incomuns — coroando uma das semanas mais incomuns — de seu mandato de um ano e meio na corretora novo-rico no Vale do Silício.

Para ser justo, se você tivesse algo a dizer sobre os escritórios secundários da empresa em uma Lake Mary ensolarada, ventilada e bela, era que coisas incomuns quase nunca aconteciam ali. O principal motivo para abrir uma sede nesse pedaço de terra descolorido de Sol na Interestadual 4, a 32km do centro de Orlando, era evitar *ação*. Lake Mary não estava apenas adormecida; estava deliciosamente em coma, um entrelaçado rico de casas localizadas ao redor de reservas naturais, lagos, trilhas de bicicleta, restaurantes a céu aberto, butiques, boas escolas, cujo principal atrativo era a proximidade do aeroporto e que ficava à sombra de um dos maiores destinos turísticos do planeta. Aquela sombra tinha orelhas de rato, mas ainda assim Lake Mary era um lugar maravilhoso para criar uma família, e um lugar bastante estranho para colocar o coração pulsante de uma das empresas mais polêmicas e disruptivas em fintech.

Claro, a decisão de abrir um escritório-satélite entre as palmeiras e os canais infestados de jacarés do norte da Florida tinha muito a ver com os cálculos complexos, com o custo-benefício, que iam junto de expansões rápidas e arriscadas; a Robinhood estava crescendo tão rápido, e contratando tantas pessoas, que fazia sentido expandir, geograficamente, bem além de Menlo Park. Planos seriam anunciados em breve para escritórios em Nova York e Seattle —, mas Lake Mary veio primeiro, inicialmente anunciada em 2017 com o objetivo inebriante de empregar 200 pessoas. Comparado com os milhares que trabalhavam em seu banco de investimento comum em um monte de arranha-céus brotando em Manhattan, onde Jim tinha sido empregado antes ou mesmo os 77 mil que trabalhavam no castelo da Cinderela no Magic Kingdom ao fim da rodovia, isso era um pequeno passo. Mas para uma startup do Vale do Silício, focando primariamente os millennials, com pouco dinheiro disponível para jogar no mercado de ações em uma tarde de sexta-feira qualquer, isso era bem impressionante.

Não menos impressionante, a sede de Lake Mary por si própria; talvez não tão digna de uma revista como a extensão praiana em Menlo Park, mas original e moderna, com salas de conferência de última geração, escritórios e, claro, muitas janelas. Também tinha o mural, semelhante ao de Menlo, com seus gatos e suas referências a Sherwood, mas em Lake Mary a floresta tinha sido trocada por uma baía costeira cheia de docas, com lanchas, espreguiçadeiras, piratas felinos e jacarés usando óculos. Câmera pronta, para quando Vlad ou Baiju visitassem — apesar de os dois unicórnios não aparecerem em Lake Mary com muita frequência.

Jim não estava reclamando — quem podia reclamar, tão perto da Space Mountain —, mas, como a maioria das empresas do vale cujos tentáculos iam além das fronteiras do Estado da Califórnia, os escritórios-satélites da Robinhood não conseguiam, geralmente, o faturamento principal. Era fácil pensar na operação de Lake Mary como algo escondido atrás de uma cortina geográfica, e até mesmo Jim era normalmente a voz do outro lado do telefone — ou, mais recentemente, um rosto no outro lado de uma ligação do Zoom — alguém que você somente ouvia, ou via, quando as coisas davam errado. Mas Jim era mais esperto; a Robinhood não era como outras empresas tecnológicas do Vale do Silício, porque não era apenas uma empresa tecnológica. E o time de Jim em Lake Mary — já forte com 70 pessoas, crescendo dia após dia desde que ele entrou em junho de 2019 — estava no centro do negócio que a Robinhood estava construindo, e parte da razão pela qual a Robinhood em breve valeria muitas vezes o valor de US$4 bilhões, que recentemente circulava nas páginas de diversos jornais financeiros.

Ainda assim, ser o centro do que a Robinhood estava se empenhando para se tornar — o "fin" de sua "fintech" — não significava que o cargo de Jim na empresa pudesse ser descrito como algo particularmente chamativo, nem era ele brilhante e vivo como Vlad ou Baiju, que pareciam ser artisticamente criados para uma das capas futuras da *Forbes*. Não ajudava o fato de que a função para a qual Jim foi contratado — chefe de Clearing — não era um título que se pudesse explicar facilmente em um jantar formal. Na verdade, não havia muitos banquetes em Lake Mary, mas, se Jim aparecesse vestido de Pateta ou usando orelhas de roedor, pelo menos as pessoas teriam uma ideia do que ele fazia para se sustentar. Agora que ele era presidente de uma empresa e diretor de operações, era um pouco mais fácil descrever-se durante as festas; porém, quando ia direto ao ponto, com frequência parecia que ele tinha entrado voluntariamente em algum tipo de programa de proteção de testemunhas financeiro.

Jim não tinha começado no campo de Clearing. Ele era trader em Wall Street antes de mudar para o lado mais tecnológico e empreendedor do negócio. Ele controlava a mesa de trading na E--Trade, uma das corretoras online de vanguarda, lá em 1999. Depois de se tornar COO dessa empresa, ele foi para uma posição similar na Scottrade, então presidente do trade-MONSTER. Para completar, ao longo dos anos, ele trabalhou em inúmeras instituições financeiras, entrando e saindo de várias startups. Mas ser parte da Robinhood era um sonho, por algumas razões.

A Robinhood era única entre seus companheiros, por ter construído sua própria plataforma de Clearing usando tecnologia novinha em folha, baseada na nuvem, colocando-se na interseção entre tecnologia e finança. E, ainda por cima, a missão da Robinhood era única e inspiradora; a empresa não era só orientada para o lucro e para ser lucrativa — mas, para Jim, parecia moralmente boa. A Robinhood queria nivelar o nível de competição ao abrir o trading para pessoas comuns, muitas das quais nunca tiveram a oportunidade de investir em ações antes. Quando a Robinhood abriu suas portas, 50% das ações eram dominadas pelo principal 1%; se simplificar a plataforma de trading trouxesse equidade para os mercados. Era um enorme impacto positivo.

Mas não importa o quão elegante e brilhante a plataforma fosse, a mágica real estava embaixo do brilho — na estrutura que fazia a Robinhood funcionar. E a estrutura era o domínio de Jim. A Robinhood estava reinventando o mercado de ações para os millennials e para a geração Z, mas a última coisa que as pessoas jovens queriam ver ou pensar sobre era a estrutura que fazia tudo funcionar. E algumas vezes, para um observador de fora, talvez pudesse parecer que uma atitude similar se estendia por toda Menlo Park. O mais próximo que você consegue chegar do Vale do Silício é Orlando sem dar com os burros n'água. E a atitude fazia sentido;

CAPÍTULO QUINZE

pode-se levar uma conversa agradável com o encanador enquanto ele conserta sua pia, mas ninguém o convida para jantar.

Mas nessa última semana — culminado na tarde de sexta-feira maluca — era um dos raros momentos em que o encanador ficou para o jantar, pelo menos até o prato principal. Jim falou ao telefone com Menlo Park inúmeras vezes nas últimas horas. O que estava acontecendo no mercado, e particularmente na Robinhood, não era uma emergência — mas era preocupante e, mais do que isso, era estranho. Porque, diferente de outros problemas de mercado que surgiam de tempos em tempos, envolvendo Clearing e atenção ao capital, essa situação não dizia respeito a uma variedade de trading incomum girando em torno de um grande número de 13 mil ações compradas e vendidas por clientes da Robinhood. Essa situação girava em torno principalmente de uma única ação.

Como o líder de Clearing e agora COO, Jim tinha enfrentado sua cota de dificuldades relacionadas a clientes e ao trading. Houve obstáculos, alguns antes dele ter se juntado à empresa — como a suposta confusão envolvendo regulações bancárias em torno da poupança da Robinhood em 2018 — e questões mais recentes, como uma multa da SEC de US$65 milhões para a declarada falta de comunicação da empresa sobre seu pagamento por práticas de *order flow*. Mas o momento mais difícil até agora acontecia apenas 7 meses depois de um jovem estudante de faculdade de 20 anos chamado Alexander Kearns ter cometido suicídio após ver um saldo negativo temporário de mais de US$730 mil em sua conta Robinhood. Apesar de Kearns não estar realmente em apuros pela perda imensa, resultante de algumas *put options* complicadas — e ele poderia não ter percebido que o saldo negativo seria em breve apagado pelo crédito em sua conta — era claro que a confusão do momento tinha pesado muito no rapaz. A nota de suicídio de Kearns se lia, em parte, como reportado na revista *Forbes* após sua morte: "Como um garoto de 20 anos sem salário foi capaz de receber um valor de quase US$1 milhão de alavancagem?"

Para todos na Robinhood, isso tinha sido um momento imenso, comovente e trágico, o qual tinha também sido exibido em todas as notícias e ganhado força em muitas redes sociais. A Robinhood fez o que podia, em consequência, para assegurar que o mal-entendido não acontecesse novamente — melhorar a mensagem do site envolvendo opções de trading, fazendo mudanças na interface e expandido seu conteúdo educacional, especialmente envolvendo *options* e trading de margem. Tal tragédia não deveria nunca ter acontecido, e Jim e o resto da liderança da empresa fariam de tudo para resguardar seus clientes no futuro.

Mas Jim sabia que ferramentas de trading poderosas, como as *options* — que davam aos usuários a habilidade de se alavancarem —, sempre teriam algum nível de risco. E a margem — a qual fornecia aos clientes aprovados a habilidade de comprar ações com dinheiro emprestado — dava, por definição, aos traders a habilidade de investir mais dinheiro do que eles tinham. Day trading não era um videogame, não importa o quanto parecesse um; isso era vida real, com implicações no mundo real.

Era o trabalho de Jim, como chefe de Clearing, administrar esse risco — não apenas por causa do seu cliente, mas também pela empresa como um todo, sintonizado com as regulações estabelecidas pelo governo e pelo setor bancário, algumas datando de uma época antes que palavras como "aplicativo", "nuvem" ou "online" tivessem qualquer relacionamento com finanças.

Se Jim voltasse àquele banquete imaginário, tentando explicar o que fazia seu sustento, ele teria que tentar simplificar: Clearing envolvia tudo que acontecia entre o momento que alguém iniciava um trade — comprando ou vendendo uma ação, por exemplo — e o momento em que a trade estava estabelecida — significando que a ação tinha oficial e legalmente mudado de mãos.

A maioria das pessoas que usavam corretoras online pensava na transação como se acontecesse instantaneamente; você queria dez ações da GME, pressionava um botão e comprava dez ações da GME; de repente, dez ações da GME estavam em sua conta.

CAPÍTULO QUINZE

Mas não era isso que realmente acontecia. Você pressionava o botão Comprar, a Robinhood encontrava para você as ações imediatamente e as colocava em sua conta; mas o trade real levava dois dias para ser concluído, algo conhecido, por essa razão, no linguajar financeiro como "clearing T+2".

Nesse ponto da conversa no jantar, Jim esperava os olhos dos outros se enevoarem por completo; mas era apenas o começo. Assim que o trade era iniciado — uma vez que você pressionasse o botão Comprar em seu telefone — era o trabalho de Jim lidar com tudo que acontecia no mundo intermediário. Primeiro, ele tinha que facilitar o encontro do parceiro oposto para o trade — que era onde o pagamento por *order flow* entrava, enquanto a Robinhood juntava seus trades e os "vendia" para um formador de mercado como a Citadel. Depois, era o trabalho da corretora de Clearing ter certeza de que a transação era protegida e segura. Na prática, funcionava assim: às 10h manhã de cada dia do mercado, a Robinhood tinha que garantir seus trades, fazendo um depósito em dinheiro em uma clearinghouse regulada federalmente — algo chamado Depository Trust & Clearing Corporation ou DTCC nos EUA. Esse depósito era baseado no volume, no tipo, no perfil de risco e no valor das ações sendo negociadas. Quanto mais arriscadas as ações — mais era provável que algo pudesse dar errado entre a compra e a venda —, maior o depósito.

Claro, a maior parte acontecia via computadores — em 2021, e especialmente em um lugar como a Robinhood, era quase um sistema inteiramente automatizado; quando os clientes compravam e vendiam ações, os computadores de Jim faziam uma recomendação do tipo de depósito que se podia esperar com base nos requerimentos registrados pela SEC e pelos reguladores bancários — tudo simples e organizado, e no pressionar de um botão.

Se qualquer um dos acompanhantes no jantar ainda estivesse acordado nesse ponto da conversa, ele poderia então explicar a semana louca que tinha suportado em termos que eles agora, de fato, poderiam entender. Talvez até acordassem — como isso tudo tinha a ver com uma ação que agora estava trilhando o caminho da mídia convencional.

Dizer que o que estava acontecendo com a GameStop era sem precedentes seria um eufemismo. Na última semana, o preço da ação tinha mais que dobrado novamente e alcançou uma alta diária, cedo naquela mesma tarde, de US$76,76, então fechado pouco tempo depois, um centavo acima dos US$65,00. Tal preço de ação em si não era desconhecido, mas a GME tinha conseguido isso pelo volume diário e uma volatilidade que era difícil de acreditar. Apenas hoje, mais de 194 milhões de ações trocaram de mãos — oito vezes o normal habitual da ação. E, do lado das *options*, a ação tinha sido ainda mais volátil: 913 mil *calls* tinham sido trocadas ao fim da tarde. Um contrato, com o preço de exercício de US$60, o qual expirava hoje, tinha se tornado a *option* que mais ativamente teve trade no mercado de ações inteiro — aumentando de preço em quase 3.000%.

A volatilidade geral da GME tinha sido tão insana, que o trading das ações já tinha sido parado, pelo menos, quatro vezes — e tudo depois da ação já ter dobrado na semana anterior. A GameStop, a empresa cujo auge tinha possivelmente ocorrido há uma década, tinha se tornado a empresa mais ativa em trade no mundo.

Jim assistiu ao canal CNBC e leu o *Wall Street Journal* — o qual era até entregue em Orlando —, então tinha plena consciência da batalha entre os traders de varejo, comunicando-se no WallStreetBets, e as firmas de Wall Street que possuíam posições *large-short* na ação. Ele certamente tinha seguido o drama no Twitter que ocorreu quando a Citron Research tinha postado seu tweet chamando os traders do Reddit de "otários".

De acordo com Andrew Left e a Citron, desde que eles postaram o tweet, agora há três dias, o episódio teve uma virada ainda mais feia. Em uma carta que Left postou no Twitter naquela sexta-feira, ele anunciou que não mais comentaria publicamente sobre a GameStop, alegando que ele e sua família tinham sido hostilizados por "uma multidão raivosa que possui a ação", que tinha "passado as últimas 48h cometendo vários crimes".

CAPÍTULO QUINZE

> O que a Citron vivenciou nas últimas 48h não é nada menos que vergonhoso e um triste comentário no estado da comunidade de investimento... Nós somos investidores que colocam a segurança e a família em primeiro lugar e, quando acreditamos que isso ficou comprometido, é nosso dever nos afastar de uma ação.

Left ainda acrescentou mais, em um vídeo postado no YouTube, afirmando que "ele nunca tinha visto tal troca de ideias com pessoas tão raivosas sobre alguém participando do outro lado do trade".

Claramente, o que estava acontecendo com a GameStop não era normal e, em décadas na Wall Street, Jim nunca tinha visto nada assim antes. Sem dúvidas, o componente emocional do que estava acontecendo alimentava o caos que ele estava vendo no lado de Clearing da equação; os volumes, a volatilidade — tudo isso representando padrões de trading anormais, porque o trading que acontecia estava sendo impulsionado por motivos anormais. Mercados eram supostamente racionais — mas não havia nada racional sobre pessoas que amavam tanto uma ação que hostilizariam a família de alguém do outro lado do trade.

Ainda assim, apesar da estranheza do mercado e do caos da ação, Jim sentia-se certo de que, no lado do Clearing, tudo estava sob controle. Os sistemas automatizados vinham funcionando como deveriam; por diversas semanas, o sistema aumentou os requisitos de margem em torno da GameStop para tirar um pouco do risco da equação. Quando as coisas começaram a piorar, ainda se podia comprar a GameStop na margem pelo app Robinhood, mas apenas em 50% da taxa normal. Por fim, o número mudaria para 100% — significando que comprar a GameStop em margem não seria mais possível. Esse tipo de controle poderia deixar alguns clientes contrariados, mas não era apenas para proteger os requisitos de depósito da Robinhood — os quais eram parcialmente baseados em perfis arriscados de trades —, mas também para proteger os próprios clientes.

Jim acreditava que uma grande parte de seus deveres era prestar atenção nesses clientes — os usuários da Robinhood. Trades sem comissão e zero requisito de conta eram apenas parte de um todo; pagamento por *order flow* tanto beneficiava a Robinhood quanto levava a ainda mais economias de custos para os clientes, porque os trades fluíam através dos formadores de mercado que estavam constantemente procurando pelos melhores e mais eficientes acordos. Por isso a maioria dos trades da Robinhood fluíam para a Citadel, a gigantesca firma financeira, baseada em Chicago, fundada por Ken Griffin, que agora lidava com 40% de todos os trades a varejo, precisamente porque eram os melhores no que faziam. Por meio da Citadel, a estratégia do pagamento por *order flow* da Robinhood tinha economizado *US$1 bilhão* de seus clientes apenas no último ano, ao encontrar os melhores lances e ofertas, e concluí-los da maneira mais eficiente.

Claro, os prós e os contras de pagamento por *order flow* eram tão complicados quanto as minúcias envolvendo o Clearing. O ponto principal era que Jim e a Robinhood estavam determinados a manter seus traders a varejo felizes e seguros. Algumas vezes, isso significava se jogar em uma direção ou em outra. Enquanto a volatilidade da GameStop continuasse, esforços como limitar a margem de trade teriam que ser feitos. Apesar de alguns usuários acharem isso restritivo, às vezes um pouco de restrição era para o bem de todos.

Minutos depois, quando o mercado finalmente fechou o dia, Jim voltou sua atenção ao computador em sua mesa. O gráfico de preço da GameStop ocupava a maior parte da tela, e era realmente impressionante. O fechamento a US$65,01 sem dúvida dava aos clientes da Robinhood uma montanha de dinheiro; talvez, alguns milhões. Mas a semana tinha acabado e o fim de semana estava ali. Jim se sentia mais calmo, mais mentes racionais finalmente dominariam. Elas sempre dominavam.

Aquela ideia, de que os mercados eram inerentemente racionais datava de muito tempo. Era do século XVIII. E apesar de muitos eventos terem desafiado a lógica no decorrer dos anos — bolha atrás de bolha, o contratempo do mercado, a quebra de 2008 —, no fim, as pessoas tendiam a agir de acordo com o que é melhor para elas.

CAPÍTULO QUINZE

Elas compravam quando viam valor e vendiam quando sentiam que as coisas estavam para seguir por outro caminho.

Toda a falação sobre *short squeeze* — muito provavelmente era só aquilo, falação. Toda vez que uma ação com fundamentos feios aumentava, traders amadores amavam gritar sobre *short squeeze*. Mas eles quase nunca aconteciam de verdade. Talvez um verdadeiro *short squeeze* tenha realmente ocorrido quinze vezes na última década.

Jim continuaria a fazer seu trabalho diligentemente, como sempre, mantendo os olhos naqueles depósitos de Clearing, assegurando de que tudo continuasse a correr sem dificuldades. Mas ele não estava superpreocupado. A razão pela qual ninguém passou muito tempo se preocupando com os eventos de baixa probabilidade que as pessoas descreviam como "cisne negro" — o que poderia ser desastroso, com certeza — é que eles só acontecem, no máximo, uma vez na vida.

Em um lugar como Lake Mary, a 32km ao norte de Orlando — muito menos.

CAPÍTULO DEZESSEIS

25 de janeiro de 2021

Eu não vou vender isso até pelo menos US$1.000+GME APERTEM A PORRA DOS CINTOS...

— Talvez você seja a pessoa que deveria estar em contenção. Eu acho que todos enlouqueceram.

A criança estava sorrindo sob os longos cabelos loiros caindo em sua testa, fios brilhantes emoldurando seu rosto comprido, enquanto olhava para a tela do telefone de Kim. Ela sorriu para ele, colocando em seu braço esticado as alças de velcro do monitor de pressão sanguínea. O nome do garoto era Jake, e ele não era realmente uma criança — tinha 20 anos e estava no terceiro ano da faculdade —, já tinha passado por tanta merda em sua vida curta que tinha linhas sob seus olhos verdes e uma curva sarcástica no canto dos lábios, mesmo quando não estava sorrindo.

Ela tinha colocado o telefone em um assento próximo sem perceber que o deixou aberto no subreddit WallStreetBets. Ela pensou em desligar, escondendo-o de volta em seu jaleco, mas decidiu que não faria mal nenhum dcixá-lo onde estava. Além disso, olhando para Jake, em sua camiseta retrô estampada com um daqueles velhos controles Atari e tênis all-star, ela percebeu que ele estaria tão interessado com o que estava acontecendo com a GameStop quanto qualquer outra pessoa. Ele lembrava um dos rapazes da pista de skate onde, de vez em quando, seu filho mais velho passava um tempo depois da escola; eles sempre faziam Kim se sentir um pouco nervosa, mas Brian insistia que eles não eram ruins, só diferentes, e Kim sempre gostou do diferente.

— Ninguém precisa de contenção hoje — disse Kim, apertando a braçadeira de medir pressão. — E você sabe que não usamos a palavra "louco" aqui, Jake.

Ele revirou os olhos quando ela começou a bombear ar no medidor. Ela conheceu Jake muito bem no último ano, pois ele era um de seus muitos pacientes recorrentes. A pandemia tinha sido difícil para jovens de sua idade, especialmente aqueles que já estavam no limite, por quaisquer razões. A pandemia tinha deixado aquelas pessoas ainda mais isoladas, tirando-as da rotina. Algumas vezes prendendo-as em casa com seus pais, que com frequência não entendiam completamente os desequilíbrios químicos, os traumas psicológicos ou o que quer que seja que os tornava diferentes.

— Talvez vocês não usem. Mas eu uso o tempo todo. E, se isso não é loucura, eu não sei o que é.

Ele estava apontando para a postagem no topo de sua tela, por um usuário de Reddit que chamava a si próprio de dumbledoreRothIRA. Kim não precisava ler — ela já tinha visto isso, tinha rolado por muitos dos comentários que ele tinha provocado e tinha até mesmo dado like em alguns. Agora que ela tinha ações da GME, ela entendia bem o sentimento — a GME por US$1 mil poderia parecer loucura para os não iniciados, mas, para aqueles que passaram a maior parte do último fim de semana no WallStreetBets, lendo comentário após comentário de pessoas berrando sobre suas mãos de diamante, pessoas de diferentes estilos de vida que tinham comprando e postado suas contas de

CAPÍTULO DEZESSEIS

trading ali mesmo no subreddit, para qualquer um ver — fazia perfeito sentido.

Ela olhou de relance por sobre o ombro, verificando se a cortina que circundava a pequena área de exame estava bem fechada. Se um dos médicos estivesse próximo e visse ela compartilhando seu telefone com um paciente, estaria em apuros — mas, hoje, ela estava disposta a arriscar. Infernos, o que estava acontecendo atrás daquela tela era tão convincente que ela quase se esquecia completamente do trabalho.

Ela tinha ficado 30 minutos no carro antes de seu turno, estacionada em um terreno atrás do hospital, só rolando pelo WSB. Era difícil acreditar — mas o fechamento de sexta-feira, com a GME acima de US$65,00 a ação, tinha sido apenas o começo. O fim de semana não desacelerou de forma alguma aquele foguete. E parecia que o resto da comunidade WSB tinha passado os últimos dois dias no mesmo estado frenético de Kim, consumido por pensamentos sobre o que poderia acontecer.

Quando o mercado tinha finalmente aberto naquela manhã, era como uma tampa saltando de uma panela — a ação disparou para US$96,73. E aquilo era apenas o começo. Quando Kim abriu a Robinhood para checar a ação durante sua pausa do almoço, a GME tinha se aproximado da alta intraday de US$159,18. Tinha diminuído desde então — mas tinha fechado há apenas 30 minutos em US$76,79. Mais alta US$10,00 em relação a seu fechamento na sexta-feira — e, mesmo agora, ainda estava subindo no trading após o fechamento, talvez de volta àquela alta do dia.

Era difícil acreditar, mas, na hora do almoço, as 100 ações de Kim estavam valendo quase US$16 mil. Mesmo agora, elas estavam paradas em US$7.670. Se ela vendesse todas, poderia facilmente pagar o aparelho dental de Brian.

Mas ela não tinha intenção de vender uma única ação.

— Olhe esse cara — disse Jake, tocando a tela com um dedo. Esse cara *definitivamente* deveria usar contenção.

Kim olhou de relance para onde Jake estava apontando; ele tinha navegado para um link no subreddit, o qual o levou a um vídeo postado no Twitter. Kim reconheceu o homem no vídeo imediatamente, porque ela o seguia há algum tempo: David Portnoy, o chefe de uma empresa chamada Barstool. A Barstool começou como uma revista, e então se tornou um site dedicado a esportes, mas que tinha se transformado em um gigante da internet, reunindo principalmente o tipo de gente que antes comprava a assinatura da *Sports Illustrated*, da *Maxim* e da *Playboy*. Portnoy era uma figura estimulante: frenético, explosivo, um homem comum com sotaque de Boston e tom demagógico, que frequentemente postava críticas de pizza em vídeo, e algumas vezes de ações. Kim tinha gostado de Portnoy desde o começo, porque, apesar do fato dele não ser *realmente* como ela — ele era um multimilionário com legiões de seguidores —, ele parecia falar para ela.

— Eu não tenho problemas com o que aconteceu com a GameStop — o vídeo começou, enquanto Portnoy, com a barba por fazer e usando uma camiseta, falava em direção à tela. O WSB inflou a GameStop até a lua, com shorts sendo espremidos. Eu tenho certeza que a velha-guarda vai reclamar e dizer buá buá... Cala a boca!... Adapte-se ou morra! O WallStreetBets não vai a lugar algum. O Reddit não vai a lugar algum. A Robinhood não vai a lugar algum... isso é parte do jogo. Advinha só, no futebol americano, o passe para frente não existia no começo... novos traders, nova estratégia... É o melhor cassino do mundo... A única diferença é que agora as pessoas do WallStreetBets podem fazer isso também... Você acha que grandes bancos não inflam e largam? Cala a boca! Você não pode assobiar e chupar cana também... Pessoas chorando sobre seu leite derramado!

Kim teria aplaudido se suas mãos não estivessem ocupadas com o medidor de pressão. Portnoy estava redondamente certo — ela tinha visto em seus comentários que as notícias convencionais tinham sido preenchidas com caras de Wall Street "chorando sobre seu leite" por conta do que estava acontecendo com a GameStop.

CAPÍTULO DEZESSEIS

Era como se eles não conseguissem lidar com o fato de que seu controle sobre o mercado agora tinha sido quebrado por um grupo de amadores em um fórum do Reddit.

— Ele não está errado — disse Kim, ainda bombeando ar. Ele é casca-grossa, mas não está errado.

— Você vai votar nele também?

Kim deu uma bombeada extraforte no medidor.

— Ele não seria muito pior do que qualquer outro.

Mas Jake já tinha mudado do discurso inflamado de Portnoy para outra postagem no subreddit WSB. O garoto assobiou baixo, usando seus dedos para aumentar uma imagem na tela.

Kim imediatamente reconheceu a mais recente atualização YOLO de DFV — e a imagem de sua conta de trading. Jake tinha razão em assobiar; os números daquela conta eram realmente inacreditáveis.

— Isso é dinheiro de verdade?

Kim assentiu. O investimento inicial de US$53 mil de DFV tinha explodido. De acordo com a conta, ele tinha agora 50 mil ações da GameStop. A US$76,79, aquelas ações agora valiam US$3.839.500. Ainda por cima, ele tinha comprado 800 *calls* da GME de 16 de abril, com um preço de execução de US$12,00 a ação. Aquelas *calls* agora valiam colossais US$5,2 milhões. DFV também acumulou dinheiro de suas primeiras *options*, o que dava a ele um valor total de conta de quase US$14 milhões.

Não era surpresa que DFV tivesse se tornado agora um dos usuários mais famosos do subreddit WSB e que seus vídeos do YouTube conseguissem centenas de milhares de visualizações. Igualmente, não era surpreendente que a história da GameStop agora estava sendo falada em todas as mídias convencionais — não apenas em programas de negócios e redes sociais — mas em toda parte. DFV — que era um *deles*, apenas outro "retardado", apenas outro "primata" — tinha conseguido US$14 milhões e, ao mesmo tempo, empurrou a estaca direto no coração de Wall Street. Não havia dúvidas na mente de Kim: os vendedores estavam em pânico — eles tinham que estar em pânico — e, se isso não era um *squeeze* em ação, ela viraria democrata pelo resto de seus dias.

Um de seus memes favoritos tinha explodido no subreddit quando a GME, voando em direção ao céu, foi selecionada em uma aparição de Jim Cramer, o *stock picker*, investidor e homem bárbaro do canal CNBC, que tinha ido às redes durante o crescente tumulto para tentar racionalizar o que estava acontecendo. Durante sua aparição, Cramer resumiu a aparente estratégia de trading do WSB — em contraste com os algoritmos de Wall Street, o que envolveu matemática sofisticada, meses de pesquisa, analistas caros — berrando: "Gostamos da ação! Gostamos da ação!" A frase se tornou um grito mobilizador, não apenas porque era simples e fácil de criar memes, mas porque realmente abrangia tudo que DFV vinha gritando, para qualquer um que ouvisse, há mais de um ano.

E agora não era apenas DFV, sozinho em seu porão, e não era apenas um bando de aberrações em um fórum do Reddit. Aquela manhã, antes de Kim sair para trabalhar, ela estava na mesa da cozinha checando o telefone quando seu filho mais velho, Brian, tinha se inclinado para ver sua conta de trading. Ele olhou para ela com olhos arregalados.

— Mãe, você possui a GameStop? — perguntou ele.

— Sim — respondeu ela. E eu comprei a dezesseis.

Ela nunca tinha visto seu filho tão animado. Ele imediatamente começou a enviar mensagens a seus amigos para contar e até mostrou a ela uma das respostas: *Ai, meu Deus, isso é maneiro pra cacete! Diga a ela para comprar doge, na próxima.*

Kim sabia que era estúpido, mas ouvir algo assim de seu filho a emocionava; receber pontos de um adolescente por ser legal era quase tão bom quanto receber elogios de Jim Cramer e David Portnoy. A verdade era que Kim estava orgulhosa de si mesma.

CAPÍTULO DEZESSEIS

Quando ela checou os números no medidor de pressão e os adicionou ao histórico de Jake, percebeu que ainda estava sorrindo. Na última semana — e todo o fim de semana, por mensagens de texto e e-mails — Chinwe esteve dizendo a ela para vender a GME, mas ela ficou firme. E agora ela estava mais determinada a continuar assim. Chinwe tinha os melhores interesses dela em mente, mas ele não entendia: ela era parte de algo agora, algo real, e estaria nisso até o fim.

— Mil dólares a parcela — disse Jake, enquanto continuava a olhar para o telefone dela. E eles dizem que *eu sou* o iludido.

— Ninguém diz isso — respondeu Kim enquanto começava a soltar o velcro do braço dele. — Aliás, não há nada de errado com um pouco de ilusão. Às vezes ajuda a passar o dia.

Ela observou enquanto ele continuava a rolar. "Mil dólares a ação?" Talvez Jake estivesse certo; talvez estivessem todos se iludindo.

DFV tinha iludido a si mesmo direto em US$14 milhões de saldo. E Kim estava próxima, com suas cem ações, felizmente livre de toda a bosta que a vida jogou nela, repetidamente.

Se o que estava acontecendo com a GameStop era resultado de uma ilusão gigante e compartilhada — que um bando de pessoas comuns pudesse realmente derrotar Wall Street —, então Kim fecharia os olhos feliz e se jogaria no sentimento de que já não estava claro o que era real, o que era possível e o que era

apenas

ilusão…

CAPÍTULO DEZESSETE

Doze horas depois.

Doze metros abaixo da superfície de Hawthorne, Califórnia, um reduto da classe trabalhadora a 24km fora de Los Angeles.

Um túnel recém-cavado com trilhos de suspensão eletrodinâmicos e motores de indução linear, assim como uma cápsula Hyperloop parcialmente construída, completa com exaustor para entrada de ar e compressor axial.

Elon Musk, CEO e chefe technoking da Tesla; CEO, CTO e designer-chefe da SpaceX; entusiasta de dogecoin; proselitista do bitcoin; algumas vezes o homem mais rico do mundo; e ex-presidente da Galactic Federation of Planets, estava se movendo rápido, com as pernas chacoalhando a 1.000 rpm, rasgando a pista de teste Hyperloop com 3,5m de altura e 1,6km de extensão. Ele estava respirando pesado, lutando por ar no ambiente de pressão reduzida do tubo subterrâneo, mas o neurolink de última geração embutido em seu cerebelo instantaneamente compensava a falta de oxigênio, disparando mensagens em seus caminhos neurais para continuamente modificar suas necessidades circulatórias e respiratórias.

Acelerando, Elon contornou a cápsula de passageiros parcialmente construída, e então saiu rolando, atingindo o chão liso entre os trilhos magnéticos primeiro com o ombro, saindo do movimento em um perfeito agachamento. No mesmo movimento, ele ergueu seu lança-chamas enorme da marca Boring Company — "Not A Flamethrower"; a válvula no tanque de propano presa acima do barril preto e branco já aberta, o gás fluindo enquanto um dedo se movia em direção à ignição e outro acariciava o gatilho.

Bem à frente, talvez a uns 3m no túnel onde ele estava agachado, Elon podia ver a máquina de perfuração gigante mecanizada levantando nas rodas traseiras como um inseto cibernético, começando a avançar, vindo desajeitadamente em sua direção. Elon soube, naquele breve segundo em que apertou a ignição de seu lança-chamas, iluminando o propano mesmo antes de seu dedo apertar o gatilho, que eles tiveram sorte — desta vez. Por mais terrível que a máquina de perfuração fosse, a inteligência artificial que agora habitava o sistema de computador interno da coisa só tinha ficado ciente naquela mesma manhã, disparando o software IA de antiautoconsciência que Elon tinha colocado ele mesmo. Algumas horas mais e a IA teria conhecimento o suficiente para entender plenamente o que era, onde estava, por que estava e quem precisava destruir — e seria tarde demais.

Mas o software tinha funcionado e Elon chegou ao túnel a tempo. Claro, como um dos empreendedores mais poderosos e amados no universo conhecido, Elon podia deixar o trabalho para um de seus muitos times assassinos AntiIA; mas ele era o tipo de CEO que gostava de fazer as coisas por si mesmo. Famoso, quando sua empresa de carros elétricos teve problemas com a produção do sedã Model 3, ele dormira no chão da montadora, e tinha até usado as mesmas roupas por cinco dias seguidos. Do mesmo modo, se uma IA tomaria vida em um de seus túneis de teste Hyperloop, ele mesmo lidaria com a questão.

Ele escorou o lança-chamas em seu ombro, mirou no barril com a furadeira autoconsciente, e contou os milissegundos, deixando a coisa continuar em direção a ele, até que estivesse dentro do alcance mais eficiente da arma. Encarando direto nos diodos de con-

CAPÍTULO DEZESSETE

trole brilhantes da máquina, piscando em vermelho como os olhos de alguma besta satânica — ele apertou dedo firmemente contra o gatilho.

Uma explosão de chamas disparou, engolindo a furadeira. A IA soltou um grito doentio, engrenagens chacoalhando enquanto derretiam sob o gás butano superaquecido; a estrutura externa da máquina começou a se curvar, e Elon apertou o gatilho ainda mais forte, assistindo às chamas se erguerem, tremulando, laranjas, famintas.

"Cristo, que bela visão."

* * *

Seis horas depois, Elon despertou com o zumbido suave de sua cápsula de dormir hiperbárica, piscando forte para espantar os últimos resquícios de um dormir enevoado e conturbado. Um segundo piscar, e ele estava envolvido em seu link neural novamente, usando a conexão sem fio para ligar as luzes do teto de seu bunker de comando em expansão, e também para interagir com a bandeja giratória antiquada que ele mantinha na mesa de centro ao lado da cápsula de dormir. Música de violino suave entrava pelo vidro acrílico grosso da cápsula, e Elon sentiu seus músculos cansados começarem a relaxar. Na maior parte do tempo, ele gostava de eletropop ou dos clássicos de Sinatra, mas, depois de uma noite lutando contra a IA, achou que música clássica era uma escolha melhor.

Ele piscou novamente e o topo de sua cápsula sibilou, abrindo. Então se ergueu para sentar, afastando o cobertor espacial para esticar as pernas. O movimento causou pontadas de dor em seu ombro direito, surpreendendo-o. Geralmente, o lança-chamas não tinha muito coice, talvez ele precisasse trabalhar em sua rolagem de combate. Com mais uma piscada, enviou uma ligeira descarga de dopamina pela teia de nervos em seu deltoide, amenizando a dor.

Então desceu da cápsula e cruzou seu bunker em direção à área da cozinha, em uma curva natural da parede de granito esculpido diante dele. O piso de pedra era quente sob seus pés descalços enquanto ele andava — um dos muitos benefícios de ter um bunker no subsolo, o qual era aquecido por ventilação geotermal. Ele sabia que tal lugar — algumas centenas de metros sob o túnel de testes, conectado por um Hyperloop ainda mais secreto, totalmente pronto, a seu ainda mais secreto, totalmente concluído, porto espacial abobadado a quilômetros da costa — era muito "vilão de James Bond" de sua parte; mas grande parte do que as pessoas diziam ou escreviam sobre ele era errada ou inventada. Além disso, havia algo profundamente satisfatório sobre brincar com a propaganda acerca do seu sucesso. Se Elon Musk não tivesse um bunker subterrâneo, dormisse em uma câmara hiperbárica e lutasse com IA com lança-chamas, então quem diabos o faria? Bezos? Buffett? Gates?

Elon sorriu ao pensamento de Bill Gates atirando com um lança-chamas, enquanto chegava na cozinha e foi direto para o liquidificador funcionando a toda em um canto da bancada de fórmica, perto das geladeiras duplas. Quando o liquidificador terminou seu ciclo, Elon tirou o cilindro de sua base, olhando de relance para baixo, para o líquido verde-avermelhado dentro.

Ele ainda não tinha se habituado à maneira como a mistura brilhava, reagia com o oxigênio no ar e nem com o cheiro, que era decididamente alienígena. Fazia sentido, é claro, uma vez que o vegetal arredondado, do qual o líquido vinha, não era da Califórnia ou mesmo do grande Estado do Texas, para onde Elon mudaria em breve algumas de suas operações, aliás, nem da Terra. Ele tinha sido trazido na última e ultrassecreta missão SpaceX. E não uma de suas muitas viagens que envolviam seus foguetes reutilizáveis bem promovidos, os quais mudariam toda a *indústria aeroespacial*. Essa missão em particular tinha envolvido naves espaciais ainda mais sofisticadas, abrigadas em outro bunker subterrâneo próximo, um com a Probability Engine, a qual Elon tinha "pedido emprestado" pouco antes de ser eleito presidente da Galactic Federation. Sem a Probability Engine, seriam precisos pelo menos alguns anos a mais antes que Elon conseguisse responder à velha pergunta: existe vida

CAPÍTULO DEZESSETE

em Marte? Agora ele sabia com certeza: sim. E, apesar da aparência, o gosto era bom pra caramba.

Ele tomou um gole do liquidificador, então usou seu neurolink para ligar a tela plana do computador que dominava grande parte da parede no outro lado das geladeiras. A primeira coisa que apareceu foi o site que ele estava olhando na noite anterior, quando chegou em casa depois da luta com a IA. No minuto em que ele viu aquele pequeno mascote — o trader loiro de óculos escuros — o sorriso de Elon dobrou de tamanho.

Que o homem às vezes mais rico do mundo tinha afinidade com um bando de autodescritos "retardados" e "primatas" teria surpreendido apenas pessoas que não conheciam Elon bem, e não apenas sua personalidade do presente — mas sua história empresarial anterior.

Elon sempre foi um sonhador, apaixonado pela disrupção. Ele inaugurou sua primeira startup com o seu irmão quando tinha apenas 24 anos, uma empresa de software chamada Zip2, a qual ele vendeu por mais de US$300 milhões apenas quatro anos depois. Um ano após isso, ele tinha ajudado a fundar o Paypal, o qual foi comprado pouco depois pelo eBay, por US$1,5 bilhão. No mesmo ano, ele inaugurou a SpaceX e, dois anos depois, estava ajudando a construir a Tesla como CEO e principal arquiteto de produtos. Elon não apenas *operava* coisas; ele as *construía* e era impulsionado, não pelo dinheiro, apesar de ter muito, mas pelo desejo de tornar o mundo — a vida *nele*, *sob ele* ou a 283.727km *acima dele* — melhor.

Usando seu neurolink para filtrar os comentários no subreddit WallStreetBets, certos nomes, palavras e temas surgiram — *Melvin Capital, Short Squeeze, Wall Street vs. Main Street* —, e ele sentiu o fogo subir na boca do estômago.

Elon não apenas se identificava com os "retardados" e os "primatas" em um nível filosófico — porque eles se mobilizavam pela empresa que amavam, tentando sobreviver nesse ano pandêmico insano —, mas também se conectava a eles em um nível pessoal, compartilhando sua animosidade por um inimigo que era bastante mútuo. O inimigo que, certa vez, quase destruiu o próprio Elon — ou pelo menos sua empresa carro-chefe — tão certo quanto uma IA completamente autoconsciente que poderia acabar dizimando o mundo.

A batalha da Tesla com vendedores a descoberto era bem conhecida, pelas próprias reclamações públicas de Elon Musk — principalmente pelo Twitter — e por como isso tinha afetado a lucratividade da empresa. Aqueles shorts — uma amálgama de homens de terno estereotipados de Wall Street, sob a forma de hedge funds de bilhões de dólares e "analistas" — vinham atrás da Tesla e de Elon desde 2012.

Com a Tesla, Elon tentou mudar o mundo ao construir um carro que não queimava combustível fóssil, um que poderia um dia dirigir a si mesmo. Criar algo revolucionário era sempre arriscado e difícil; para muitos vendedores a descoberto, aparentemente, empresas que se arriscavam e tentavam fazer coisas difíceis eram meramente meios para o lucro.

Elon estava bem ciente das justificativas que os vendedores a descoberto usavam para desculpar suas filosofias destrutivas: que eles estavam meramente identificando fraqueza e fraude, dando voz a questões que os clientes tinham direito de saber, protegendo o mercado como um todo. Mas qualquer um que esteve na outra ponta de um frenesi de venda a descoberto entendia a realidade. Shorts não colocavam simplesmente uma aposta de que a ação iria cair — esperavam, famintos, como abutres, para que pudessem beliscar a carcaça. Eles geralmente ajudavam a *empurrar* a ação para baixo, não apenas com suas participações, mas com histórias negativas e agitação pública. Bancos gigantes empregavam exércitos de analistas, que podiam rebaixar uma ação a qualquer hora que quisessem; e, por mais que os bancos declarassem que os analistas não tinham ligação com o lado do investimento dos negócios, era fácil ver — havia muito conluio acontecendo.

CAPÍTULO DEZESSETE

Quando os problemas de produção da Tesla que diziam respeito ao Model 3 se tornaram públicos em 2018, os vendedores tinham se reunido, acertando golpe após golpe. Na batalha pública mais conhecida, Tesla tinha lutado contra os vendedores, que envolveram David Einhorn, o magnata de hedge fund e fundador da Greenlight Capital. Não apenas Einhorn tinha tomado uma grande posição no lado short da Tesla, mas ele tinha tentado acertar Elon Musk pessoalmente, em cartas escritas a seus investidores.

Tinha começado no verão daquele ano, após uma alavancada na ação da Tesla, que fez com que o hedge fund de Einhorn perdesse dinheiro em sua posição short. Elon tinha zombado de Einhorn em um tweet: *Trágico. Mandarei a Einhorn uma caixa de pequenos shorts para confortá-lo nesses tempos difíceis.* Einhorn, então, retaliou em uma de suas cartas trimestrais para os investidores, como reportado pelo canal CNBC e outros:

> Nós nos perguntamos se a disparada de produção de técnicas de tweets de apoio autocongratulatório são jeitos economicamente eficientes de subir a produção ou se os clientes estarão felizes com a qualidade de um carro produzido às pressas para provar algo aos vendedores a descoberto... O traço marcante do trimestre é que Elon Musk parece errático e desesperado.

Mas foi apenas o começo. Em sua próxima carta trimestral, Einhorn foi ainda mais direto, comparando a Tesla ao Lehman Brothers, o banco falido:

> Como o Lehman, nós pensamos que a fraude está prestes a tomar a TSLA... O comportamento errático de Elon Musk sugere que ele vê isso da mesma forma.

Continuando — como declarado pela Bloomberg na época — Einhorn tinha acusado que a Tesla nunca seria capaz de atingir o objetivo de preço baixo que eles tinham escolhido para o Model 3, e que Elon estava tentando causar sua própria demissão:

Desistir não é uma opção porque evita que o Sr. Musk afirme que poderia ter corrigido o problema se tivesse ficado.

Como seus irmãos ideológicos do subreddit WallStreetBets, Elon tinha levado a batalha para o lado pessoal, e não apenas estava com raiva dos vendedores a descoberto, mas aparentemente estava enojado pela prática de Wall Street de apostar na falha dos outros. Em outro tweet, ele tinha chegado ao ponto de renomear a SEC: comissão de enriquecimento de vendedores a descoberto.

Naquele tempo, Elon tinha trabalhado dia e noite para lidar com os problemas de produção da Tesla, vivendo em suas fábricas e supervisionando pessoalmente os consertos necessários para alcançar seu planejamento e seus pontos de preço. Mas não importava o quanto trabalhasse ou o futuro que ele estava tentando construir — os vendedores só ligavam para o lucro. Cartas de investidores foram seguidas por artigos em jornais de negócio, questionando a tecnologia da Tesla, sua linha de produção, qualquer coisa que eles poderiam selecionar. Eram cogitadas previsões de preço com as piores hipóteses para a ação da empresa, sendo tão ridículas quanto US$10,00 a ação — enquanto a ação estava em trade a mais de 10 vezes esse número — com base principalmente no débito da empresa. Eles não apenas subestimaram a tenacidade de Elon e sua tecnologia; eles não entendiam que ele não estava apenas vendendo um produto, mas tentando arquitetar um sonho.

Mas os vendedores não viam lucro em sonhos, eles faziam seu dinheiro de pesadelos. No alto de sua batalha, na opinião da Tesla, os vendedores jogavam sujo; um vídeo viral de uma bateria Tesla pegando fogo levou a múltiplos artigos sobre o perigo de carros elétricos e particularmente o Model S da Tesla. O fato de que os Teslas eram estatisticamente dez vezes menos prováveis de pegar fogo do que carros movidos a gasolina não importava nem fazia manchetes. Adicionando à rixa, uma revista de negócios escreveu uma história na qual um suposto empregado insatisfeito afirmava que tinham baterias defeituosas no Model 3 também. Apesar de

CAPÍTULO DEZESSETE

completamente sem confirmação, a imprensa continuou a deitar e rolar na história.

O fato de que Elon tinha, no fim das contas, contido os vendedores — que a trading da Tesla estava agora acima de US$880,00 a ação, e ninguém mais falava sobre baterias explodindo — enchia Elon de alegria; mas ele nunca esqueceria completamente o trauma causado pelos vendedores que foram atrás dele. Quando ele olhava para o subreddit WSB e via a fúria nos comentários, mirada principalmente na Melvin Capital — que, por coincidência, tinha sido parte da pequena brigada alinhada contra Elon e a Tesla — e Andrew Left da Citron — que ajudou a levar a maldita bandeira do short —, ele ficava cheio de raiva também.

Ele tuitou isso antes, e realmente queria dizer o seguinte: o que os vendedores a descoberto fizeram "deveria ser ilegal". Ganhos deveriam ser feitos quando os sonhadores fossem bem-sucedidos, e era desnecessário e imoral lucrar quando o sonho de alguém não era o suficiente.

Ele não tinha dúvidas de que o que estava presenciando com a GME era um *short squeeze*. No dia anterior, segunda-feira, 25 de janeiro, a ação tinha fechado em US$76,79. Agora, estava perto de abrir em US$88,56. Em breve, a Melvin e o resto dos benditos shorts teriam que correr para cobrir. E, enquanto a turba do WallStreetBets se mantivesse firme, aquelas ações seriam incrivelmente difíceis de achar — e incrivelmente caras.

Elon bebeu outro gole de sua berinjela marciana, abobrinha ou qualquer que seja o inferno do nome que ele decidiria dar, e pensou sobre aqueles vendedores sendo queimados. Ele não tinha certeza de como se envolveria, mas o que ele sabia, de fato, era que as chances de permanecer em silêncio seriam muito próximas de zero.

Muitos dos seus investidores — e detratores — desejavam que ele fosse menos aberto no Twitter. O que eles não entendiam era que o Twitter — e muitas outras redes sociais disponíveis — não era apenas uma tecnologia usada para se comunicar, como um telefone ou mesmo um e-mail. Era uma ponte entre pessoas — não indivíduos, mas todo mundo — e, quando Elon fechava os olhos, mesmo sem o neurolink, ele não estava sozinho em seus pensamentos. Ele podia ver todas aquelas milhões e milhões de telas.

Uma revolução fomentada por todas aquelas telas não se pareceria com as revoluções do passado. Ela se movimentaria muito mais rápido, e se sentiria de forma muito mais crua. As pessoas sentadas em cantos escuros da internet, encarando por meio daquelas telas, estavam com raiva e *conectadas*. Elon Musk era apenas outro nó naquela rede antissocial, irritada, mas cada nó poderia ser multiplicado, de novo e de novo e de novo. Por isso, hoje, talvez pela primeira vez na história da humanidade, um único tiro contra aquela rede realmente poderia ser ouvido ao redor do mundo.

CAPÍTULO DEZOITO

26 de janeiro de 2021

Meio dia depois, tarde de terça-feira. Minutos antes de o mercado fechar.

Preço da GME: US$147,98.

Gabe Plotkin poderia provavelmente pensar em uma dúzia de histórias de desastre em Wall Street que terminavam com um cara em um terno de US$3 mil marchando pelo andar de trading, gritando: "Vende, vende, vende!" Por outro lado, pouquíssimas terminavam com o banqueiro gritando o oposto.

Mas esse era exatamente o sentimento fluindo por meia dúzia de bancos importantes, conforme a tampa saía do bule, um furacão atingia Manhattan e a usina nuclear ficava crítica. A palavra do dia em todas as firmas da cidade que tinham tomado posições short da GameStop — e na Melvin Capital, como tinha sido na semana que antecede o 26º dia, talvez mais que em todos os outros lugares — era *COMPRE*.

"Compre, compre, compre!"

Gabe passou pelos minutos caóticos antes do sino de fechamento como se estivesse em câmera lenta. Era difícil acreditar que tinha chegado a esse ponto, e ele estava se esforçando para parecer externamente calmo e no controle — como Michael Jordan quando um grande jogo estava em risco. Mas, nessas situações, nenhum arremesso de três pontos e nenhuma enterrada incrível e acrobática poderia mudar o resultado, porque, pelo que tudo indicava, alguém tinha levado a cesta embora.

Seu raciocínio tinha sido errado? Um bando de day traders a varejo pouco conectados poderia de fato desalojar a ação de seus fundamentos e criar um *squeeze* do que, essencialmente pela perspectiva short, era como criar algo do nada? Ou algo mais nefasto estava acontecendo? Claramente, no WallStreetBets, havia um esforço coordenado, pelo menos em postagens com um alvo e comentários, para atacar as posições da Melvin — *todas* as posições short, não apenas a GameStop. Mas, ainda assim, aquilo por si só seria o suficiente para fazer a ação ir ao céu?

Gabe sabia que nunca diria em voz alta, talvez ele nem pensasse consigo mesmo, mas aqueles "otários" do WallStreetBets, aqueles perdedores nos sofás com seus seguros da Covid — aqueles "encostados" — eram provavelmente apenas metade da história. Eles engoliram um monte das ações disponíveis da GME, mas, mesmo assim, havia algo mais acontecendo — talvez envolvendo *call options* sofisticadas, talvez um maior lucro possível para a multidão do varejo. Certamente, o que estava acontecendo *parecia* organizado. E ninguém poderia discordar: o preço da GameStop não tinha mais nenhum relacionamento com o valor intrínseco da empresa.

O que quer que estivesse acontecendo, a pressão tinha se tornado tão poderosa que não havia mais escolha. Gabe, e todos os outros jogadores da Wall Street que tinham feito suas contas e escolhido posições short, tinham que cobrir o mais rápido que pudessem. O que significava comprar ações das mãos fracas tanto quanto os vendedores pudessem encontrar.

CAPÍTULO DEZOITO

Sem dúvidas, Gabe tinha superestimado — não tendo nem mesmo identificado — a competição. E ele também tinha negligenciado reconhecer sua *emoção*: aquelas maldade, vingança e raiva eram motivadores viáveis. E, quando amplificadas um milhão de vezes por uma rede social — ou encurraladas e exploradas por forças invisíveis e poderosas —, aquelas motivações poderiam mover montanhas, assim como mercados.

Gabe podia facilmente imaginar como o 22º andar teria ficado se isso tivesse acontecido em um período normal. Seus jovens pupilos estariam em seus telefones e computadores, gritando, xingando, talvez até jogando coisas. Alguns estariam com raiva; a maioria, apavorada. Sobre as perdas que eles estavam adquirindo a cada segundo, e talvez sua própria segurança de trabalho. Você não despedia a família, mas geralmente o primo Billy não perdia US$1 bilhão antes do café da manhã.

Era terrível pensar sobre com o que os empregados e os parceiros de sua Melvin estavam lidando, mesmo em suas casas, trabalhando virtualmente, gritando para as telas em seus quartos de visita, sótãos e salas de jogos modificadas. A Melvin estava para ser entregue a uma das maiores derrotas na história de Wall Street. Apesar de que nunca ficaria inteiramente claro quanto a empresa de Gabe perderia na GameStop, fontes como o *Wall Street Journal* e o canal CNBC reportariam que a Melvin perdeu mais de 53% de seu valor total. A Melvin tinha começado o ano com cerca de US$12,5 bilhões em capital, o que, se os reportes fossem precisos, significava que a firma perdeu mais de *US$6,5 bilhões*. Principalmente na GameStop, mas também em muitas de suas outras posições short que a comunidade WallStreetBets tinha ido atrás: empresas como AMC, BlackBerry e Bed Bath & Beyond.

Era difícil não ver o que estava acontecendo como sendo pessoal. Não tinha lógica nem razão por trás do aumento meteórico na maioria dessas ações — todas elas tinham fundamentos questionáveis —, exceto que estavam sendo utilizadas como armas contra os shorts de Wall Street. A GameStop tinha se tornado a ação com mais trades na história inteira do mercado estadunidense, à frente da Apple, da Microsoft, da Tesla; a avaliação da empresa tinha aumentado de US$350 milhões para US$10 bilhões em um único ano, grande parte aumentando nos últimos 3 dias de mercado, enquanto a empresa continuava a computar perdas. Mesmo Michael Burry, cujo grande interesse tinha ajudado a começar a manifestação, tinha chamado o trading atual de "anormal, maluco e perigoso".

Burry era o perfeito exemplo de que a narrativa não era tão simples quanto tinha sido propagado pela imprensa — de que isso era apenas uma batalha entre vendedores institucionais como a Melvin e a ralé do WallStreetBets. Gabe sabia que traders a varejo, com seu auxílio emergencial, poderiam estar propulsionando a corrente, mas o dinheiro real estava no topo, surfando nessas ondas furiosas. E, nas últimas horas, parecia que todo mundo estava tentando entrar na diversão.

Talvez a maior voz adicionada ao caos do dia tivesse sido a de Chamath Palihapitiya, o antigo fundador e chefe de um hedge fund chamado Social Capital, famoso por encerrar em 2019 depois de um período de introspecção que levou o bilionário a questionar o que era realmente importante para ele. Ele tinha tentado explicar sua decisão, em 2018, quando apareceu em um podcast apresentado por Kara Swisher e Teddy Schleifer, como reportado pela Vox na época:

> Venho explorando por que, após acumular todas essas coisas — mais empresas recebendo investimento, mais hedge funds aumentados, mais notoriedade, mais aparições na televisão, mais isso, mais aquilo, mais tudo —, eu não estou feliz? Na verdade, estou menos feliz. E, de fato, penso que eu realmente tenho sabotado alguns relacionamentos fundamentais da minha vida, em que eu criei relacionamentos hipertransacionais em muitas áreas da minha vida… Para todas as pessoas que trabalharam para mim e aqueles cujo dinheiro eu tomei, de nada, porra. Fizemos o trabalho que nos foi pedido. Mas, as-

CAPÍTULO DEZOITO

sim como Michael Jordan decidiu se aposentar e ir jogar beisebol, eu escolhi me aposentar e ir jogar beisebol. Olhe, eu posso voltar ao basquete, mas isso é minha decisão. Eu não sou seu escravo. Eu quero deixar claro. Minha cor de pele duzentos anos atrás poderia ter confundido vocês, mas eu não sou seu escravo.

Aparentemente, escolher se aposentar e jogar beisebol também deixava tempo para Palihapitiya se juntar à rixa da GameStop, firmemente do lado do bando WSB. Durante o trading do dia, ele tuitou que tinha comprado *call options* da GameStop. Ele foi ao canal CNBC mais tarde, ostentando o estandarte do WSB.

Aparentemente, Palihapitiya descreveria como passou a noite toda lendo o subreddit WallStreetBets, e como ele acreditava que o mundo estava vendo "uma resistência contra o *establishment* de uma maneira muito importante". Ele não criticou a comunidade WSB como amadores — foi o oposto. "Eu encorajaria qualquer um que desdenha dessa coisa a ir no WSB e de fato ler os fóruns." Não só ele acreditava em algumas das postagens baseadas em boa pesquisa sobre os fundamentos, como entendia completamente a paixão trazida pela união da comunidade. "Muitas pessoas saindo de 2008" viram como "Wall Street tinha se arriscado e deixado os varejistas com as mãos abanando; crianças no fundamental e no ensino médio viram seus pais perderem casas e empregos... 'Por que aquelas pessoas caíram fora e ninguém apareceu para ajudar minha família?'".

Palihapitiya não pensava que o caos do mercado era uma aberração momentânea. "Esse fenômeno do varejo veio para ficar." Para ele, era uma reação natural aos jogos que Wall Street esteve jogando por anos, a detrimento do investidor comum.

"Uma pessoa comum veria a GameStop e diria: como você pode ter 136% de juros em shorts? Como pode ter 40% mais de ações em shorts do que realmente existem no mundo? É o jogo que vem sendo jogado há anos... e esse jogo foi desfeito."

Então Palihapitiya atacou Melvin diretamente: "A razão pela qual essa jogada da GameStop causou tanta dor — a Melvin estava no topo da hierarquia. Gabe Plotkin é um dos gigantes da minha era..., mas ao fim do dia... quando a trade se vira contra ele, se vira contra todos eles... investidores fundamentais dinâmicos, com capital organizado e livremente afiliados... como o WSB... podem estar em pé de igualdade." Pela primeira vez, ele estava dizendo que, apesar do poder e da posição da Melvin, o trader a varejo "não tem que ficar de mãos abanando...".

Retratar Palihapitiya como apenas outro guerreiro da cultura "mãos de diamante", em sintonia com a ralé do WallStreetBets, seria um enquadramento ruim; ele fecharia suas *calls* declaradamente na GameStop antes da entrevista com o canal CNBC, e doaria US$500 mil do lucro que fizesse para a Barstool Fund de David Portnoy para o alívio econômico de pequenos negócios. Além disso, ele anunciou recentemente, no Twitter e em outros lugares, que concorreria a governador da Califórnia; apesar de ter se retratado de sua candidatura uma semana depois, era óbvio que sua "aposentadoria do beisebol" significava que ele gostava de holofotes, flashes, câmeras e microfones apontados em sua direção de tempos em tempos.

Mas Gabe entendia que as forças alinhadas contra ele e a Melvin tinham se movido bem além do subreddit WallStreetBets, o qual, mesmo com 2,5 milhões de membros agora, e aumentando, ainda estava firmemente alojado no porão da internet. A GameStop não era uma empresa física se debatendo, era uma ideia, não apenas uma posição financeira, mas uma *questão moral*, na qual Gabe se encontrava, de repente, do lado errado.

Não havia mais nenhuma escolha, não mesmo. Por mais que Gabe quisesse esperar mais um dia, para ver se o pensamento racional poderia de alguma forma voltar ao mercado e acalmar a tempestade, ele sabia que os riscos estavam se acumulando a cada minuto. A ação estava subindo cada vez mais — e, como Palihapitiya tinha previsto, as coisas não voltariam ao normal em nenhum momento no futuro — se *voltassem*.

De fato, as coisas estavam prestes a ficar muito, muito piores.

* * *

De acordo com o que Gabe contaria a Andrew Ross Sorkin da *Squawk Box* do canal CNBC, relatado por Sorkin um dia depois, na hora — oito minutos após o fechamento do mercado — em que o tweet bizarro, sucinto e incendiador de mercado de Elon Musk brilhou em celulares e telas de notebook ao redor do mundo, Gabe já tinha descarregado sua vasta posição short, com uma perda enorme. O tweet de Musk — no qual se lia simplesmente "GameStonk!!" — seguido de um link para o subreddit WSB, enviado para seus 42 milhões de seguidores, tinha acertado o mercado com a força de um mosquete; a ação tinha imediatamente disparado 60%, e agora não dava sinais de abrandar. Não tinha como dizer quão alto poderia ir — mas os US$1.000 que se espalharam pelo subreddit WSB não pareciam mais ser um sonho impossível.

Em sua mesa, o telefone de Gabe parecia um peso de aço contra sua orelha. A conversa que ele teve — remontando os últimos dias daquela semana — deve ter sido uma das mais difíceis de sua carreira. Não importa a fachada que ele pôs em público ou por meio do porta-voz — não havia dúvidas nas mentes dos colegas de Gabe e dos concorrentes no setor de que tinha sido um momento existencial: a Melvin Capital estava no limite — e, além daquele limite, Gabe estaria lidando com um desastre.

Contudo, mesmo à beira de tal loucura, Gabe seguia em frente. E de fato, dois dias antes, em 25 de janeiro, ele fez um acordo que poderia apenas ser visto como visionário, melhorando a contabilidade da Melvin mesmo enfrentando tanto tumulto.

Em contos de fadas e filmes, pessoas sempre falavam sobre pactos com o diabo como se fosse uma coisa ruim; mas, em Wall Street, pactos com os diabos eram um lugar-comum tanto como ternos

Canali e gravatas Ferragamo. Não havia muitos anjos, e eram frequentemente os diabos que sabiam como fazer as coisas acontecerem.

Assim como Gabe não tinha tido nenhuma escolha a não ser largar a posição short, apesar de seus protestos para fazer o oposto, havia o sentimento geral de que ele também não tinha nenhuma escolha sobre o que estava a ponto de acontecer em seguida. Ele já tinha perdido muito dinheiro; outros hedge funds e a mídia estavam sussurrando sobre falência — a qual Gabe sustentou que era uma besteira ridícula —, mas a firma certamente teve uma hemorragia e Gabe sabia, melhor do que a maioria, que

a única cura para o sangramento

era mais sangue.

CAPÍTULO DEZENOVE

K en Griffing, CEO, CIO e fundador da potência de Wall Street, Citadel, com US$38 bilhões sob gestão e pela qual, via subsidiária Citadel Securities, 40% de todos os trades de ação a varejo feitos nos mercados dos Estados Unidos fluíam, certamente não estava sentado em um trono branco gigantesco, de marfim, feito de caveiras e restos mortais polidos e esqueléticos de todos os inimigos que ele tinha derrotado rumo ao topo da indústria financeira, quando pressionou o botão de conectar na tela de seu celular, então se recostou para contemplar melhor o negócio que tinha feito na segunda-feira anterior e o que poderia fazer em seguida, mas definitivamente, absolutamente, sob qualquer circunstância *não faria.*

Tal trono, se existisse, *o qual quase certamente não existia*, teria sido apenas o tipo de coisa para criar o clima de tal contemplação, mesmo considerando os grandes custos que uma pessoa teria que ter para mover a maldita coisa dos escritórios principais da Citadel em Chicago para sua sede temporária de pandemia em Palm Beach, Flórida.

Se Ken tivesse passado a maior parte de sua manhã se contorcendo contra as costelas protuberantes do dito trono, poderia ter notado também o quão úmida estava a sala do trono; Palm

Beach era mais arejada e mais amena que Miami, apesar de ainda ser Flórida. Mas Ken, e a Citadel, não tiveram muita escolha. A pandemia tinha chegado rapidamente e a empresa precisou de um lugar pronto, disponível e adequado para, discutivelmente, a empresa mais poderosa da América. Sobrancelhas podem ter sido levantadas quando a empresa tomou conta do hotel Four Season inteiro, aproximadamente todos os quartos, salão de baile e closet, criando uma das maiores e mais seguras bolhas no mundo inteiro, contando não apenas os empregados da Citadel e suas famílias que os acompanhavam, mas todo o staff do hotel, desde a cozinha até a segurança, todos de quarentena juntos, na maior parte do ano. Mas a manobra tinha permitido à Citadel continuar atendendo seus clientes sem mais complicações durante toda a pandemia; e continuidade era importante quando se estava no centro do maior sistema financeiro do mundo.

Em 2008, frequentemente se dizia que alguns bancos de investimento eram grandes demais para falir, porque eles serviam à economia norte-americana a tal ponto que, se quebrassem, isso ameaçaria trazer o sistema abaixo. Com a Citadel, algumas vezes parecia que o oposto era verdade; *a economia norte-americana existia para servir à Citadel.*

O caminho de Ken para a dominação mundial começou em Boca Raton, Flórida, não muito longe de onde sua empresa estava atualmente trabalhando durante a pandemia. No ensino médio do início dos anos 1980, ele dominou a programação de computadores, inaugurando sua primeira empresa no segundo ano, vendendo softwares educacionais por mala direta. Matriculado em Harvard em 1986, ele mudou para trading de ações, iniciando seu primeiro hedge fund com os US$265 mil que arrecadou de amigos e da família em 1987, na idade avançada de 19 anos. A criança mais inteligente dentre as inteligentes, ele teve seu primeiro atrito com a autoridade quando a universidade lembrou a ele da regra que vetava estudantes de administrar negócios fora de seus quartos de dormitório. Talvez ter chamado a atenção da universidade tivesse algo a ver com o

CAPÍTULO DEZENOVE

enorme disco de satélite que ele tinha anexado ao telhado de Cabot House, para que pudesse receber melhor as cotações de ação. Mas Ken evitou ser parado por detalhes técnicos, uma vez que sua empresa tinha sido incorporada na Flórida e ele rapidamente ganhou rios de dinheiro na queda de mercado no final de 1987 ao fazer short em empresas como Home Shopping Network, também lucrando com as ineficiências no mercado de títulos. Seu destemor e suas habilidades chamaram a atenção de um conhecido investidor de Chicago, Frank Meyer, da Glenwood Capital, e, quando Ken se formou na faculdade em 3 anos, Meyer ofereceu a ele um saldo de US$1 milhão e um escritório na Cidade dos Ventos.

Um lucro de 70% no primeiro ano de Ken fora da faculdade deu a ele a confiança de seguir sozinho. Ele surgiu com a ideia do nome "Citadel" porque acreditava que "significava" força em tempos de "volatilidade". Provavelmente mais uma coincidência de que também era o tipo de nome que poderia causar "terror" no coração de "milhões".

Desde o começo, a Citadel foi construída em torno dos pontos fortes de Ken: matemática, programação de computadores, crença na tecnologia e, alguns poderiam complementar, um temperamento supostamente perverso. Nas duas décadas seguintes, seu hedge fund cresceu para bem mais que US$10 bilhões sob gestão, acabando em um arranha-céu no centro da cidade de Chicago, com um andar de trading com frequência descrito como tão seguro quanto o Fort Knox, protegido por inúmeros testes de segurança, e se unindo a subordinados que não tinham asas e garras, mas provavelmente tremiam e se acovardavam à vista de seu líder, com ou sem o trono carregado de crânios. A suposta — *SUPOSTA* — reputação da Citadel como empresa financeira escravizante com portas giratórias, onde traders eram bem compensados, mas trabalhavam com o medo constante de serem abatidos, se espalhou por todo o setor, levando a uma das ocasiões mais famosas de lavagem de roupa suja de Wall Street. Como reportado pela revista *Fortune* em 2007, Dan Loeb da Third Point Partners, um brilhante líder de hedge fund, por direito, com uma tendência a cartas venenosas, supostamente escreveu, em um e-mail enviado para o próprio Ken:

> Eu acho a desconexão entre sua empresa, autoproclamada "boa a ótima, no estilo Jim Collins", e a realidade do gulag que você criou bem risível. Você está cercado de aduladores, mas mesmo você deve saber que as pessoas que trabalham aí o desprezam e sentem ressentimento. Eu presumo que você saiba disso porque eu li o acordo de trabalho que você faz as pessoas assinarem.

Mesmo assim, a Citadel prosperou até o épico fiasco financeiro de 2008, quando, talvez pela primeira vez, Ken foi lembrado de que, por mais poderoso que estivesse se tornando, a caminho de recolher os anéis da Terra Média e quase pronto para forjar O Anel, ele não era — ainda — invencível.

Como a maior parte dos hedge funds de Wall Street e bancos de investimento, a Citadel foi acertada em cheio pela quebra financeira de 2008; em algum ponto, o hedge fund de Ken desceu mais de 50%, perdendo US$8 bilhões em avaliação — e fez Ken dar seu único passo para "confinar" seu hedge fund, evitando que os investidores retirassem seu dinheiro enquanto ele liderava o caminho para fora da tempestade. Em uma entrevista com Julie Siegal em 2017, feita em um jogo de Uno, de todas as coisas, Ken explicou o que tinha dado errado e o quão perto tinha chegado de perder tudo. Quando o banco de investimentos Lehman foi abaixo, os mercados financeiros tinham imediatamente parado todos os empréstimos, e na época a Citadel fora altamente alavancada — quase 8-1, de acordo com alguns reportes — e sobreviveu graças a sua habilidade de pedir emprestado. Quando a torneira fechou, a Citadel estava seca. Como Ken disse na entrevista, seu "maior erro era não apreciar o quão frágil o sistema bancário dos Estados Unidos tinha se tornado". Enquanto sua empresa se atrapalhava, o canal CNBC estacionou vans do lado de fora de seu escritório em Chicago, esperando ser o primeiro a documentar a inevitável falência da Citadel. Para Ken, aqueles foram "os

CAPÍTULO DEZENOVE

piores dias da minha carreira. O pior foi quando puseram Morgan Stanley contra a parede. Você vai para casa em uma sexta-feira e se o negócio não abrir na segunda-feira, provavelmente acabou".

Mas, por milagre, Ken e a Citadel sobreviveram. O que Ken não tinha previsto foram os planos de resgate financeiro, que socorreram muitos do setor, antes que ele pudesse colapsar completamente. E, apesar da experiência penosa ter sido "incrivelmente humilhante", Ken tinha aprendido uma lição valiosa: "Não aja como um banco, a menos que seja um banco." Além disso, ele percebeu — precisava pensar mais alto. A fragilidade da economia dos Estados Unidos quase o tinha destruído. Não era o suficiente que as paredes da Citadel fossem fortes e impenetráveis como o nome implicava; a economia, por si só, precisava ser tão sólida quanto.

Na próxima década, ele se empenhou para colocar a Citadel no centro dos mercados de ação, usando a superioridade da empresa em matemática e tecnologia para unir o trading ao fluxo de informação. A Citadel Securities, a divisão de trading e criação de mercado de sua empresa, fundada em 2003, cresceu exponencialmente enquanto tirava vantagem de suas habilidades "algorítmicas" para ler "à frente do mercado". Como ele podia prever onde os trades estavam indo mais rápido e melhor que qualquer um, conseguia superar os bancos maiores pelo volume de trading, oferecendo melhores taxas e ainda capturando um lucro imenso nas aberturas entre compras e vendas. Em 2005, a SEC tinha passado regulamentos que forçavam corretoras a procurar intermediários como a Citadel, que podia prover as maiores economias para seus clientes; em parte por causa desse movimento da SEC, a equipe de Ken conseguiu crescer para ser a mais efetiva e, portanto, dominante intermediária para trading — sobretudo para traders a varejo, que estavam proliferando em sintonia com as numerosas corretoras online, brotando na década após 2008.

A Citadel Securities alcançou a escala antes mesmo de bancos maiores sequer saberem o que os atingiu; e, uma vez que a Citadel estava balanceada, ficou impossível para qualquer um competir. A eficiência da Citadel, e sua habilidade em fazer bilhões por minuto se espalhou entre compras (bids) e vendas (asks) — multiplicadas por milhões e milhões de trades — tornando possível empresas como a Robinhood, com zero taxa. A Citadel podia lucrar ao ser o formador de mercado mais eficiente e barato em Street. A Robinhood podia lucrar ao oferecer zero taxa aos seus usuários. E os traders a varejo, em seus sofás, quitinetes e quartos de dormitórios, lucravam porque podiam agora fazer trade em ações com as mesmas ferramentas que seus equivalentes de Wall Street.

"Vencer, vencer, vencer."

Apesar da umidade de Palm Beach, acumulando os crânios incorporados ao trono de Ken — se tal trono sequer existisse, *pois definitivamente não existia* —, a pandemia apenas aumentou a ascensão meteórica da Citadel para riqueza e poder, pois a quarentena e o fechamento de escritórios, bares, restaurantes e tudo o mais tinham levado a um aumento de quase US$7 bilhões na receita de trading dela. Sem dúvidas, a empresa estava voando mais alto do que nunca, com lucros crescendo mais de 67%. Com um patrimônio líquido de mais de US$16 bilhões, o próprio Ken entrou para a lista dos mais ricos da *Forbes*, no número 28.

Mas só porque Ken tinha o mundo — e, alguém podia argumentar, a economia norte-americana — a seus pés, não significava que o pavimento era sempre macio. A ligação que ele tinha acabado de encerrar era uma evidência de que ainda havia coisas que poderiam acontecer que mesmo ele — com todos os algoritmos e subordinados e anéis todo-poderosos criados por elfos — não poderia prever.

Teria sido difícil para Ken não ter simpatizado com Gabe Plotkin e o que ele passou nos últimos dias. Apesar de Gabe ter trabalhado para Ken apenas brevemente, quando era um trader-estrela ainda em seus 20 anos, antes dele ter aterrissado na loja de Steve Cohen, Ken sabia que ele era um dos melhores no negócio, e que o que estava acontecendo com a Melvin podia ter acontecido a qualquer um em Street. A Citadel também tinha presumidamente, supõe-se, per-

CAPÍTULO DEZENOVE

dido dinheiro no fracasso da GameStop — a qual estava, sem mais dúvidas, no início de um *short squeeze* — através de seus próprios investimentos. Apesar de Ken, mais uma vez, supostamente não testar nem próximo da exposição de seu companheiro titã, algumas vezes rival, e o antigo chefe de Gabe, Steve Cohen da Point72, ele teria perdido o suficiente. E, se não fosse um ano pandêmico maravilhoso, poderia estar um pouco furioso, talvez até ter jogado alguns subordinados em fogueiras ou fervido a pele de alguns concorrentes e adicionado o fêmur deles aos apoios de braço de seu trono.

Mas naquele momento de perda, também havia uma oportunidade — mesmo os massacres de Wall Street podiam ter um lado positivo. Ainda que Gabe não tivesse admitido no canal CNBC, a Melvin Capital estava ferida e em perigo, similar ao que a Citadel passou depois da queda do Lehman. O que significava que havia espaço para um amigo generoso — ou alguns amigos — intervir.

Claro, havia maneiras mais indiretas para que alguém tão poderoso como Ken, administrando uma empresa tão poderosa como a Citadel, que por acaso estava no centro das próprias trades a varejo — e era efetivamente o suporte principal, apesar da simbiose de pagamento por *order flow* da corretora online — que levaram ao *short squeeze* da GameStop, pudesse colocar um dedo na balança. Mas aquilo era algo que Ken e a Citadel nunca, sob qualquer circunstância, JAMAIS, não importa o que as pessoas pensassem, não importa o que dissessem, não importa quantos congressistas, homens ou mulheres, ou especialistas da internet ou usuários do Reddit ou jornalistas de fake news, ou quantos fãs apoio de braço de Wall Street sugerissem a ideia — nunca, nunca, nunca, nunca, NUNCA e, de novo, NUNCA, sequer contemplaram, que dirá fizeram.

Os cassinos de Las Vegas não trapaceavam com a frequência que as pessoas pensavam, pela simples razão de que não *precisavam* fazer isso. A matemática estava do lado deles. O mesmo poderia ser dito de empresas como a Citadel e, em menor escala, sobre Wall Street como um todo. O jogo estava pendendo a favor deles, e não havia necessidade de quebrar as regras porque as regras tinham sido feitas para eles.

Claro, a Melvin Capital de Gabe Plotkin agora estava com as costas na parede, semelhante ao Morgan Stanley em 2008. Mas aquilo não fazia Gabe ser menos um menino prodígio — um vencedor — e não tinha nada que Ken gostasse mais do que entrar em negócios com vencedores. Ele não podia — e não devia — fazer nada antiético, jamais, para pesar a balança a favor de Wall Street, mas ele certamente podia fazer um cheque para a Melvin Capital.

Afinal, Ken era muito bom em fazer cheques. Por exemplo, em janeiro de 2019, ele gastou US$238 milhões em um apartamento na cidade de Nova York, quebrando o recorde de casa mais cara já comprada nos Estados Unidos. Ele também comprou uma mansão de US$122 milhões em Londres, uma casa de US$100 milhões em Hamptons e uma propriedade de US$130 milhões próxima a Mar-a-Lago, perto de onde estava agora em Palm Beach. Ele fazia cheques para caridade tão grandes quanto os que gastava em casas: ao total, ele doou quase US$700 milhões para caridades na área de artes e educação, incluindo US$125 milhões em doação para a Universidade de Chicago. Também gastava regiamente em arte, incluindo US$100 milhões em um Basquiat, US$300 milhões em um Willem de Kooning, US$60 milhões por um Cézanne e US$80 milhões por um Jasper Johns. Como saber quanto ele tinha gastado em seu segundo casamento, realizado durante dois dias em Versailles, incluindo uma recepção na vila privada de Maria Antonieta? Ken também gostava de fazer cheques para políticos, de esquerda e de direita, apesar de com muito mais frequência para a direita. E ele também, supostamente, gastou uma pequena fortuna para manter fotos de si mesmo fora da imprensa e da internet, parte da razão de ser tão difícil saber, com certeza, se havia alguma chance de ele estar verdadeiramente sentado em um trono feito de crânios, enquanto ele pensava sobre o cheque que estava fazendo para a Melvin Capital de Gabe Plotkin.

CAPÍTULO DEZENOVE

Ken não estava só no acordo; Steve Cohen, cuja reputação aterrorizante rivalizava com a de Ken, tinha tomado uma pequena parcela do que poderia terminar sendo uma injeção de US$2,75 bilhões na Melvin Capital, em troca de uma "aposta secreta" na empresa para seguir em frente. De acordo com os reportes, Ken e Steve não eram amigos; a rivalidade deles tinha chegado até mesmo na imprensa, quando, depois de cerca de cinco gerentes de portfólio de Cohen terem pulado do barco para trabalhar na Citadel, Cohen reagiu mal, recusando-se a apertar a mão de um dos gerentes que saíram.

Mas, rivalidade à parte, para Ken aparentemente parecia um acordo muito bom. Talvez, seu pensamento foi que Gabe era uma estrela — e ele iria sem dúvidas se recuperar do que podia ser visto como um evento "cisne negro" e voltar ao seu hábito de fazer toneladas de lucro em shorts e longs muito seguros. Com os bilhões extras em seus cofres, a Melvin deveria ser capaz de se recuperar. E Ken teria termos extremamente favoráveis em seu investimento.

Sem dúvidas, tal "mãozinha" — apesar de que Plotkin veementemente se opunha a tal termo — teria efeitos na crescente narrativa no Reddit, no Twitter e na mídia convencional de que algo sujo estava em progresso, que o nepotismo e o favoritismo de Wall Street encontrariam um jeito de parar a revolta do WallStreetBets. Mas Ken Griffin não tinha medo do Reddit ou do Twitter. Mesmo que essa história estivesse começando a ser lida como um tipo de versão millennial da Revolução Francesa, atacar a Bastilha era uma coisa; atacar Wall Street era outra bem diferente. Ken sabia tudo sobre Maria Antonieta — ele tinha se casado em sua vila, afinal. Embora o estilo de vida dela fosse extravagante, ela nunca teve US$30 bilhões sob sua gestão.

Homens poderosos como Ken não quebravam regras para conseguir o que queriam, porque, assim como os cassinos de Vegas, eles não *precisavam* quebrá-las. Como 2008 ensinou a ele, as regras não estavam lá para proteger as pessoas; elas estavam lá para proteger o sistema. O público do Reddit tomou aquilo como se o único jeito de vencer fosse tentar derrubar o sistema. O que eles não percebiam era que tinha um caminho mais simples para a vitória.

Você não derrubava o sistema — *você se tornava o sistema*.

E uma vez que você *fosse* o sistema, as regras estavam ali para proteger *você*.

CAPÍTULO VINTE

27 de janeiro de 2021

Dez da manhã.

Trinta minutos antes do mercado abrir.

Preço da GameStop: inacreditáveis US$354,83.

"Precisou de 2 mil anos de progresso científico e um miniapocalipse", pensou Sara consigo mesma enquanto distraidamente passava os dedos na tela de seu notebook. "Mas talvez os experts tenham entendido errado. Talvez a Terra realmente seja plana."

Suas unhas dançavam sobre os quadradinhos na tela enquanto ela os reorganizava aleatoriamente. Dentro de cada quadrado estava uma mulher, capturada em um pequeno momento colorido de sua vida. Sara estava vendo cozinhas, salas de estar e decks externos, e, no caso, o banco da frente de um carro, algo mediano e feio, provavelmente norte-americano.

As mulheres estavam todas sorrindo e ansiosas; não apenas porque estavam se conhecendo pela primeira vez desse jeito anormal e desumano, mas porque todas também estavam compartilhando um momento que não deveria ser assim. Um momento *tridimensional*, o qual não era para ser capturado por uma tecnologia tão completa e dolorosamente insuficiente em uma dimensão.

— Então vamos falar sobre amamentar — a moderadora soou do quadrado do centro, o qual era particularmente colorido porque ela escolheu um plano de fundo ao invés da vista de sua casa, um tipo de sacada com vista para uma cidade europeia em níveis que Sara não poderia nomear mesmo se estivesse prestando muita atenção. — Como com a maioria de outras coisas, não há respostas erradas.

Sara estava certa de que tinha bastante respostas erradas. Uma dúzia de mulheres grávidas em uma sala de estar, compartilhando medos, esperanças e surpresas entre sanduichinhos e Perrier, era autolimitante; as mesmas mulheres em um chat do Zoom — uma vez que a ansiedade se dispersou e sem o filtro do contato humano de verdade — poderiam levar a conversa a praticamente qualquer lugar.

Ainda assim, Sara sabia que estava sendo injusta. Alguns dias atrás, ela estava esperando ansiosamente pela reunião. Antes de hoje, ela tinha conhecido as mulheres apenas pelos nomes online em um fórum de gravidez do Reddit para mães de primeira viagem, e tinha ficado animada de colocar rostos nos nomes.

Ela não tinha esperado, na época em que se inscreveu, que algo muito mais imediato estaria competindo por sua atenção. Ela supôs que deveria ter cancelado — mas sabia que, quando seu marido chegasse em casa do trabalho, ele perguntaria sobre a festa do Zoom e era muito cedo em seu casamento mesmo para pequenas mentirinhas.

Mas ela não estava pronta para contar a ele a verdade, tampouco.

Ela mudou seu olhar da tela do notebook para o telefone, que estava em cima da bancada da cozinha, a alguns centímetros de seu banco. A bancada era de mármore falso e impecável, uma daquelas ideias brilhantes da imobiliária que era um meio caminho entre uma "ilha" e um "bar" bem menos chique. A cozinha em volta não era

CAPÍTULO VINTE

particularmente grande nem muito moderna, mas tinha bastante luz entrando pelas janelas enormes sobre a pia, e Sara sempre mantinha tudo exemplarmente limpo. Claro, podia ser irritante chegar em casa após um dia varrendo o salão e pegar novamente a vassoura, mas seu marido trabalhava até bem mais tarde do que ela, e Sara gostava de ordem.

O que tornava ainda mais surpreendente ela estar tão compelida, no momento, pelo caos em seu telefone.

O subreddit WallStreetBets explodira nas últimas quinze horas, desde que Elon Musk tinha disparado seu tweet — Gamestonk!! — e o preço da GME disparou. Apesar de Sara não ter nenhuma ação, ela mal dormia; assim que seu esposo caía no sono, ela começava a checar o subreddit, e ficava lendo intermitentemente toda a noite e pela manhã.

Não foi nenhum choque o tweet de Musk ter causado um frenesi no subreddit. Não apenas ele linkou o tweet ao WallStreetBets para seus 42 milhões de seguidores, ele era endeusado por seu sucesso, suas atitudes anti-institucionais e seu estilo de comunicação desordeiro. Muitos acreditavam que ele era verdadeiramente um deles, um "autista", um "primata", um "retardado". E certamente ele sabia o que era batalhar pelos shorts de Wall Street e ganhar.

Desde o momento em que ele tuitou, a GME não diminuiu. Quando Sara viu a ação abrir acima de US$350,00, apenas momentos antes de sua reunião do Zoom começar, imediatamente se voltou para o subreddit WSB a fim de seguir a ação. O canal CNBC e o resto das redes financeiras eram para pessoas que trabalhavam em mesas e usavam gravatas ou roupas sociais; pessoas como Sara conseguiam suas notícias com outras pessoas como Sara, em redes sociais.

As postagens estavam chegando tão rápido que era difícil acompanhar. E o sentimento por trás delas era bem claro, não mais relegado às entrelinhas. A revolução estava a todo vapor.

De um usuário que chamava a si mesmo de HoosierProud:

Eu subi cinco casas. Mesmo se der errado e eu fizer só US$100,00, descansarei feliz sabendo que ajudei a derrubar esses merdas. Não se engane, eles merecem tudo o que está acontecendo. Eles todos fizeram bullying com uma empresa com dificuldade durante a pandemia para empurrar para baixo o preço da ação e tentar falir a GameStop enquanto fazem bilhões. Vão se ferrar. Vão se ferrar muito.

E outro, chamando HerculesxMulligan:

Esses *hedge funds* apenas não entendem. E com todo vídeo e tweet que eles escrevem protestando contra as redes sociais e o Reddit, eles estão cavando o buraco mais fundo. Eles irão mudar fundamentalmente o jeito como os trades de ações são feitos para sempre. Se pensam que suas perdas irão parar na GME, estão completamente enganados.

E Flyingrubberduck:

A GME alcançará US$1.000,00 quando as *short options* de sexta-feira expirarem! Eles devem sangrar até secar os hedge funds de short e redistribuir a riqueza para nós normies! Nós provamos ao mundo que estavam errados ao elevar a TSLA para US$2.700,00! Com Elon Musk e BlackRock nós atingiremos o 1%!!!!!

E outro de Xeronlaw, acertando o alvo em cheio:

Oh eu tenho plena consciência de que posso terminar de mãos abanando. Mas vale a pena ficar de mãos abanando para maltratar aqueles merdas de Wall Street, que jogaram com o sistema por tanto tempo às nossas custas.

Não havia dúvidas, agora, de que o movimento tinha ido muito além de DFV e suas postagens YOLO. Sara não sabia os números exatos, mas leu que o subreddit WSB teve milhões de novos membros adicionados apenas nas últimas doze horas; dentro de um mês, a comunidade teria a força de mais de 9 *milhões*. Soma-

CAPÍTULO VINTE

do a isso, um segmento bem-sucedido do subreddit também era povoado pela rede social Discord, promovendo a GME, focando a Melvin e outros shorts de Wall Street, dando voz a dezenas de teorias, conspiração e outras coisas, do que poderia acontecer enquanto a semana avançava.

A coisa maluca era que, até agora, tudo que os "primatas retardados" disseram que ia acontecer realmente *aconteceu*. Pelo lado positivo, o *short squeeze* estava claramente em vigor, e a Melvin, a Citron e sua laia tinham se dividido, ou estavam se dividindo, em busca de cobertura. Pelo lado negativo, havia um claro senso de que a mídia conservadora estava circulando a história contra a comunidade Reddit, perguntando repetidamente se o que eles estavam fazendo era legal, se era algum tipo de conluio ou mesmo um pegar e largar. Muitos do subreddit continuavam alertando que um movimento pelo governo estava prestes a acontecer — pensando que, mais cedo ou mais tarde, alguém poderoso iria intervir e tentar passar uma legislação sobre o trading de varejo. O sentimento — evidente, não sutil — era que Wall Street não podia deixar isso continuar, e o governo era, de alguma forma, apenas uma extensão de Wall Street.

Sara não sabia se alguma dessas coisas era real. Mas os hedge funds estavam claramente fazendo barulho. E a comunidade Reddit parecia mais determinada do que nunca.

Quase sem intenção, ela estava mudando do subreddit WSB para seu aplicativo Robinhood. Um momento depois, estava olhando para a GameStop — o preço inacreditável, e sob ele uma maravilhosa seta verde apontando para cima, sob ela, um gráfico que estava ainda mais verde, como uma cordilheira coberta de florestas. O volume diário de trading já estava imenso também, aumentando a cada minuto. À direita do volume — ela se encontrou olhando de relance para o botão Trade. Tudo que ela precisava fazer era pressioná-lo e seria parte da ação.

Ela sabia que já tinha perdido muito, esperando tanto tempo. Mas o que realmente tinha a perder entrado tarde? Se os "retardados" e os "primatas" continuassem certos, e segurassem suas mãos de diamante, a ação poderia ir muito, muito mais alto. E mesmo se Wall Street, de fato, encontrasse um jeito de atirar de volta, se o governo se envolvesse, mesmo se Sara perdesse — pelo menos ela poderia dizer que fez parte de algo grandioso, dos caras pequenos destratando a elite. *Destratando os gatos gordos que estavam fazendo fortunas em uma pandemia global, enquanto pessoas morriam e muitas outras perdiam seus empregos.*

Ela realmente queria mesmo se envolver. E isso seria a *sua* coisa, só dela. Ela poderia continuar a manter em segredo, até que talvez um dia, quando seu filho ou filha crescesse, pudesse contar sobre isso. Eles poderiam rir juntos sobre os memes ridículos, e talvez Sara conseguisse mostrar a seu filho como uma vez, apenas uma vez, os caras pequenos se uniram e venceram.

Ela não tinha muito dinheiro em sua conta Robinhood; com o preço onde estava, se movendo rápido, ela poderia custear apenas algumas ações. Mas, ainda assim, seria algo.

O carrossel de retângulos grávidos completamente esquecido agora, ela tocou aquele botão Trade com o dedo. Uma fração de segundos depois, sua tela estava requisitando a quantidade de dólares. Ela estava respirando pesado enquanto preenchia os números, um após o outro.

Dez ações, a um preço-alvo de US$354,00.

Um total de US$3.540,00.

Depois que revisou a quantidade e mandou o pedido, começou a tremer — ou talvez tenha sido seu telefone. Os confetes eram um bom toque adicional — mas Sara já estava sentindo fogos de artifício subindo e descendo em suas costas.

Ela estava finalmente no jogo.

CAPÍTULO VINTE E UM

Não responda a este e-mail. Só leia.

NÃO VENDA NADA. Se você tocar em QUALQUER COISA na minha conta eu provavelmente terei um aneurisma e morrerei. Mesmo se eu subir para US$10 milhões, NÃO TOQUE EM NADA NA MINHA CONTA. Mesmo se eu descer para US$50 mil, NÃO TOQUE NA MINHA CONTA. É MINHA PARA GANHAR E PERDER. Só queria dizer isso porque as coisas estão ficando malucas e você fez coisas precipitadas quando as coisas ficaram malucas. Você me deve dez vezes quaisquer ganhos que eu perder se tocar minha conta. Estas palavras são extremas, mas necessárias, devido a seus hábitos passados de vender por impulso sem pesquisa, e minha preocupação é que fará isso com a puta grana que eu vou conseguir.

Por favor, não responda a este e-mail... EU NÃO VOU VENDER ESTA PORRA. Se você responder, eu ficarei mais distraído e não quero isso de forma alguma.

Amo muito você. Também amo dinheiro. Mas te amo mais. Eu só fico agressivo com isso porque as coisas estão difíceis o suficiente para lidar emocionalmente e eu preciso do apoio total para que ninguém entre no meu caminho. Eu não estou impressionado com os lucros no papel diminuindo para cem mil em um dia. Mas ficarei estressado e irritado se pessoas me importunarem com isso ou tentarem vender por mim.

Por favor, não responda a este e-mail

Com amor,

Jeremy

O corpo todo de Jeremy tremia enquanto ele se agachava no topo de uma escadaria estreita que levava ao quarto andar do seu prédio, segurando o notebook com ambas as mãos enquanto lia, relia, e relia novamente o e-mail que ele tinha acabado de mandar, estampado na tela. Ele se arrependeu da carta assim que pressionou o botão Enviar, e culpava parcialmente sua falta de sono pela dureza nas palavras e as demandas agressivas que ele fez, uma vez que se revirou na cama por duas noites seguidas, checando intermitentemente o WallStreetBets, o Discord e a sua conta de trading atrás de notícias e movimentos das horas de fechamento. No fundo, entretanto, ele sabia que tinha mais acontecendo do que a exaustão ou mesmo o sentimento de pânico que ele estava sentindo, a respeito da possibilidade muito real de que seu pai podia realmente controlar sua conta e vender a GME.

Jeremy tinha lutado contra problemas de ansiedade muitas vezes em sua vida, e mais de uma vez tinha sido uma luta perdida. No começo do segundo ano, ele teve que passar um tempo fora da escola para encontrar seu eixo, e ele ainda podia se lembrar claramente de quão ruins as coisas poderiam ficar: taquicardia, insônia, dores de cabeça, confusão mental. Ele estava tremendo agora, mas, na época, os tremores podiam ficar tão intensos que rolar pelo subreddit WSB teria sido impossível. Dois anos atrás, tinham sido a pressão da faculdade e a ansiedade social que o derrubaram; eram preocupações normais que a maioria dos universitários experimentavam, mas por

CAPÍTULO VINTE E UM

causa de uma peculiaridade de personalidade, química cerebral ou por conta de algum trauma de infância — e, ele supôs, o câncer de seu pai surgia como um potencial fator de contribuição —, para ele, as coisas podiam piorar. Algumas vezes, seu próprio estado emocional o fazia sentir como se estivesse jogando um daqueles jogos de simulação de voo que eram um sucesso quando criança; uma vez que o avião começava a girar, era difícil pra cacete ajustar as asas antes que ele acertasse o chão.

Isso era diferente — porque a ansiedade não era resultado de uma dificuldade, de problemas sociais, de trauma pessoal ou de coisas dando errado. Seu corpo inteiro se sentia ligado porque as coisas estavam dando muito *certo*.

A última vez que ele checou a GME, por volta de meio-dia, o preço estava flutuando em cerca de US$380,00 a ação. O que significa que, naquele momento, a GameStop em sua conta valia mais de US$130 mil.

Era uma fortuna incrível para alguém da sua idade. Ele transformou o dinheiro de livros didáticos da escola em um pé de meia capaz de mudar sua vida, e deveria estar dançando ao redor da piscina lá fora, com o eletropop japonês no volume máximo. E, de fato, ele estava prestes a comemorar, sua Kanako Itō preparada e pronta para detonar — quando recebeu uma mensagem de texto de seu pai: aparentemente ele tinha vendido todas as mil ações no dia anterior, quando a ação tinha atingido US$100,00.

Em um momento mais calmo, Jeremy teria entendido que o que seu pai tinha feito realmente fazia sentido. Seu pai comprou as ações por cerca de US$17,00, assim como Jeremy, totalizando US$17 mil, e agora tinha vendido por US$100 mil. Era um ganho incrível, e qualquer investidor deveria estar feliz com um retorno multiplicado por seis. Mas, para Jeremy, não parecia um lucro prudente; para ele, parecia traição. Não apenas para Jeremy, mas para com todo o *movimento*. Ele tinha explicado para seu pai o melhor que pôde; eles estavam travando uma batalha com Wall Street, e o único jeito que eles podiam verdadeiramente vencer era mantendo as ações. No minuto em que aquelas mãos de diamante começassem a enfraquecer, tudo iria tombar e, então, desabar.

Seu pai claramente não entendia. Para ele, era apenas outro jogo de ação. Eles tinham sido sortudos, e era a hora de pegar seus ganhos. Além do mais, Jeremy temia que seu pai pudesse ir mais longe do que vender suas próprias ações. Se ele acreditasse que Jeremy estava sendo tolo, que estava perdendo o controle, ele poderia interferir. Quando Jeremy deixou a escola no segundo ano, seu pai tinha controlado suas contas bancárias, porque Jeremy não era capaz de lidar com coisas como aluguel, empréstimo estudantil e mensalidade. O que significava que seu pai claramente tinha o poder de assumir o controle de novo.

Na parte lógica de seu cérebro, Jeremy sabia que estava sendo paranoico. Depois que recebeu a mensagem, ele imediatamente ligou para seu pai, exigindo uma explicação. Seu pai tinha dito que ele vendeu enquanto assistia ao canal CNBC; uma entrevista o tinha levado a acreditar que a Melvin Capital tinha coberto completamente sua posição short, o que significava que talvez o *short squeeze* fosse terminar tão rápido quanto começou. Jeremy tinha literalmente gritado com ele — ninguém no subreddit WSB acreditava que aquilo pudesse ser verdade. A flutuação do short ainda estava astronômica, e a quantidade de dinheiro que a Melvin teria que ter para se equiparar era igualmente estratosférica. Isso era uma guerra, e mesmo a CNBC estava se armando.

Ao vender cedo, seu pai tinha perdido centenas de milhares de dólares. Mais que isso, tinha mostrado fraqueza, se rendido, entregado suas ações para os vendedores a fim de que eles pudessem salvar a si mesmos da falência.

CAPÍTULO VINTE E UM

Jeremy se sentiu mal no minuto em que desligou o telefone — ele tinha usado muitos xingamentos, tinha falado com seu pai de um jeito que nunca falara antes — e ele sabia que seu pai se arrependia da venda ou, pelo menos, da fortuna que mais um dia de espera teria dado a ele. Além disso, seu pai se desculpou por voltar atrás em sua palavra — uma promessa que ele tinha feito, quando comprou a ação, de que não venderia até que Jeremy vendesse. Mas, ainda assim, Jeremy teve dificuldades de enxergar além da sua raiva e de seu medo. A sombra da guerra podia ser um lugar terrível, mesmo que estivesse principalmente em sua própria cabeça.

Jeremy fechou o notebook e voltou a subir as escadas, em direção ao apartamento de seu melhor amigo, Karl. Ele já estava atrasado para o grupo de estudos daquela tarde com sua bolha; e encarar a carta que ele tinha acabado de enviar a seu pai não ajudaria a estabilizar suas asas ou iria levá-lo mais perto de pousar aquele avião.

Em vez disso, em sua mente, ele construiu um plano. Ele iria para sua bolha de estudos — e tentaria seu melhor para não checar o preço da ação ou pensar sobre a GME. Ele já tinha removido uma ordem pendente que alocou na ação essa manhã, para um total ilusório e lunático de US$5 mil — e seu objetivo agora seria simplesmente manter cada uma das ações por um ano completo.

Dentre os muitos posts que leu enquanto vasculhava o subreddit WSB naquele dia, ele parou mais de uma vez nas últimas atualizações YOLO de DFV. A conta do homem se tornou lendária: suas ações e *options* combinadas, no dia de fechamento antes de 26 de janeiro, tinham chegado ao auge de US$22 milhões. Hoje, novamente, Jeremy calculou, valiam perto de US$50 milhões. Uma verdadeira fortuna — e, ainda assim, DFV não estava vendendo.

E, se DFV não estava vendendo, isso bastava para Jeremy.

* * *

— Okay, vamos começar com o vetor 1-0-1 e adicionar. Jeremy, você ainda está entre nós?

Duas horas depois, Jeremy olhou para cima quando ouviu seu nome — a tempo de ver os salgadinhos de milho fazendo piruetas no ar em direção à sua cabeça. Acertou ele direto entre os olhos, quicando em sua testa em direção ao carpete felpudo que ocupava a extensão da pequena sala de estar onde ele estava sentado, de pernas cruzadas, em frente a uma pilha amontoada de livros de álgebra linear. Bem em frente a ele, Karl estava sorrindo como um idiota, suas mãos em uma tigela cheia de projéteis comestíveis e triangulares, seu corpo magricela empoleirado em um pufe desproporcional. A namorada de Karl, Josie, próxima a ele, usava um vestido florido que fazia pouco sentido em janeiro, mas que iluminava ela e o apartamento de Karl, porque a maior parte de tudo que eles possuíam, do pufe ao carpete, aos sofás nas paredes, às cortinas cobrindo grande parte das portas de correr que levavam à sacada, era em variados tons de cinza.

Jeremy não tinha certeza do porquê seus amigos amavam tanto cores neutras; eles eram duas das pessoas mais animadas e gentis que ele conhecia, claramente apaixonados e planejando passar suas vidas juntos, e estavam geralmente vibrando com energia. Fora a luta livre, a qual Karl tinha feito competitivamente no ensino médio, e a ioga, que ambos praticavam diariamente, eles eram obcecados por tudo relacionado a fitness. Seu quarto e seus closets eram cheios de equipamento de exercício; esteiras de alongamento, bolas de ioga, halteres e faixas elásticas — praticamente qualquer coisa que podia fazer alguém ficar mais forte, mais magro ou firme. Mas, ainda assim, o único brilho de cor no apartamento do quarto andar vinha do vestido de Josie, e da tigela de molho caseiro próxima ao arsenal de salgadinho de milho de Karl.

CAPÍTULO VINTE E UM

Até Michael, que estava sentado à direta de Josie, em um pufe menor, estava vestido com um moletom sóbrio — calças e casaco com capuz combinando — os quais não eram exatamente cinza, mas escuros o suficiente para contar como sendo. Por outro lado, com Michael, a roupa sem graça fazia sentido; por mais que Jeremy tenha se conectado com o companheiro de especialização em matemática e psicologia, de cabelo desgrenhado, eternamente sem se barbear, a personalidade de Michael podia ser tão brilhante quanto o problema de álgebra linear no qual Karl estava pela metade quando ele atingiu Jeremy com o salgadinho.

Por outro lado, Jeremy realmente não tinha certeza de quão entediante era aquele problema de álgebra linear em particular — apesar de, pelo esquema das coisas, seria como escolher entre aquelas diversas tonalidades de cinza: Jeremy era bom em matemática e mesmo *ele* achava que a maior parte da álgebra linear era chata. Mas, no momento, Karl poderia estar mostrando imagens de super-robôs mecanizados e Jeremy ainda estaria igualmente distraído.

Vendo os olhares preocupados nos rostos de seus amigos, Jeremy percebeu que ele estava enganado se pensou que poderia passar pela sessão de estudo sem nenhum deles perceber o estado em que estava. Depois da conversa fiada antes de começarem, ele praticamente não contribuiu em nada e, de fato, nas poucas vezes que entrou na conversa, ele tinha entendido errado os problemas de matemática, cometido erros que Michael não faria nem em sonho.

E não era apenas o grupo de estudos. Por dias, Jeremy vinha tendo problemas em todas as aulas. Ele não tinha entregado nenhum dos trabalhos de casa de estatística a tempo e perdeu completamente duas sessões de Zoom de psicologia. Conforme eles se aproximavam da época das provas de inverno, ele ficava mais e mais para trás — e ele sabia que estava dançando na cara do perigo. Se isso continuasse — e seu estado mental piorasse ainda mais — ele realmente seria reprovado em suas aulas.

— Vocês ainda estão seguindo essa droga da GameStop?

Os olhos de Jeremy se arregalaram, seus pensamentos reagindo como persianas se abrindo de supetão. Michael tinha pegado seu telefone, enquanto Karl estava comemorando a mira perfeita de seu salgadinho, e estava lendo as chamadas das notícias para passar o tempo.

— Aparentemente Elon Musk tuitou algo sobre isso na noite passada. Essas pessoas estão malucas. Quer dizer, GameStop? É, tipo, uma empresa de US$25 bilhões agora. Isso é quase do tamanho da Chrysler. Tudo por causa de um subreddit do Reddit.

Jeremy abriu a boca, depois se conteve. Não era surpresa que Michael soubesse da GameStop; qualquer um que assistisse à televisão, lesse os jornais ou abrisse o Twitter agora sabia sobre a GameStop. Estava sendo falado em todos os lugares, mesmo nos monólogos de um apresentador de talk show tarde da noite. Ainda assim, para Jeremy, parecia tão estranho, seus mundos colidindo.

E mais, nenhum desses mundos parecia real: a bolha da Covid, três pessoas juntas em um evento absurdo, um cisne negro, falando sobre o segundo, igualmente improvável, evento cisne negro.

— Mas eu acho que o outro sapato está perto de cair — adicionou Michael. E não vai ser nada bonito.

— O que você quer dizer? — perguntou Jeremy.

Josie e Karl estavam encarando-o, provavelmente por conta do seu tom de voz. Mas ele continuou focado em Michael, que ainda estava lendo seu telefone.

— Eles acabaram de encerrar os servidores do WallStreetBets no Discord. Completamente expulsos, acho que para sempre.

CAPÍTULO VINTE E UM

— O quê? — Jeremy sentiu as bochechas esquentarem. Quem expulsou?

Michael deu de ombros.

— Aqui diz que a empresa os baniu por discurso de ódio.

— Discurso de ódio? — perguntou Josie. — Quem eles odeiam?

— "O servidor WallStreetBets estava no radar do nosso time de Confiança & Segurança por um tempo devido a conteúdos casuais que violam nossas Diretrizes da Comunidade, incluindo discurso de ódio, exaltação de violência e divulgação de desinformação." Parece divertido! "Hoje decidimos remover o servidor e seu dono do Discord."

— Isso é loucura — disse Jeremy. — Eles podem fazer isso? Por que agora?

— E piora — disse Michael. — Parece que o WallStreetBets foi congelado também. Diz que o site se tornará privado temporariamente — fechado para novos usuários.

— Por quê? — disse Jeremy, rapidamente tirando o próprio telefone do bolso.

— Eles dizem que pessoas demais estão tentando entrar ao mesmo tempo. Tipo, 3 milhões de novos usuários no último dia.

Jeremy quase não estava ouvindo enquanto rolava pelo site. Ele ainda tinha acesso como membro existente, mas Michael estava certo — o WallStreetBets estava temporariamente sendo desligado.

— Parece suspeito para mim — disse Michael.

Ele estava quase sorrindo. Mas Jeremy não via nenhum humor nisso. Com o fim do Discord e o WallStreetBets abalado.

— O Discord vai abaixo por causa de xingamentos. Agora? — disse Michael. — Enquanto a ação está voando? Por que não uma semana atrás? Um mês atrás? Então o subreddit WSB é desligado? Não parece coincidência para mim. Soa mais como um primeiro golpe.

Jeremy olhou para ele.

— É uma estratégia bem comum, na verdade — disse Karl. — Quer dizer, em uma guerra. Você derruba a comunicação do inimigo. Eles não podem falar uns com os outros, não podem se organizar. E aí é quando você realmente os acerta.

Jeremy se ergueu do carpete sem dizer nada e caminhou até a porta. Os outros o encararam e, depois de um instante, Josie o seguiu.

— Você está bem? Quer falar sobre alguma coisa?

Jeremy não sabia o que dizer. Não havia mais Discord, o WallStreetBets estava desligado — ele não acreditava em conspirações, mas o timing parecia incrivelmente suspeito. Sem dúvidas, o site do Discord estava recebendo reclamações sobre "discurso de ódio" ou como eles queiram chamar isso, por algum tempo. Certamente, o subreddit WSB tinha lidado com palavrões desde o início. E, claro, toneladas de pessoas estavam se inscrevendo — até milhões —, mas o Reddit era um site enorme, com centenas de milhões de usuários. Por que o WSB não conseguiria lidar com alguns milhões de contas? Era esse o prenúncio de uma paralisação maior? Era esse um sinal do fechamento do subreddit WSB inteiro?

Teria realmente algo a ver com os poderosos hedge funds de Wall Street e seus esforços para acabar com o *short squeeze*? Poderia ser realmente algum tipo de primeiro golpe?

Wall Street era poderosa. Firmas como a Melvin Capital e a Citadel tinham bilhões de dólares à sua disposição. Jeremy e seus companheiros longs eram fracos e pequenos, como formigas se comparados à Melvin. Mas havia milhões e mais milhões deles, um verdadeiro mar de formigas. Unidas, as muitas formigas poderiam derrubar praticamente qualquer coisa.

CAPÍTULO VINTE E UM

Ainda assim, se eles não pudessem se comunicar, se não pudessem se unir.

E se realmente fosse o primeiro golpe? Se você fosse Wall Street, e tivesse acabado de dar seu primeiro golpe, o que faria em seguida? Jeremy não precisava terminar o pensamento, porque Karl já o tinha finalizado por ele, há apenas um minuto.

"E aí é quando você realmente os acerta.

E os acerta com força."

CAPÍTULO VINTE E DOIS

28 de janeiro de 2021

Um pouco depois das 5h da manhã.

Vlad Tenev acordou, de repente, com uma torrente de tecnologia em pânico; seu celular vibrando e piscando em uma mesa próxima à cama, seu notebook soando freneticamente enquanto era bombardeado por e-mail após e-mail, rapidamente disparados; talvez até o telefone fixo, perdido em algum lugar de sua ampla casa na Califórnia, um curto percurso de carro, bicicleta ou skate de seus escritórios Robinhood em Menlo Park.

Vlad esfregou os olhos, afastando os últimos vestígios de sono. Ele não conseguia lembrar sobre o que estava sonhando — sem dúvidas algo que tinha a ver com finanças democratizadas e condições equitativas, ou talvez energia renovável, água potável saudável, um verdadeiro salário mínimo — mas tinha provavelmente envolvido gatos e, possivelmente, até a GameStop — porque na hora que ele foi dormir na noite anterior, todo mundo, em todos os lugares, estava falando sobre a GameStop.

Ele rolou na cama e alcançou primeiro seu telefone, desejando acalmar o ataque eletrônico brutal antes que acordasse sua esposa e seu bebê. Sua missão de vida era reservar as horas da manhã para sua jovem família, mas liderar uma empresa de rápido crescimento significava que ele não poderia se isolar do mundo exterior. Se o aumento meteórico da Robinhood lhe ensinou algo, era que merda acontecia rápido; feche os olhos e você nem saberá o quanto mudará antes de abri-los de novo.

Ainda assim, as mensagens — de Orlando, de todos os lugares — que Vlad viu brilhando na tela do telefone o pegaram de surpresa. Mesmo antes de perceber, ele estava fora da cama, correndo pelo carpete em direção ao computador.

Pelas mensagens e pelos e-mails, foi um pulo rápido para um Google Hangout, onde um grupo de funcionários de maior nível já estava esperando por ele. Jim em Orlando, é claro, e um monte de executivos de Clearing, trading e do setor jurídico. Jim estava liderando o show, não apenas porque tinha perícia em entender o que diabos estava acontecendo, mas porque já estava lidando mentalmente com o desastre por algumas horas.

Jim tinha recebido a primeira ligação do chefe da tesouraria às 5h50 da manhã, hora-padrão do leste, mais de 3 horas atrás — o que, por si só, tinha sido estranho. Geralmente, Jim recebia informativos todas as manhãs às 5h30 a respeito dos requisitos de capital que chegavam todo dia exatamente às 5h11. A leste da NSCC, uma divisão do DTCC, o órgão regulamentador federal era incumbido de supervisionar o trading da Robinhood e o processo de Clearing de dois dias que acontecia entre cada trade a varejo. Quando a chamada veio vinte minutos mais tarde, Jim se perguntou se algo tinha dado errado; mas ele não poderia ter previsto que era algo tão inimaginável que seu próprio time passou um tempo extra tentando descobrir se era real ou algum erro causado pelo software.

Mesmo depois de vinte minutos fazendo ligações para ter certeza de que o número enviado pela agência de Clearing era correto, Jim os fez voltar e checar de novo. Então ele mesmo ligou, falando com o intermediário na NSCC — e, só depois de confirmado e reconfirmado o número foi que ele contatou Menlo Park.

CAPÍTULO VINTE E DOIS

Vlad encarou o número que agora dominava parte da tela de seu computador, e sacudiu a cabeça.

"Três bilhões e setecentos milhões de dólares."

— Isso não pode ser real — alguém disse no Hangout, colocando em palavras o que todos eles ainda estavam pensando.

Mas o número foi checado e checado de novo. Da noite para o dia, a NSCC tinha requerido — não, exigido — *três bilhões e setecentos milhões de dólares* a fim de cobrir seus requisitos de capital para o atual trading acontecendo por meio da conta da corretora Robinhood.

Vlad tentou se acalmar enquanto contemplava o que o número significava e como, pelo amor de Deus, a NSCC possivelmente poderia aparecer com tal cifra. Nesse ponto, apesar de uma curva de aprendizado íngreme, ele era razoavelmente bem versado no básico de como o Clearing funcionava: quando um cliente comprava participações de uma ação na Robinhood — digamos, a GameStop — a um preço específico, a ordem era enviada primeiro para a corretora interna de Clearing da Robinhood, que, por sua vez, colocava a ação em um formador de mercado para execução. O trade então era trazida para uma câmara de compensação, que mediava o trade até a liquidação.

Durante esse período, o próprio trade precisava ser "assegurado" contra qualquer coisa que pudesse dar errado, tal como, algum tipo de colapso sistêmico ou inadimplência de qualquer uma das partes — apesar de que, na realidade, em mercados regulamentados, isso parecia extremamente improvável. Enquanto o dinheiro dos clientes era temporariamente separado, essencialmente em um cofre intocável, nos dois dias necessários para a agência de Clearing verificar se ambas as partes eram capazes de prover aquilo que tinham combinado — a corretora da casa, Robinhood — tinha que garantir o acordo com um depósito; dinheiro próprio, separado do dinheiro que o cliente tinha provido, que poderia ser usado como garantia do valor do trade. No vocabulário financeiro, essa "caução" era conhecida como VAR — ou valor de risco.

Para um único trade de ativo simples, seria relativamente fácil saber quanto a corretora precisaria depositar para assegurar a situação; o risco de algo dar errado seria baixo e o valor total seria simples e calculado. Se a GME fosse negociada a US$400,00 a ação e um cliente quisesse 10 ações, havia US$4 mil em risco, mais ou menos uma quantidade nominal devido aos caprichos insignificantes na flutuação do mercado durante o período de dois dias antes do acordo. Em tão simples situação, a Robinhood poderia receber o pedido de colocar US$4 mil e mudar — além aos US$4 mil da ordem de compra do cliente, que permaneciam trancados no cofre.

O cálculo do requisito de depósito complicava mais conforme camadas eram adicionadas à situação de trading. Um único trade tinha baixo risco inerente; multiplicado por milhões de trades, o perfil de risco começava a mudar. Quanto mais volátil a ação — em preço e/ou volume —, mais arriscado se tornava uma compra ou uma venda.

Claro, a NSCC não fazia esses cálculos manualmente; eles usavam algoritmos sofisticados para analisar as numerosas entradas vindas do trade — tipo de ação, volume, volatilidade atual, onde isso se encaixava no portfólio de uma corretora como um todo — e fazia uma "recomendação" de que tipo de depósito protegeria o trade. E esse processo era inteiramente automatizado; a corretora operava continuamente sua atividade de trading por meio do sistema federal de Clearing e recebia os requisitos de depósito atualizados a cada quinze minutos enquanto o mercado estivesse aberto. No pré-mercado, durante uma semana de trading, aquele número chegaria às 5h11 da manhã, na hora-padrão do leste, geralmente na hora em que Jim, em Orlando, estava terminando seu café da manhã. A Robinhood então teria até 10h da manhã para atender aos requisitos de depósito para o dia vindouro de trading — ou arriscar estar em omissão, o que poderia levar a uma paralisação imediata de todas as operações.

CAPÍTULO VINTE E DOIS

Em geral, os requisitos de depósito estavam bem vinculados ao dólar real sendo "gasto" nos trades; um número quase igual de compras e de vendas no perfil de trading de uma corretora diminuía seu risco geral, e, apesar da volatilidade ser comum, especialmente nos últimos cinco anos, mesmo um período de liquidação de dois dias tinha um nível aceitável de confiança de que ninguém falharia em entregar seus trades.

A esse respeito, durante a última semana — mesmo com o incrível volume de trading acontecendo no que estava sendo chamado de ação "meme", particularmente a GME — os requisitos de depósito da Robinhood tinham sido altos, mas compreensíveis. Em 25 de janeiro, os requisitos de depósito no começo do dia tinham sido de US$125 milhões. No dia 26, quando o volume da GameStop tinha explodido e os preços tinham disparado em direção à lua, o requisito de depósito da Robinhood tinha aumentado para pesados US$291 milhões — uma cifra significante, além de tudo que eles tinham visto antes, mas ainda gerenciável. Mesmo depois do tweet de Elon Musk, os volumes e os preços descontrolados que tinham ocorrido instantaneamente, o requisito de depósito da NSCC tinha caído para US$282 milhões.

Os números para os quais Vlad olhava agora mesmo tinham uma magnitude maior do que os requisitos de depósito de apenas 24h atrás: *US$3,7 bilhões*. Isso parecia obsceno.

Quando o número chegou — e depois que Jim recolheu seu queixo do chão — ele investigou como a NSCC tinha surgido com tal cifra inacreditável. Assim ele colocou seu intermediário da agência ao telefone, ele dividiu a cobrança em duas partes. O algoritmo da NSCC tinha considerado todos os dados de volume e de volatilidade de trading do dia anterior e chegou a um VAR de um US$1,3 bilhão, então adicionou uma "taxa premium de capital excedente" de US$2,2 bilhões e mudou. Essa taxa adicional foi incluída porque a taxa VAR original excedeu em muito o patrimônio líquido da Robinhood — com o capital original da call sendo tão grande que a Robinhood não tinha dinheiro à mão para cobri-lo, levando a um efeito multiplicador —, uma taxa adicional para cobrir o risco de a Robinhood não ser capaz de cobrir. No momento, a Robinhood tinha fechado com US$700 milhões em depósito com a NSCC, faltando aproximadamente US$3 bilhões.

Logicamente, Vlad podia ver como os computadores da NSCC tinham chegado a requisitos de depósito tão grandes; não apenas os traders de varejo estavam entrando com um volume de volatilidade que era sem precedentes, mas eles estavam todos no lado da *compra*. Não havia nenhuma maneira de contrabalançar alguns dos riscos dos trades de venda; e como a GameStop por si só era uma ação de risco inerente, com grande flutuação de short, o risco geral crescia exponencialmente.

Mas, ainda assim, Vlad nunca tinha visto nem imaginado algo como isso. Comparando, a maior taxa especial que a Robinhood tinha obtido da NSCC antes tinha sido de US$25 milhões. Agora a NSCC estava pedindo um adicional de *US$2,2 bilhões*, além do VAR de US$1,3 bilhão.

Quando Jim confirmou que os números não eram um erro, que as cobranças eram reais e eles só tinham até as 10h da manhã para fazer aquele grande e profano depósito, a pergunta que não queria calar era: o que eles poderiam fazer?

Em primeiro lugar, apesar do que qualquer um pudesse pensar, dizer ou publicar depois do fato, ou gritar no Twitter, no Reddit ou no Clubhouse, Vlad acreditava que sua responsabilidade principal era com os usuários da Robinhood. Alinhado a esse pensamento, ele sentiu que a única opção que estava verdadeiramente fora de questão era falhar em cumprir os requisitos de depósito — porque aquilo levaria a uma potencial paralisação — significando que aqueles usuários não seriam capazes de comprar ou vender *qualquer coisa*, ainda mais a GameStop.

Exceto falhar, a próxima opção da lista era diminuir, de alguma forma, aquele depósito — pelo menos para uma faixa de dólares viável para cobrir as finanças existentes da Robinhood e sua linha

CAPÍTULO VINTE E DOIS

de crédito. Para essa finalidade, a Robinhood tinha menos de cinco horas; e não havia nenhuma possibilidade de que eles pudessem reunir US$3 bilhões naquele espaço de tempo.

Mas isso não significava que sua situação era um caso perdido.

Vlad tinha passado os últimos dias assistindo ao drama da GameStop, como qualquer um; e apesar de, novamente, o que qualquer um pudesse dizer depois do fato, ele se sentia filosoficamente alinhado com aqueles traders a varejo. Ele não construiu a Robinhood para os hedge funds ou para os ternos de Wall Street; ele tinha construído para que as pessoas comuns pudessem *competir* com os hedge funds e com os ternos de Wall Street. E, nesse sentido, ele foi bem-sucedido: seus supostos 20 milhões de usuários tinham uma idade média entre 28 e 30 anos, com uma conta de tamanho comum de apenas US$3.500. Era um contraste brusco até com a E-Trade, cujo tamanho médio das contas era de US$100 mil. A base da Robinhood era feita para os desconhecidos comuns, sentados em sofás em suas salas de estar ou em quartos de dormitórios, encontrando dinheiro entre as almofadas próximas a velhas fatias de pizza e chaves perdidas, investindo aquele dinheiro nas "stonks" que eles tanto amavam. Stonks como a GameStop.

Quando alguém como Mark Cuba, o megamilionário e estrela de TV, tuitou no dia anterior – Eu tenho que dizer que AMO, AMO, o que está acontecendo com o #wallstreetbets. Todos esses anos de traders de alta frequência liderando traders a varejo, agora velocidade, densidade de informação e trading a varejo estão dando a pequenas pessoas uma vantagem. Até meu filho de 11 anos fez trade com eles e ganhou $. — Vlad poderia muito bem ter comemorado junto com ele. Vlad não conhecia pessoalmente o trader amador que chamava a si mesmo de DFV no Reddit, que fez fortuna depois de fazer sua própria pesquisa diligente de uma das empresas —, mas era precisamente para as histórias ao redor do sucesso de DFV que a Robinhood tinha sido criada.

Foi somente depois de muita agonia interna, marcante e profunda, e após muita discussão com seu representante na NSCC, que Vlad e seu time chegaram à única conclusão que eles poderiam: precisavam diminuir o perfil de risco que tinha levado ao requisito de depósito obsceno. Para tanto, eles restringiriam o trading em um punhado de ações — especificamente, por um tempo eles não permitiriam a nenhum dos usuários da Robinhood comprar mais nenhuma ação da GameStop ou uma das treze outras ações de meme que estavam causando tanto caos.

Não era uma decisão fácil, mas era perfeitamente legal — a Robinhood tinha o direito de restringir o trading de qualquer símbolo por qualquer razão, e as outras corretoras seriam forçadas a agir de forma similar pelo que estava acontecendo no mercado naquela semana. E, ao reduzir as compras — e não as vendas — de uma ação, a Robinhood não sentiria como se estivesse prejudicando seus usuários propriamente ditos. Seus traders ainda poderiam *vender* suas ações da GameStop, só não poderiam comprar — afinal, como é possível *perder* dinheiro por não conseguir comprar uma ação que, em todo caso, deveria estar muito perto de sua altura máxima?

Fechar o lado da compra de uma ação parecia ser a solução perfeita, porque instantaneamente diminuiria o perfil de risco para o trading diário, o que daria à NSCC uma nova entrada em seu algoritmo; a correção era muito simples, de fato, *literalmente* tão simples quanto pressionar um botão — especificamente, o que Vlad tinha bem em frente a ele no painel de controle da Robinhood, que desligaria a compra e simultaneamente enviaria um e-mail instantâneo, automatizado, para os usuários. Um sistema operacional que, bem, talvez devesse ser *excepcionalizado* — mas um que poderia resolver os problemas deles em questão de minutos.

E aquilo foi, de fato, o que aconteceu; uma vez que a decisão de fechar o lado de comprar da GameStop foi feito, a NSCC retornou à Robinhood com uma atualização do requisito de depósito. Eles dispensaram inteiramente a taxa premium de capital excedente de US$2,2 bilhões e chegaram a um requisito de depósito líquido total de cerca de US$1,4 bilhão ao todo. A Robinhood imediatamente adicionou um pouco mais de US$700 milhões aos US$700

CAPÍTULO VINTE E DOIS

milhões que eles já tinham em depósito e atenderam a todos os requisitos do dia.

Vlad se inclinou para trás na frente do computador, ponderando o que eles tinham acabado de fazer, talvez um pouco alheio ao que viria a seguir. Claro, haveria consequências de impedir 20 milhões de usuários de comprar a GameStop naquele momento em particular. Mas as consequências de a Robinhood ser fechada — aqueles mesmos 20 milhões de clientes não conseguindo *vender* a GameStop, caso a ação começasse a diminuir — não seriam infinitamente piores?

A Robinhood tinha atendido a seu requisito de depósito. Embora se possa discutir sobre a linguagem, o movimento que estava fazendo era mais sobre conformidade do que "liquidez"; a Robinhood tinha bastante líquido. O gigante requisito de depósito não estava relacionado à margem, à alavancagem ou às *options*, pois a Robinhood já tinha restringido aquelas manobras conforme as semanas avançavam. A palavra "liquidez" não se aplicava realmente; era um daqueles termos "capciosos" usados por repórteres para culpar alguém. Não se podia *culpar* a Robinhood por caprichos de Clearing T+2 ou pelo evento cisne negro que tinha levado a uma conta de US$3,7 bilhões.

E certamente não se podia culpar o próprio Vlad nem deduzir teorias da conspiração sem base e furiosas a partir do que poderia facilmente ser descrito como resultado de uma série de ocorrências lógicas, se não coincidências.

A posição short da Melvin tinha explodido em um *short squeeze* porque os traders a varejo do WallStreetBets tinham mirado na GameStop, tinham comprado e comprado e comprado, causando um volume gigantesco e volatilidade de preço. A Robinhood, por meio da qual grande parte daqueles traders a varejo tinha comprado sua GameStop, tinha repentinamente enfrentado um requisito de depósito imenso por conta de tal volatilidade, sendo forçada a parar a compra da GameStop.

A verdade, qualquer um poderia dizer, é que isso pararia o aumento da ação GameStop, furaria o *short squeeze*, possivelmente permitindo a cobertura dos hedge funds.

E além disso, verdade, a Citadel — que POR COINCIDÊNCIA lidava com a maior parte dos trades da Robinhood e POR COINCIDÊNCIA providenciou a maior parte dos lucros da Robinhood pelo mecanismo de pagamento por *order flow* — agora tinha uma participação na Melvin Capital, mais associada a esses shorts — e tinha ajudado a erguer, NÃO SALVAR, a Melvin de sua situação financeira via injeção de capital de US$2,75 bilhões junto com Steve Cohen.

E também é verdade, tudo aquilo tinha, por UMA COINCIDÊNCIA AINDA MAIS IMPROVÁVEL, acontecido bem depois de os gritos mobilizadores no Discord e no WallStreetBets terem sido, pelo menos, temporariamente silenciados e restringidos.

Entretanto, da perspectiva de Vlad, tudo isso era puramente circunstancial. Seus usuários poderiam não estar felizes, mas o que a Robinhood tinha feito, não importa o que eles pudessem ver, não importa quantas muitas coincidências e teorias da conspiração poderiam ter lógica, realmente era para o bem deles.

O trabalho de Vlad, seguindo em frente, não era pontificar sobre teorias das conspirações ou coincidências improváveis, mas assegurar que certas coisas nunca acontecessem de novo.

PARTE TRÊS

Eu não sou um gato.
> — *Keith Gill*

O que é uma saída estratégica?
> — *Keith Gill*

CAPÍTULO VINTE E TRÊS

28 de janeiro de 2021

Três minutos antes do fechamento do mercado. Wilmington, Massachusetts.

Mantendo os clientes informados pela volatilidade do mercado

Nossa missão na Robinhood é democratizar as finanças para todos. Estamos orgulhosos por termos criado uma plataforma que ajudou pessoas comuns, de todas as origens, a modelar seus futuros financeiros e investir a longo prazo.

Continuamente monitoramos os mercados e fazemos mudanças onde é necessário. Na situação de recente volatilidade, estamos restringindo as transações para certos títulos apenas na posição de fechamento, incluindo $AMC, $BB, $BBBY, $EXPR, $GME, $KOSS, $NAKD e $NOK. Também aumentamos os requisitos de margem para certos títulos...

Keith Gil não estava certo sobre como ele terminou de costas no chão do seu porão, encarando o teto, enquanto os pensamentos rodopiavam como um ciclone desgovernado atrás de seus olhos; mas pareceu o lugar apropriado para passar os poucos minutos do dia de trading mais louco na história de Street.

Keith ainda não conseguia analisar completamente o que tinha testemunhado. Ele sabia que não estava sozinho; ele não estava só. Em sua mesa, uma de suas telas estava aberta no subreddit WallStreetBets, o qual tinha ficado completamente público novamente e agora estava relatando em grande parte uma erupção vulcânica de raiva, teorias da conspiração e desespero; a maior parte girava em torno da Robinhood — e poderia se resumir por um dos muitos tweets que Keith tinha visto enquanto percorria o site naquela manhã, de outro YouTuber, cujo pseudônimo era @OMGitsBirdman:

> Um app chamado "Robinhood" roubando
> do pobre e dando ao rico
> não se pode inventar isso

Keith tinha lido a postagem no blog da Robinhood — e recebido um e-mail — ao mesmo tempo que todos os outros que tinham uma conta Robinhood; apesar de ser provavelmente resultado de uma função automatizada que envolvia uma lista de e-mails gigantesca, parecia direcionada especificamente a ele.

> Estamos restringindo as transações para certos títulos...

Na mente de Keith, eles deveriam ter vindo a público e dito isso. Os milhões de clientes da Robinhood não podiam mais comprar a GameStop por meio do aplicativo, junto com meia dúzia de outras ações de meme — basicamente qualquer coisa que a Melvin Capital e seus colegas de Wall Street tinham feito short e estavam tentando cobrir.

E não era apenas a Robinhood que tinha restringido as compras de GME; muitas outras corretoras online, como E-Trade, Interactive Brokers, Webull, TD Ameritrade e Schwab, tinham de-

CAPÍTULO VINTE E TRÊS

cretado variados graus de restrições próprias — mas uma característica que as unia era que todas as restrições focavam diretamente um mesmo grupo de traders: pessoas normais, em seus sofás e porões. As mesmíssimas pessoas que estavam comprando a GameStop não poderiam mais comprar a GameStop.

> Como corretora, temos muitos requisitos financeiros, incluindo as obrigações de capital líquido da SEC e depósitos em clearinghouse. Alguns requisitos flutuam baseados na volatilidade dos mercados e podem ser substanciais no ambiente atual. Esses requisitos existem para proteger os investidores e os mercados...

Para o Reddit e no Twitter, o anúncio da Robinhood — via blog e e-mail — pareceu imediatamente suspeito; por mais que tentassem colocá-lo como uma manobra clínica, impassível e perfeitamente aceitável, pareceu, de fora, como uma tentativa direta de conter o *short squeeze* em progresso. Apenas os traders de varejo tinham sido desligados, e apenas o lado de compra da GME tinha sido desligado; as instituições estavam livres para continuar a cobrir, o que eles poderiam fazer agora de modo controlado. Sem a pressão de milhões de usuários do Reddit comprando, mesmo enquanto os vendedores continuavam a cobrir, a ação não tinha nenhum lugar para ir, exceto para baixo.

Keith viu tudo acontecer em tempo real. Pré-mercado, a ação tinha momentaneamente cruzado US$500,00 a participação — metade do louco alvo de preço de US$1.000 previsto no subreddit WSB — e parecia completamente incontrolável. Então, a Robinhood puxou a tomada — foi como um tiro de espingarda no *short squeeze*. A ação mergulhou mais de 40%, abrindo a US$ 265,00 a participação. Dali, tinha sido uma montanha-russa — a ação descendo até US$112,25, se esforçando de volta para cima, em direção a seu fechamento, dentro de minutos, de US$193,60. Se havia qualquer dúvida sobre poder apontar diretamente para a Robinhood e para as outras corretoras online como a razão do *short squeeze* ter aparentemente implodido, era necessário olhar apenas o volume de trading diário. Com o lado de compra efetivamente esmagado, o volume das ações negociadas caiu para quase a metade do que tinha estado no dia anterior; comparado a segunda-feira e terça-feira daquela semana, o volume tinha diminuído em dois terços.

A Robinhood e outras corretoras já tinham começado a indicar que em breve tirariam os pés do freio; a Robinhood em breve permitiria recomeçar algum nível de compra, agora que seus "requisitos de capital" tinham sido atendidos. Mas, ainda assim, os requisitos continuariam. Os usuários da Robinhood conseguiriam adquirir apenas um número de ações altamente limitado da GameStop — tão pouco quanto uma única ação por vez —, o que realmente fazia parecer como se a empresa estivesse fazendo seu melhor para acabar de vez com a mobilização.

Keith tinha assistido a tudo acontecer de seu covil no porão com uma estranha sensação de desapego. Ele ainda tinha dificuldade em pensar em tudo aquilo como algo no qual ele esteve envolvido — ainda mais algo pelo qual tinha sido responsável. Ele gostava de pensar em si mesmo como um espectador inocente; ele não era a primeira nem a única pessoa a comprar a GameStop, mas alguns poderiam dizer que o que ele tinha começado virou uma bola de neve em movimento. Tudo o que ele tinha feito, em sua mente, foi tentar educar pessoas por meio de suas transmissões no YouTube e postagens no WSB. Ele tinha sido honesto até o fim, não tinha aconselhado ninguém a fazer nada, sempre deixando claro que as pessoas precisavam fazer sua própria pesquisa e que o mercado era inerentemente arriscado.

E, cara, tinha sido um eufemismo épico; ele estava prestes a postar sua atualização YOLO e, mesmo com os olhos fechados, podia ver o brilho vermelho das perdas de um dia só. No fechamento de ontem, sua conta valia mais de US$44 milhões; tinha aumentado mais de US$20 milhões apenas naquele dia. No pré-mercado de hoje, tinha atingido uma alta bem maior do que US$50 milhões — então, quando a Robinhood puxou a tomada, Keith tinha perdido

CAPÍTULO VINTE E TRÊS

quase a metade daquilo em uma questão de minutos. Mesmo agora, ele dificilmente se recuperara; seu update mostrava um valor de conta de um pouco acima de US$33 milhões, uma perda de quase US$15 milhões em um dia.

Os US$15 milhões sumiram, como fumaça dissipando em um vendaval. E mesmo assim ele ainda estava sentado em uma fortuna gigante, o tipo de dinheiro que não apenas mudava vidas, mas potencialmente gerações. Os filhos de seus filhos teriam um seguro em suas vidas se ele conseguisse administrar adequadamente. Ele seria capaz de consumar um sonho que teve desde a infância — construir uma pista de corrida coberta em sua cidade natal, Brockton.

Ele sabia que muitas pessoas no subreddit WSB tinham sido mais atingidas do que ele. A maior parte não tinha comprado a GameStop em um ponto próximo a US$5,00 a ação, a grande maioria tinha comprado quando o *short squeeze* começou, e muitas tinham comprado próximo ao ápice. Essas pessoas estavam perdendo dinheiro, e isso parecia extremamente injusto.

Mesmo o subreddit WallStreetBets tinha ido ao Twitter para verbalizar seu desânimo com a mudança dos acontecimentos. Um tweet que um dos moderadores tinha postado naquela manhã dizia:

> Investidores individuais estão sendo privados de sua capacidade de fazer trade no @RobinhoodApp
>
> Enquanto isso, os hedge funds e os investidores institucionais podem continuar a fazer trade normalmente.
>
> Do que vocês chamam um mercado que tira a capacidade dos investidores a varejo de comprar para salvar os shorts de investidores institucionais?

Era claro que a raiva não estava mais confinada à comunidade WSB, mas tinha explodido no mundo real e estava se espalhando rapidamente pelas mídias convencionais. Vozes de todas as formas de redes sociais estavam censurando o que parecia ser novamente 2008

— Wall Street se safando, enquanto grandes instituições usavam seu poder para pisotear o cara pequeno. Mas, por conta das redes sociais, o cara pequeno agora tinha voz e muitos, muitos campeões — não apenas celebridades de YouTube ou bilionários secretos, mas até mesmo membros do governo do alto escalão.

Respondendo a um tweet como *MotherBoard*, a newsletter tecno da Vice, sobre a situação, a congressista na Câmara dos Representantes Alexandria Ocasio-Cortez respondeu em um de seus tweets:

> Isso é inaceitável. Precisamos saber mais sobre a decisão da @Robinhoodapp de impedir investidores a varejo de adquirirem ações enquanto os hedge funds são livremente capazes de fazer trade da ação como bem entenderem. Como membro dos serviços financeiros CMTe, eu apoio uma audiência, se necessário.

Seu tweet tinha levado a uma rara concordância por parte do senador Ted Cruz: "Concordo plenamente."

Na CNBC, Elizabeth Warren, antiga candidata presidencial e senadora de Massachusetts, atacou a SEC por não intervir: "Precisamos de uma SEC que tenha regras claras sobre a manipulação do mercado e tenha força de caráter para intervir e reforçar essas regras."

E a representante Maxine Water, presidente do Comitê de Serviços Financeiros da Câmara, foi um passo além, já demandando uma audiência sobre a situação. *Uma audiência congressional!* O que aquilo queria dizer? Keith tinha lido sobre audiências congressionais no jornal, tinha visto recortes delas nas notícias e na internet. Pessoas importantes sentando em longas mesas, cercadas de advogados, revezando-se para responder às perguntas lançadas a elas pelas pessoas mais poderosas do país. Como seria possível estabelecer uma audiência sobre o que estava acontecendo naquele momento? Quem eles poderiam chamar para testemunhar? A Robinhood, com certeza, talvez a Melvin? Quem mais? Alguns jovens universitários que se intitulavam buttplug59 em um subreddit? Um cara com cabelo mullet e bandana em uma transmissão online no YouTube?

CAPÍTULO VINTE E TRÊS

Era difícil imaginar que tal audição pudesse ser concretizada. Se o objetivo era tentar encapsular a injustiça do que parecia estar acontecendo, e a fúria que tal momento inspirou, teria sido mais simples passar alguns minutos seguindo David Portnoy, o magnata de Barstool Sports, no feed do Twitter. Ele parecia ter continuado seu papel em vestir o manto de falar pela multidão do Reddit WSB, em uma torrente de postagens de vídeos novos e tresloucados que ele fez naquela tarde. Vestido com uma camiseta branca e delirando para a câmera como se tivesse acabado de escapar de um hospital psiquiátrico, ele deixou claro desde o princípio — como acionista da GME — onde se posicionava:

— Todos de Wall Street que estiverem envolvidos no crime de hoje precisam ir para a prisão.

Daí em diante só tinha piorado:

— O jeito como eles trapacearam, furtaram, roubaram pessoas comuns que investiram com a Robinhood e outras contas de e-trade... ao dizerem que os hedge funds estão sendo derrotados, bilionários estão sendo derrotados, então não vamos mais deixar vocês fazerem trade de certas ações. Nós vamos desligá-las. Vocês não podem mais comprar essas ações, só podem vendê-las. Vamos quebrar essas ações para que nossos amigos bilionários de hedge funds possam sair e não ser mortos... Um dos roubos mais marcantes, ilegais e chocantes na história, à vista de todos... direto na sua cara, colocam uma arma em sua boca... A Robinhood, bandidos, CADEIA! Ken Griffin, Citadel, CADEIA! Steve Cohen, dono das Mets, CADEIA!

— Eles estão roubando você! Estão furtando você! Isso é criminoso.

O discurso inflamado de Portnoy tinha realmente virado meta, mais tarde naquele dia, quando Steve Cohen se opôs a ser incluído na fila de malfeitores de Portnoy. No Twitter, Cohen respondeu, um pouco antes das 14h:

> Ei, Dave, qual é a sua treta comigo? Eu estou tentando ganhar a vida assim como você. Feliz em levar isso para o offline.

Mas Portnoy não estava nem perto recuar. Sua resposta foi disparada tão rápido que estava cheia de erros:

> Eu não funciono offline. É onde as merdas suspeitas acontecem. Você liberou a Melvin porque é seus garotos junto com a Citadel. Eu acredito que você tem grande participação nos eventos criminosos de hoje para salvar os hedge funds às custas de pessoas comuns. Você nega isso categoricamente?

A resposta de Cohen veio com um desânimo apropriado e cuidadosamente escrito:

> Sobre o que você está falando? Eu nego categoricamente essa acusação. Eu não tive nada a ver com o que aconteceu hoje. Aliás, se eu quiser fazer um investimento adicional com alguém que é meu braço direito, será para o melhor interesse dos meus investidores. Relaxe.

Às 15h13, Portnoy tinha se acalmado, mas não estava liberando Cohen nem os demais.

> Aliás, eu não acredito em @stevenacohen2 nem um pouco. Mas não tenho como provar qualquer coisa. Mas, na minha experiência, onde há fumaça, há fogo.

Keith entendia — Portnoy estava verbalizando o que todos do WSB pensavam. Portnoy estava mantendo um investimento ainda maior do que todos eles na GME, mas seus sentimentos poderiam vir de qualquer um dos milhões de membros do subreddit que estavam vendo o preço da ação despencar: "Eu vou perder US$2 milhões nessa coisa. Eu não vou vender. Eu comerei os US$2 milhões. Vou comer como se fosse bolo. Não venderei porque vender é o que aqueles babacas querem que eu faça. Eu não vou fazer. Eu prefiro ir à falência…"

Era o mantra das mãos de diamante — mas Keith entendia melhor que ninguém, "segurar" ficava muito mais difícil quando o outro

CAPÍTULO VINTE E TRÊS

lado parecia capaz de mudar as regras com o toque de um botão. Keith não iria tão longe quanto Portnoy — ele não estava acusando Cohen, ou mesmo a Citadel, de ter algo a ver com as ações da Robinhood. Mas isso não significava que Portnoy estava sozinho ao verbalizar a opinião de que algo duvidoso estava acontecendo. O alvoroço e as teorias de conspiração tinham ficado tão barulhentos que a própria Citadel respondeu para a CNBC, de forma autêntica:

"A Citadel Securities não instruiu nem fez qualquer corretora parar, suspender ou limitar trading ou, de outro modo, recusar a fazer negócios. A Citadel Securities continua focada em prover continuamente liquidez para nossos clientes em todas as condições de mercado."

Mas aquilo não tranquilizaria ninguém assistindo ao caos do mercado, imaginando por que diabos eles não podiam comprar a GME, enquanto hedge funds como a Melvin ainda eram perfeitamente capazes de fazê-lo. A Robinhood não poderia ter tomado a decisão levianamente — apesar de quão analíticos eles pareciam em seu e-mail e sua postagem no blog. Eles causaram um dano incalculável à sua reputação; milhares de pessoas já estavam detonando a empresa em várias lojas de aplicativos — Apple, Google etc.—, dando a eles a avaliação de uma estrela, uma após outra. Muitas ameaçavam deixar o app e levar seu dinheiro de trading para outro lugar.

E a rejeição não se limitou a avaliações, comentários e tweets de usuários da Robinhood; de acordo com a CNET, já tinha sido dada a entrada de um processo no distrito sul de Nova York e outros estavam sendo ameaçados e planejados. Muitos queriam que a Robinhood pagasse um preço alto por limitar o trading da GameStop, o que levantava a questão mais ainda: eles realmente estavam respondendo apenas a uma chamada de requisito de depósito do sistema de compensação nacional? Ou algo nefasto estava verdadeiramente acontecendo?

Para Keith, deitado no chão de seu porão, aqueles pensamentos eram inebriantes. Ele tinha se apaixonado por uma ação — e agora bilionários e magnatas da internet, congressistas e senadores estavam gritando uns com os outros por toda a internet. Ele queria ficar longe da rixa, manter seus pensamentos puros e seu foco em deep, deep value — mas a pergunta que Portnoy e os outros estavam fazendo era difícil de ignorar: *por que as coincidências sempre pareciam beneficiar as pessoas no poder?*

Ao mesmo tempo, Keith estava determinado a se manter firme. Ele tinha gostado da GameStop a US$5,00 a ação, quando ninguém mais o escutava, e ainda gostava dela perto dos US$200,00.

A Robinhood não podia restringir o lado de compras para sempre. A Citadel, a Melvin e Cohen tinham dinheiro e poder, ternos caros e escritórios em Wall Street; Keith tinha o poster de um gato na parede e uma bandana na cabeça.

E, apesar da atualização YOLO que ele estava para soltar, com todos aqueles zeros alinhados e vírgulas — Keith tinha começado com nada. E, quando se começa com nada, não há nada a perder.

CAPÍTULO VINTE E QUATRO

29 de janeiro de 2021

Um dia depois, 1.126km ao sul.

As batidas abafadas na porta continuaram por uns bons cinco minutos antes de Jeremy erguer a cabeça de sua mesa, que ele tinha deitado entre o fechamento do mercado e a *Makise Kurisu Ending* de *Steins; Gate*, sua entrada favorita da série interativa *Science Adventure*, a qual ele tinha jogado tantas vezes que, mesmo que os diálogos fossem inteiramente em japonês, tinha certeza de que entendia muito, se não tudo, do que estava acontecendo. Mesmo assim, o mangá vibrante e as sutis reviravoltas na narrativa — muito baseada em temas como a natureza relativa do tempo, a dissociação nos momentos de trauma e os efeitos perigosos que mesmo a menor ação aparentemente inconsequente podia ter no futuro — não tinham comparação com as ondas de exaustão mental induzidas pelo estresse que o tinham finalmente acometido enquanto ele assistia aos últimos minutos loucos do dia mais selvagem do mercado na semana mais selvagem na recente memória de Wall Street passarem.

A cabeça ainda a centímetros da mesa, os olhos fechados, a imagem atrás de suas pálpebras era de sua conta de trading, não o jogo estilo mangá, rodando na janela no seu notebook. A GME tinha fechado a US$325 a ação, uma baixa da alta diária de US$413,98, mas ainda bem acima da queda que tinha ocorrido depois que a Robinhood fechou a compra de ação no dia anterior. Apesar de agora a maior parte das restrições ter sido retirada — de acordo com a imprensa econômica, a Robinhood estava para aumentar uma quantia maçante de US$3,4 bilhões em 3 dias para cobrir qualquer questão futura de depósitos — a ação não ameaçou o teto de US$500,00 de novo. Ainda assim, a conta de Jeremy mostrava um majestoso lucro de seis dígitos.

Ele deveria estar pulando, fazendo ginástica, dançado ao som de pop japonês; em vez disso, ele mal conseguia abrir os olhos e olhar com raiva a porta de seu apartamento enquanto as batidas aumentavam cada vez mais.

— Vai embora — ele gritou, mas aquilo apenas pareceu fazer a pessoa do outro lado ficar mais determinada. O que era evidência suficiente de que Jeremy precisava adivinhar quem estava interrompendo sua reclusão autoimposta.

O que também significava que ele tinha poucas escolhas. A porta ou Jeremy — Casper não iria embora até que um deles cedesse e o deixasse entrar.

Jeremy suspirou, então levantou da escrivaninha e passou pela pilha de roupas para lavar, caixas de papelão e sacolas de meia dúzia de delivery, um mundo de garrafas Gatorade descartadas, água e refrigerante que cobriam qualquer superfície limpa entre ele e a porta da frente.

Ele tinha apenas entreaberto a porta antes de Casper entrar, empurrando-o, duas bolsas pesadas de compras de mercado nos braços. Ele pôs as bolsas no sofá, entre duas caixas de pizza vazias, e olhou a bagunça em volta.

CAPÍTULO VINTE E QUATRO

— Eu gostei de verdade do que você fez com o lugar. Mal posso esperar para ver você na capa do *Trancados Semanais*.

Jeremy fechou a porta, desejando que seu irmão ainda estivesse do outro lado.

— O que você quer, Casper?

— Checando seu bem-estar, amigo.

— O pai mandou você?

Casper balançou a cabeça. Ele se aproximou do sofá, empurrou uma das bolsas de compras para o lado, o suficiente para ter espaço para sentar.

— Não. Karl me mandou uma mensagem, disse que você perdeu a sessão de estudos da última noite. E Michael disse que você não estava na aula hoje nem ontem.

Jeremy esfregou seus olhos. Ele vinha ignorando as mensagens e os e-mails de seus amigos, então ele deveria ter adivinhado que um deles poderia contatar Casper. Que Jeremy soubesse, eles poderiam ter descido até seu apartamento para ver o que estava acontecendo; ele deixava a música alta na maior parte do dia.

— E eu percebi que seu carro não saiu do lugar desde a última semana. O que significa que também perdeu seu teste da Covid.

Jeremy xingou. Tinha se esquecido completamente disso. Ele e Casper compartilhavam o mesmo carro, estacionado em uma garagem a dois quarteirões do apartamento de Jeremy. As vagas não eram fixas e a garagem geralmente estava cheia — o que significava que o carro nunca estaria estacionado no mesmo lugar. Claro, Casper perceberia — a mente do garoto era um arquivo.

Pelo jeito como estava olhando o apartamento de Jeremy, não havia dúvidas de que ele estava calculando quanto tempo Jeremy se manteve trancado lá; quantas refeições ele tinha pedido, quantas aulas no Zoom provavelmente tinha perdido. Conhecendo Casper, ele já tinha visto a pilha de livros didáticos na mesa de Jeremy, ainda na mesma posição da semana anterior. Fechados, porque Jeremy mal tinha feito qualquer trabalho escolar nesses dias.

De novo e de novo, Jeremy tinha prometido a ele mesmo que pararia de assistir à GameStop, pararia de ler o subreddit WSB; que esperaria um ano, então as flutuações diárias eram apenas barulho que ele podia ignorar. Mas, sempre que tentava se concentrar em outra coisa — como um conjunto de problemas —, percebia seus olhos vagando de volta para o telefone ou para o notebook, e ele estava de volta ao subreddit ou à sua conta Robinhood.

Ele estava olhando a tela quando Elon Musk tuitou "Gamestonk!!" e assistiu à espiral do preço em direção à lua após o expediente. Ele ainda esteve online 13 horas depois, quando a ação em pré-mercado tinha eclipsado a US$500,00 a participação — e o valor de sua conta tinha alcançado US$175 mil. Ele estava no subreddit WSB, lendo comentários, quando a postagem no blog da Robinhood foi feita — e o mundo veio abaixo.

Um dia depois, a ação tinha se recuperado com dificuldade, mas não havia dúvidas de que o *short squeeze* tinha sido interrompido. Se poderia se reerguer — se ainda tinham sobrado shorts e mãos de diamante o suficiente se opondo a eles para elevar a ação de volta para a estratosfera —, ninguém sabia. Mas não havia dúvidas — Jeremy não poderia mais olhar para outro lado. Mesmo seu amado anime não podia competir com o drama acontecendo com a GME.

— Pelo menos eu sei que não é uma garota — disse Casper, movendo com cuidado uma fatia de pizza não comida debaixo dele no sofá. Então, que infernos está acontecendo, cara?

Jeremy olhou para frente, em direção ao computador. Casper seguiu seus olhos. Apesar do anime ainda ser a coisa mais brilhante na tela, sua conta de trading aberta e o subreddit WSB eram igualmente reconhecíveis, mesmo do outro lado do cômodo.

— Cristo, cara. Você não vendeu ainda? Eu falei pra vender esta porra.

CAPÍTULO VINTE E QUATRO

— Sim, você me disse para vender a US$20,00. Então me disse para vender a US$30,00. Depois a US$100,00, como o pai.

— A quanto está agora?

Jeremy andou de volta em direção à mesa.

— Fechado em cerca de US$325,00.

Houve uma pausa.

— Puta merda, cara.

Casper se levantou do sofá e seguiu Jeremy, que já estava se jogando na cadeira da escrivaninha.

— Quer dizer — disse Casper —, puta merda. Você está rico. Ou estaria se vendesse.

— Eu não vou vender.

Jeremy não quis que parecer tão ríspido. Seu coração estava batendo mais rápido do que precisava, e ele podia sentir os punhos fechados. Ele não tinha certeza do que o estava deixando tão irritado. Sabia que seu irmão só estava preocupado com ele. Mas Casper não entendia o que estava acontecendo. Ele não estava no subreddit WSB, dia e noite, lendo os gritos mobilizadores, sendo apoiado pela camaradagem. Ele não entendia que Jeremy era parte de uma comunidade, mais do que isso, parte de uma tribo.

Jeremy viu algumas postagens de pessoas que tinham vendido — pessoas que lucraram porque estavam com medo, se sentiram traídas pelo que a Robinhood tinha feito ou acreditavam que Wall Street encontraria um jeito de vencer, de uma forma ou de outra — e Jeremy se sentiu verdadeiramente traído, assim como ele tinha se sentido quando seu pai vendeu. Ele sabia que não era justo — ele não conhecia essas pessoas, não sabia quais dificuldades estavam enfrentando e o que significava para elas fazer algumas centenas de dólares, alguns milhares ou dezenas de milhares em uma ação. Mas ele tinha realmente acreditado que aqueles que ainda aguentavam estavam nessa juntos.

— Se nós nos mantivermos juntos como uma comunidade, e continuarmos aguentando — disse, sua voz mais calma agora –, a ação subirá.

— É, talvez. E talvez não vá. Talvez diminuirá de novo para US$40,00, US$20,00 ou US$10,00. Mas o que eu sei, de fato, é que, se você continuar com isso, perderá os poucos amigos que diz ter. E com certeza vai reprovar na escola.

— Irmãos são incríveis — respondeu Jeremy.

Casper sorriu. Então balançou a cabeça.

— Você pode fingir que está fazendo isso porque é parte de algum movimento, alguma comunidade importante para você — e talvez seja verdade. Mas eu o conheço, Jeremy, o que significa que eu sei como isso vai se desenrolar.

— O que você quer dizer?

— Tampas de garrafa, cara.

Jeremy olhou de soslaio para seu irmão, que agora estava apoiado em seu ombro, lendo o subreddit WSB. *Tampas de garrafa.* Era uma memória de quando estavam no barco, quando eles eram duas crianças que só tinham realmente um ao outro, porque nunca havia nenhuma outra criança por perto. Eles inventavam inúmeros jogos e competições para se manterem ocupados.

Jeremy não tinha certeza de qual deles tinha começado a coletar tampas de garrafa; mas, quase imediatamente, isso tinha se tornado um esporte — ver aquela coleção que poderia crescer muito, com as melhores tampas, as mais exóticas. Em toda ilha em que paravam, os dois corriam na frente de seus pais, vasculhando ruas, sarjetas e calçadas em busca daqueles pedacinhos circulares de metal.

Dentro de semanas, ambas as coleções deles tinham se tornado impressionantes — enchendo as caixas de sapato vazias da mãe, as caixas de equipamento sem uso do pai, e até os baldes de plástico que eles usavam para limpar as velas do convés. E continuaram com

CAPÍTULO VINTE E QUATRO

isso até quando alcançaram as Bahamas, ancorando em Nassau para uma estada de um mês.

Naquele primeiro dia na ilha, Jeremy e seu irmão tinham saído procurando por mais tampas de garrafa. Em uma hora, andando sob o sol escaldante, eles não tinham encontrado nenhuma para sua coleção. Eles estavam parados na rua — duas crianças, de 7 e 9 anos — quando Casper percebeu que eles estavam em frente a um bar. O lugar parecia decadente, com um letreiro de cerveja neon na janela. Jeremy disse que eles deveriam voltar para o barco, mas Casper só olhou para ele e correu para dentro.

Jeremy quis segui-lo, mas ficou enraizado onde estava. Talvez estivesse assustado; talvez ele tivesse percebido que era perda de tempo. Casper tinha 7 anos e não tinha nenhum dinheiro. Mas, para a surpresa de Jeremy, um momento depois ele correu de volta para fora, com um sorriso gigante no rosto. Em suas mãos — uma garrafa de Red Stripe. Não apenas ele conseguiu a tampa da garrafa vencedora, mas uma cerveja inteira.

— Olha — disse Casper. — Eu estava errado e você estava certo. Você conseguiu seu *short squeeze*. Você fez mais de US$100 mil. E agora vai perder cada centavo. Porque, e eu quero dizer isso de forma mais agradável, vocês do subreddit são um bando de perdedores. E os caras contra quem vocês estão lutando são tubarões. Eles *vencem*, é o que eles fazem. Você está no alto agora, mas vai fazer todo o caminho de volta.

Jeremy encarou seu irmão.

— Você acha que a Melvin Capital está se lixando para a *comunidade* ou algum "movimento"? Você acha que a Citadel liga para "vez" de alguém? Eles cortariam todas as suas gargantas, dançariam em seu sangue e iriam embora sem pensar duas vezes. Eles são vencedores. Vocês são perdedores. E é por isso que sei que vocês vão perder.

Casper olhou uma última vez para o subreddit WSB, então virou-se e foi em direção à porta. Jeremy o viu ir, pensando sobre a Melvin, a Citadel e as tampas de garrafa.

Só depois que seu irmão saiu e Jeremy ficou sozinho no quarto, que ele percebeu que Casper estava certo.

* * *

Quarenta e oito horas mais tarde, Jeremy estava de volta no mesmo lugar, mas agora estava de pé, seu corpo todo tremendo parado sobre a tela do telefone, próximo ao teclado de seu computador. Seu cabelo estava bagunçado e a música tocava no volume máximo. Não era Kanako Itō desta vez, mas Zwei, mais tecno-rock do que pop, o riff do baixo dramático, misturado aos vocais de Ayumu, ondas de som chocando-se contra as paredes do apartamento de Jeremy enquanto ele contava os minutos para a abertura do mercado, após o fim de semana mais longo e mais difícil de toda a sua vida.

Uma vez que sua decisão de vender foi tomada, ele esteve determinado a ficar longe do computador. Começando bem após seu irmão ter saído até depois da meia-noite de sexta-feira, ele tinha deitado no sofá, de olhos fechados, determinado a pensar em qualquer outra coisa que não fosse a GameStop.

No sábado, ele tinha caminhado uma dúzia de vezes ao redor do condomínio. Ele tinha se sentado perto do lago, assistindo aos pássaros perseguindo uns aos outros no ar cinzento. Ele até puxou uma cadeira reclinável perto da piscina e sentou ali, agasalhado em pleno inverno, esperando que ninguém conhecido passasse, mas sabendo que, mesmo se alguém passasse, provavelmente o teria evitado. E não só por causa da Covid; Jeremy sabia muito bem que ele parecia louco, porque realmente sentia como se estivesse a ponto de enlouquecer.

Na tarde de sábado, apesar de suas melhores intenções, ele acabou voltando para o computador. Como esperava, a maior parte do que via no subreddit WSB eram mãos de diamante animando,

CAPÍTULO VINTE E QUATRO

incentivando os outros a permanecerem fortes durante a semana vindoura. Algumas postagens eram bem inspiradoras; talvez a mais animada de todas fosse uma postagem feita pelo usuário SomeGuyInDeutschland, contendo um vídeo em alta resolução de um outdoor que alguém tinha comprado na Times Square, no qual se lia simplesmente "$GME FAZ VRUM" em cima de um gráfico de ação estilo Robinhood indo verticalmente. O outdoor, reproduzindo o meme popular do som feito por uma máquina que imprime dinheiro, rapidamente se tornou a postagem top no subreddit e a postagem nº 2 em todo o Reddit. Outro post que se conectava com Jeremy em um nível mais pessoal era a imagem postada por um usuário que chamava a si mesmo de Parliament, com personagens das *Tartarugas Ninjas*. Em um frame, uma das tartarugas é retratada como uma criança jovem, sendo levada pela mão pelo Mestre Splinter, o mentor roedor das tartarugas. No segundo frame, a mesma tartaruga é um adulto musculoso, guiando Splinter, que agora envelheceu e se tornou humilde. Acima da tartaruga em ambos os frames, a palavra "Millennials", e acima de Splinter, "GameStop".

Jeremy tinha entendido o meme imediatamente; ele representava seu sentimento de nostalgia, como a GameStop um dia foi o lugar que ele implorou seus pais para levá-lo, um lugar onde ele podia ficar por horas, observando as descrições no verso das caixas de jogos, jogando demos, lendo revistas de jogos. Agora era a vez de Jeremy retribuir à empresa, mostrar seu apreço e seu amor.

Mas o meme que realmente falou com Jeremy, acima de todos os outros, foi uma cena de um minuto do filme de animação *O Gigante de Ferro*, postado por um usuário nomeado jeepers_sheepers, o qual tinha sido readaptado com legendas. Na cena, o robô gigante voa para o espaço a fim de proteger a Terra — e a criancinha — de um míssil. Pela legenda, a história é lida um pouco diferente: a criança é agora todas as pessoas normais que possuem a GameStop, as mãos fracas que estão prontas para vender; o Gigante de Ferro representa as mãos de diamantes do WSB. E o míssil — a Melvin

Capital. O gigante voa para proteger a criança, explodindo o míssil — e na explosão se lê: "Falência."

Assistindo ao vídeo, repetidamente, Jeremy se sentiu como aquela criança — e a comunidade WSB o estava protegendo enquanto ele esperava, durante aquele tortuoso fim de semana, pela reabertura do mercado.

Jeremy queria ser parte da história e queria continuar aguentando como o resto — ele realmente sentia que iria desapontar aquelas pessoas que ele não conhecia e nunca encontraria se vendesse. Mas seu irmão estava certo — Jeremy não era um tubarão. Ele nem sabia como vencer adequadamente. Com o tempo, por fim ele transformaria aquela vitória em perda.

Aliás, ele racionalizou consigo mesmo, muitas daquelas mãos de diamante do WSB tinham chegado muito depois dele; US$100,00, US$200,00 até US$300,00 e ainda mais. Eles tinham posições de ancoragem diferentes. Sua linha de base era menos de US$17,00. Alcançar a lua? *Ele já tinha acertado a lua.*

E agora ele provaria que seu irmão estava errado. Ele iria *vencer*.

Ele deixou o tecno-rock preenchê-lo por dentro enquanto contava os últimos minutos até as 9h30 da manhã, então pressionou o dedo no botão Vender em sua conta Robinhood.

Um total de 350 ações — as quais ele comprou em uma média de pouco mais de US$17,00 — vendidas a US$314,22, totalizando US$109.977.

Jeremy se afastou da escrivaninha. Então seu corpo inteiro começou a se mover, seus braços finos e suas pernas sacudindo e esticando ao som da música japonesa, como os membros de uma marionete cujas cordas tinham se enrolado em um ventilador de teto.

Ele tinha feito. Estava fora. Estava dançando.

CAPÍTULO VINTE E QUATRO

E ele continuaria a dançar até, finalmente, parar por tempo o suficiente para ligar para seu irmão, a fim de contar a ele as notícias, depois por mais tempo ainda para ligar para seu pai, com o objetivo se desculpar.

Então dançaria um pouco mais.

CAPÍTULO VINTE E CINCO

Três dias depois

Houve um breve momento de leveza quando o estreito Delta Airbus A220 saltou e ricocheteou nas últimas e poucas espirais de tempestade acumuladas, bem de repente, no Aeroporto Internacional de Phoenix Sky Harbor — então Kim se sentiu pressionada de volta no assento quando os motores entraram em ação, a cápsula prateada ao seu redor batendo na grossa cobertura de nuvens em um céu azul da manhã, incrivelmente claro.

Kim respirava forte atrás de sua máscara enquanto assistia às nuvens diminuírem através do vidro oval da janela à sua esquerda, e podia sentir o coração disparado no peito. Voar nunca a tinha incomodado antes; ela tinha feito essa viagem uma dúzia de vezes nos últimos cinco anos, e era só mais um voo tranquilo na aviação moderna. Ela normalmente saía de Phoenix pouco depois do café da manhã, voltando ao trabalho no hospital na hora do almoço. Mas como todas as outras coisas nesse ano da Covid, o que costumava ser uma rotina agora parecia exótico.

As máscaras, a checagem de temperatura no portão, o fato de que não tinha ninguém sentando no assento do meio, próximo a ela — bem, pelo menos era uma melhora, apesar dela estava certa de que seria o mais temporário dos novos padrões. Ela tinha lido que algumas companhias aéreas já tinham começado a limitar o espaço a bordo valioso, quase medieval. Kim estava surpresa que tinha levado tanto tempo. Nem mesmo um vírus mortal poderia se opor por muito tempo aos lucros das companhias aéreas escasseando. A máquina, como sempre, precisava ser alimentada.

Agora que estavam acima das nuvens, Kim desviou o olhar da janela. Sua bandeja ainda estava erguida e seguramente guardada, seu notebook no chão sob o assento à frente — mas o telefone estava no bolso. Ela resistiu ao desejo de pegá-lo, porque o sinal do cinto de segurança ainda estava aceso e o avião ainda subia, o que significava que a rede sem fio provavelmente ainda não estava funcionando. E, além disso, o mercado tinha aberto há apenas alguns minutos.

Ainda assim, era doloroso estar presa em um dos poucos pontos que permaneciam desconectados no planeta, especialmente considerando tudo que tinha acontecido nos últimos dias. Turbulência nem começava a descrever o que ela passou desde que a Robinhood tinha desligado a torneira e refreado o *short squeeze*. Até onde sabia, quando seu voo para casa, vindo de Phoenix, alcançasse altitude, seu foguete para a lua pareceria mais com Skylab, terminando em uma cratera no deserto a 30 mil pés abaixo de onde ela estava sentada.

Por coincidência, ela esteve em um avião similar indo na direção oposta em 28 de janeiro, quando a Robinhood tinha posto freios na GameStop, pairando perto de US$500,00 a alta da ação. Naquela manhã, ela quase cancelou a viagem, mesmo que estivesse animada para a semana em Phoenix, visitando sua melhor amiga, Angie, por quase um ano.

Os dias que precederam o devastador movimento da Robinhood tinham sido como um incrível sonho. Ela assistiu a sua conta aumentar do valor inicial de US$5 mil para US$50 mil, tudo vindo daquelas 100 ações da GameStop que ela comprou por cerca de US$1.600.

CAPÍTULO VINTE E CINCO

Quando a ação alcançou US$500,00 no pré-mercado daquela quinta-feira, 7 dias atrás, tinha parecido que nada pararia o aumento. O *short squeeze* que ela tinha explicado para Chinwe iria finalmente em velocidade total — e o preço de US$1 mil não parecia mais uma fantasia. Pagar o aparelho dental de Brian tinha se transformado, em sua mente, na possibilidade de que ela poderia pagar sua casa. Talvez até comprar um novo carro. Infernos, qualquer coisa parecia possível.

E, no trabalho, a maioria de seus colegas comemorou com ela. Algumas garotas tinham até seguido ela no trade, comprando a US$200,00 e US$300,00 a ação; uma das enfermeiras do turno da noite, que tinha aprendido com a boa sorte de Kim, tinha até adquirido duas ações naquela noite de quarta-feira, acima de US$340,00. Para pessoas que faziam dinheiro assim, era um movimento arriscado — mas, novamente, com que frequência uma enfermeira formada em um hospital psiquiátrico teria a chance de um lucro que mudaria sua vida?

Dentre seus amigos, apenas Chinwe tinha permanecido cético, ou, como ele disse — realista.

— Golias está só começando — ele dizia a qualquer momento que a via na sala de descanso.

Todas as vezes, Kim tinha dito a ele para se animar; mas por fim ele a tinha convencido apenas o suficiente para que, tarde da noite de quarta-feira, ela colocasse uma ordem de venda em apenas cinco de suas ações — e, mesmo depois da manobra terrível da Robinhood, ela conseguiu tirar um pouco mais que seu investimento inicial, deixando as 95 ações restantes na montanha-russa que se seguiu.

Quando ela se dirigiu ao aeroporto no dia 28, honestamente acreditava que, na hora que ela aterrissasse em Phoenix, seria uma mulher rica.

O avião inclinou-se para a esquerda e finalmente endireitou. A luz do cinto de segurança apagou com um "ding", seguido pelo tom suave do piloto, assegurando-os de que eles teriam um voo tranquilo e curto de volta para a Califórnia. Outra estranheza era o quão quieta a cabine parecia. Talvez tivesse a ver com as máscaras ou talvez com a ansiedade compartilhada. Todo mundo sempre ficava nervoso em aviões, mas agora as pessoas pareciam mais assustadas com germes invisíveis voando no ar comprimido do que com a possibilidade de despencar e bater.

Kim não temia nenhum dos dois. Ela tinha sido vacinada contra o primeiro e já tinha experiência no segundo — porque, apesar do que pensou quando leu pela primeira vez o blog da Robinhood e viu a reação no subrredit WSB, a viagem da GME nunca mais foi a mesma de novo.

Quando Kim ouviu pela primeira vez que a Robinhood tinha restringido a compra, as consequências não tinham a acometido, de fato. Claro, a pressão em declínio desacelerou o *short squeeze*, mas ela sempre tinha suposto que seria temporário e soube, ao ler o WallStreetBets, que a comunidade estava determinada a ir até o fim. Qualquer um que falasse sobre vender era redondamente ridicularizado e a pressão do grupo, junto com o reconhecimento de que isso era agora uma história nacional, levando milhões e milhões de novos membros para o WallStreetBets e para a GameStop, deveria manter o foguete indo em direção ao céu.

E, por um tempo, Kim tinha permanecido cautelosamente otimista. Sexta-feira, dia 29, a ação tinha permanecido forte, fechando a US$325,00. Então, na seguinte segunda-feira, 1º de fevereiro, ela ainda tinha aberto forte — um pouco acima de US$316,00. E aí foi quando as coisas começaram a desinflar.

Ao final do dia, a ação tinha caído para US$225,00. E nos próximos dois dias — queda livre. Naquela manhã, quando ela deixou Phoenix, esteve perdurando um pouco acima de US$91,00. Ainda bem mais alto do que quando ela comprou, a US$16,00, mas muito menos que 20% da alta de quase US$500,00 que a ação tinha sido negociada antes da Robinhood puxar a tomada.

CAPÍTULO VINTE E CINCO

Entre US$300,00 e US$100,00 foi quando Kim começou a ficar com raiva. Chinwe sempre gostava de falar que não havia uma teoria da conspiração que Kim não amasse, mas, a princípio, sua mente não tinha ido por aquele caminho. Ela só não podia acreditar que alguém pudesse agir tão descaradamente quanto a Robinhood — às claras, para todo mundo ver — se algo nefasto estava por trás de seu movimento. Contudo, quanto mais sua raiva se multiplicava e quanto mais ela lia o WallStreetBets, mais se convencia — quando se adicionava às restrições da Robinhood as ações do Discord e o bloqueio temporário do subreddit WSB, realmente parecia um ataque coordenado.

O que quer que fosse, certamente tinha arruinado a semana de férias de Kim. Desde o momento em que Angie a tinha buscado no aeroporto, Kim reclamou sobre a GameStop — e ela não parou por sete dias completos. O fato de ter ido a Phoenix para uma festa inaugural do grupo de caridade que ela e Angie tinham trabalhado tão duro para fazer parte — as Filhas da Revolução Americana — tinha só tornado as coisas piores. Quando a GME estava nas alturas, Kim tinha fantasiado sobre os cheques que ela seria capaz de fazer para causas patrióticas, como apoiar veteranas mulheres ou sessões educacionais promovendo a constituição estadunidense. Mas em vista do que ela tinha acabado de testemunhar — cada vez mais começando a acreditar que era mais um golpe contra a imparcialidade e as condições de igualdade (coisas que ela mais equiparava ao patriotismo norte-americano) — tudo parecia, de alguma forma, maculado.

Ao final da semana, mesmo Angie, sua maior apoiadora que tinha estado tão orgulhosa por Kim fazer parte do que estava acontecendo com a GameStop, dizia que ela precisava tirar o lucro que fizera e cair fora. E ainda assim, de alguma forma, Kim simplesmente não podia vender. Mesmo enquanto a ação continuou a cair naquela mesma manhã — ela ainda não conseguia se forçar a descartar sua GME.

Depois que Angie a deixou no aeroporto e ela completou as etapas de segurança — e repetição adicional da Covid — ela parou no portão para ligar para Chinwe, seu marido de trabalho, porque como esposo e esposa na vida real, eles sempre gostavam de ligar um para o outro antes e depois dos voos.

Para sua surpresa, ele não tinha imediatamente feito comentários sobre Golias e Davi; mas o silêncio no outro lado da linha fez ela se sentir ainda mais tola. De todas as pessoas, ela pensou, paradas ali no Aeroporto de Phoenix, o alfinete das Filhas da Revolução Americana ainda preso orgulhosamente num canto de sua lapela, ela devia ter sido mais esperta.

— Eu sou uma idiota — disse ela, ao telefone. — Está tudo bem, Chinwe. Você pode dizer isso.

Ele pausou, do outro lado.

— Eu não acho você uma idiota. Eu acho que queria acreditar. E estou orgulhoso de você por isso.

Suas palavras a atingiram mais forte do que ela esperava. Eles estavam falando sobre a GameStop. Uma empresa de videogames estúpida.

— Então eu deveria vender? — perguntou ela, depois de um momento.

Então ele riu.

— Eu não posso dizer a você o que fazer. Ninguém diz a você o que fazer.

Agora, sentada no avião, a 30 mil pés sobre o deserto, esperando pela conexão sem fio funcionar, ela pensou nas palavras dele. Chinwe estava certo — ninguém tinha nunca sido capaz de dizer a ela o que fazer. Era provavelmente por isso que sua vida estava tão bagunçada. Pessoas, instituições, sociedade — as coisas continuavam desapontando-a — mas, ainda assim, ela continuava acreditando, e continuava seguindo em frente.

CAPÍTULO VINTE E CINCO

Seu mundo pode ser sempre injusto e sua vida pode sempre ser bagunçada. Mas uma grande parte dela *gostava* de bagunçado.

E a verdade era, quando aquela conexão sem fio funcionasse, Kim não tinha certeza se iria vender, manter ou, infernos, talvez até comprar mais.

CAPÍTULO VINTE E SEIS

15 de fevereiro de 2021

Uma semana depois.
Duas da manhã.

A neve estava descendo em camadas enquanto Sara parava no fim da estrada de cascalhos em frente a seu condomínio alugado, puxando a jaqueta de esqui de seu marido firmemente sobre os ombros e até onde conseguia ao redor de sua barriga crescente. Nenhuma de suas jaquetas cabiam mais e, apesar de ela estar procurando roupas de gravidez na Amazon por semanas, não tinha coragem de apertar o botão. Gastar dinheiro em algo tão temporário parecia de alguma forma errado; mas, quando ela pensava sobre isso, tudo sobre esse momento que eles estavam vivendo — bem distante da gravidez — não era temporário? E onde, exatamente, a definição de temporário tinha começado a se dissipar? Nove meses? Um ano?

Ela tremeu, enfiando as mãos profundamente nos bolsos do casaco de seu marido. Os dedos da mão direita tocaram seu telefone, mas ela não o tirou para o frio. Pela primeira vez em dias, ela não tinha mais o impulso de olhar para a tela. Não apenas porque era muito tarde de uma noite de sábado ou muito cedo em uma manhã de domingo — o que significava que o mercado estava fechado, e mesmo o subreddit WallStreetBets, com seus muitos milhões de usuários, estava quieto. Mas Sara sabia que, para ela, muito do encanto tinha acabado.

Diferente de muitos no subreddit WSB, ela nunca tinha verdadeiramente cedido a ilusões, a fantasias, e nem sonhou acordada; ela sempre abordou seu trade, tão pequeno em um grande esquema de coisas, como algo fundamentado. Mas ela tinha permitido a si mesma ter esperança, e foi difícil não ficar presa na emoção do momento, assistindo à ação lançada para cima, em direção à lua. Mas quando a realidade desabou — e os poderes que existiram outra vez *ficaram pra trás* — Sara rapidamente caiu de volta nas emoções que tinham se tornado tão familiares no último ano: desapontamento, aceitação, perseverança. Ela não tinha vendido suas parcelas, e duvidava que agora possivelmente conseguiria.

Ela olhou para baixo, para os pés, em direção ao cascalho que ela sabia que estava ali, mas não podia mais ver. Esteve nevando por apenas algumas horas, mas os flocos tinham ficado pesados e espessos, acumulando em montes que pareciam dunas na luz suave dos degraus da frente de sua casa, que ela deixava ligada quando saía. Não tinha sido difícil se arrastar para fora da cama naquela hora sem acordar seu marido. Era algo no qual ela tinha ficado boa durante o curso de sua gravidez. Ela supôs que insônia era apenas outro presente evolucionário, seu corpo preparando-a para a ausência de sono que teria que aguentar depois que o bebê nascesse. Mas, nessa noite, ela realmente não se importava.

A insônia, a falta de sono envolvida com trazer algo novo ao mundo, era apenas outro exemplo da realidade invadindo o que poderia, de vez em quando, parecer uma fantasia. Como uma tempestade de neve no Dia dos Namorados (EUA), arruinando os planos que eles tinham feito de dirigir ao Emmon's Lake e fazer piquenique no carro.

Mas a noite não tinha sido um fracasso, de forma alguma; em vez de um piquenique, seu esposo tinha feito o jantar e eles até abriram

CAPÍTULO VINTE E SEIS

uma garrafa de vinho, que ele mesmo bebeu por causa da condição dela. Tinha sido romântico, adorável e divertido. Mesmo agora, parada na entrada da garagem, assistindo à neve cair, ela podia pensar nisso e sorrir.

Seus dedos ainda repousavam no telefone, mas mesmo aquilo não afetava o sentimento de calor se espalhando por ela, apesar da neve tocando seu cabelo, suas bochechas e a pele descoberta de sua nuca.

Suas dez ações da GameStop estavam paradas por um sexto do preço que ela tinha comprado; mas ainda eram dela. E, se a louca e improvável corrida tinha realmente terminado, se o momento realmente tinha sido temporário, como a tempestade de neve rodopiando ao seu redor, o estado atual de seu corpo ou o momento que eles estavam todos vivenciando? Realmente mudaria alguma coisa?

Ela sacudiu a cabeça e começou a andar pela entrada coberta de neve, em direção às escadas da frente de sua casa.

Mesmo para uma realista como ela, era difícil pensar claramente no meio de uma noite de neve. Ela sabia que as coisas pareceriam diferentes quando a tempestade passasse, e ela finalmente seria capaz de ver as coisas na luz clara do dia.

CAPÍTULO VINTE E SETE

18 de fevereiro de 2021

Meio-dia.

Gabe Plotkin encarou o brilho gélido do olho digital de seu computador, esperando a fumaça abaixar, imaginando seus rostos enfileirados, uns atrás dos outros, nos escritórios, lares, segundas casas, em cidades e Estados espalhados de uma costa à outra. Uma teia de aranha, vasta, interligada, de pessoas poderosas, reunidas para uma transmissão online que tinha sido descrita, na imprensa, como principalmente investigativa — mas, da perspectiva de Gabe, deveria ter parecido mais com um coral grego shakespeariano, formado para o propósito direto de julgamento.

Irônico, que o pior momento da carreira de Gabe, e mais provavelmente um dos episódios mais dolorosos de sua vida, fosse culminar em uma transmissão online, feita pela Web, capturada em tinta para sempre, disponível para qualquer um com uma conexão de internet. Durante sua carreira, Gabe não mediu esforços para evitar qualquer marca pública real; diferente de alguns do seu meio, mesmo seu antigo chefe, ele nunca tinha buscado notoriedade ou voluntariamente feito aparições públicas. Até alguns meses atrás, dificilmente alguém fora do setor sequer sabia seu nome.

E agora ali estava ele, fazendo seu debut em frente a um palco mundial, na expectativa de explicar uma das maiores e mais velozes perdas da história financeira para uma audiência faminta e confinada em casa. Por mais que tentasse acalmar a si mesmo com seu mantra baseado em esportes — que levantar depois de uma queda provava caráter e separava os grandes dos meramente sortudos —, era difícil ver além daquela profunda despencada; agora, arrastado sob a luz por um comitê congressional, ele tinha que tentar explicar como tudo aconteceu, quando ele mesmo ainda estava tentando digerir o que tinha ido tão horrivelmente mal.

Seu corpo enrijeceu quando olhou a tela. Não era realmente fumaça, claro; mais um borrão de pixels cinza-perolado. E, quando finalmente focou, no centro sentava Maxine Waters, a presidenta do Comitê de Serviços Financeiros da Câmara. Estava em frente de um plano de fundo completamente branco, vazio, exceto por uma bandeira norte-americana e a imagem emoldurada escondida por seu rosto. A congressista parecia tão séria como sempre, enquanto começava com o título da audiência do dia:

— O Jogo Parou? Quem Vence e Perde Quando Vendedores a Descoberto, Redes Sociais e Investidores de Varejo Colidem.

Dali, ela mergulhou de cabeça:

— A volatilidade recente do mercado pôs um holofote institucional nas práticas de firmas de Wall Street e levantou uma discussão sobre o evolutivo papel da tecnologia e das redes sociais em nossos mercados. Esses eventos iluminaram potenciais conflitos de interesse e as maneiras predatórias como alguns hedge funds operam, e como elas demonstraram o enorme poder das redes sociais em nossos mercados. Também levantaram questões envolvendo a gamificação do trading, danos potenciais a investidores de varejo...

Muitas de suas palavras acertaram os ombros de Gabe como socos, ainda que alguns possam pensar que fossem injustas. Não hou-

CAPÍTULO VINTE E SETE

ve nada predatório sobre a posição short da Melvin na GameStop. Tinha sido um trade simples, sem controvérsias. Em milhões de anos ele não poderia ter adivinhado que fazer short em um dinossauro físico e localizado em shoppings com uma dívida gigantesca e aparentemente nenhum plano para o futuro seria algo que ele teria que defender.

— Muitos norte-americanos sentem que o sistema está contra eles — continuou Waters — e não importa o quê, Wall Street sempre vence. Nessa instância, muitos investidores de varejo pareceram motivados pelo desejo de derrotar Wall Street em seu próprio jogo. E, dadas as perdas que muitos investidores de varejo aguentaram, como resultado da volatilidade no sistema, há muitas pessoas cuja crença de que o sistema está manipulado contra elas foi reforçada...

Se Gabe não estivesse preso em sua cadeira — invisível para a câmera, exceto por uma persiana atrás dele, junto com uma parede sombreada e uma impressora Hewlett-Packard, como se ele estivesse transmitindo de um almoxarifado pouco utilizado da Melvin Capital — momentos antes de ser chamado para testemunhar, ele poderia ter desligado a transmissão ao vivo bem ali. *"Perdas sofridas por investidores a varejo como resultado de volatilidade?"* Se a multidão do WallStreetBets tinha sofrido perdas, de quem era a culpa? Quem tinha causado a volatilidade no sistema?

E se o sistema estava realmente manipulado contra a população do Reddit, então por que Gabe tinha acabado de perder supostos US$6 bilhões em questão de dias?

Mas Gabe não tinha nenhuma escolha, apenas ouvir, em silêncio, até que fosse sua vez de ativar o som de sua câmera. Quando ele finalmente foi chamado para falar, houve uma breve pausa, seus olhos se arregalando. Talvez um pouco de náusea, enquanto encarava aquele estranho momento de acerto de contas em frente, possivelmente, ao mais poderoso comitê do congresso — para não mencionar as milhões de pessoas assistindo, na única ocasião na história em que ver uma transmissão congressional online era uma forma bem apropriada para qualquer um passar sua tarde de quinta-feira.

— Eu quero esclarecer no início — ele começou, depois de agradecer ao comitê por insistir que colocasse às claras desse jeito; então foi direto ao ponto — a restrição do lado de compra, por parte da Robinhood, sobre a GME — que a Melvin Capital não teve nenhum envolvimento nas decisões dessa plataforma de trading. De fato, a Melvin fechou todas suas posições na GameStop dias antes da plataforma pôr aquelas limitações. Como vocês, nós ouvimos sobre esses limites por meio da imprensa...

Não havia necessidade de conectar os pontos óbvios — de que, se a Melvin tinha saído de sua posição short, eles não tinham nada a ganhar com o limite de compra da GameStop por parte da Robinhood. Se Gabe soubesse que a Robinhood e as outras corretoras fariam tal manobra, não teria ele esperado outro dia e economizado bilhões de dólares? *Quem, realmente, era a vítima ali, de todas as formas?*

— Ao contrário de muitos reportes — ele continuou — a Melvin Capital não foi "salva"... a Citadel proativamente nos contatou para se tornar um novo investidor...

Era culpa de Gabe que a Citadel viu como um bom investimento um hedge fund que perdeu metade de seu valor?

— Era uma oportunidade para a Citadel "comprar pelo preço baixo" — racionalizou Gabe, adicionando. — De fato, a Melvin estava se mantendo durante em um período difícil... não estávamos esperando uma injeção de capital...

Era como se ele estivesse defendendo a si próprio com uma espingarda, tentando causar buracos na narrativa de conspiração que tinha começado a ser construída nas redes sociais nas últimas duas semanas. E, enquanto estava defendendo a Melvin, ele se viu também precisando usar aquela espingarda para defender uma das ferramentas mais controversas de Wall Street.

CAPÍTULO VINTE E SETE

— Quando nossa pesquisa sugere que uma empresa não irá cumprir as expectativas e seu preço de ação está supervalorizado, nós podemos fazer "short" numa ação... quando os mercados diminuem, temos o dever de proteger o capital de nossos investidores.

Com a GME, o chão sob o trade não poderia ter estado mais firme.

— Especificamente a GameStop, nós tínhamos uma visão baseada em pesquisas bem antes dos eventos recentes. De fato, tivemos a GameStop em short desde o início da Melvin, há seis anos, porque acreditávamos, e ainda acreditamos, que seu modelo de negócios...

Mas Gabe tinha que saber que, para a maior parte de sua audiência, a racionalidade entrava por um ouvido e saía pelo outro. Eles não estavam buscando educação financeira; eles estavam em busca de alguém para culpar. Embora apenas alguns inquisidores do Congresso mirassem diretamente nele durante o processo — havia outros alvos, mais suculentos para eles atacarem — o representante Blaine Luetkemeyer, de Montana, colocou em palavras o que muitos estavam pensando.

— Eu entendo que a ação da GameStop foi vendida em short 140%... Sr. Plotkin, você fez o comentário no seu depoimento de que não estava tentando manipular a ação... ainda assim, se estava vendendo a descoberto uma ação 140%... de fora, vendo isso, parece exatamente o que você está fazendo... Explique para mim por que isso não é manipular a ação.

Mas não era em Gabe que os congressistas estavam mirando. Era no *sistema*.

— Para nós — respondeu Gabe. — Eu não posso falar pelas outras pessoas que estavam em short; toda vez que olharmos para o short de uma ação que estabelecemos um empréstimo, nossos sistemas de fato nos forçam a encontrar um empréstimo, nós sempre fazemos short com ações dentro do contexto de todas as regras...

Da perspectiva do *short*, a manipulação estava toda no outro lado do trade. Gabe tinha feito um short na ação porque acreditava que ela iria diminuir, e os outros tinham entrado no trade porque concordavam — a tal ponto que as ações foram emprestadas mais de uma vez. Claramente, a ação deveria ter continuado a descer. Mas não desceu. Basicamente, a razão por ela ter subido era obscura. Um bando de traders de varejo sem sofisticação e pouco organizados poderiam de fato lançar tal *short squeeze*? Ou havia algo mais profundo acontecendo, o qual ainda tinha que ser descoberto?

Se o comitê estivesse realmente tentando entender onde a trade de Gabe deu errado, eles deveriam estar focando o outro lado. O trade short era a único que fazia sentido.

Só após 3h40 de sessão que o representante Al Lawson, da Flórida, perguntou a Gabe sobre o outro lado. Como, conforme a narrativa seguia, um investidor amador tinha causado uma virada de ponta-cabeça e custado a Gabe bilhões de dólares. Como alguém como Gabe, que tinha sido vencedor durante toda sua vida, que sabia que vencer não acontecia de vez em quando, mas sempre — poderia ter sido vencido por um cara no porão?

Essa era a pergunta, sem dúvidas, que Gabe tinha feito a si mesmo todos os dias desde que fechou sua posição short. Agora, pela primeira vez, ele poderia tentar respondê-la — porque, pela primeira vez durante o suplício inteiro, mesmo que fosse pela rede de telas de vídeo, ele estava frente a frente com o amador de cabelo mullet e bandana que tinha praticamente destruído seu hedge fund.

— Eu acho que eles viram uma oportunidade de aumentar o preço de uma ação — disse Gabe, e, por mais que tivesse tentando suprimir, a dor estava escrita nas linhas profundas sobre seus olhos — e hoje, com as redes sociais e outros meios, há a habilidade de fazer isso coletivamente, isso é um fator de risco, sabe, até recentemente nunca visto... eles aproveitaram uma oportunidade em torno de juros de short...

CAPÍTULO VINTE E SETE

Mas, mesmo enquanto falava, faíscas começaram a acender dentro dele. Ele estava no chão, ferido e sangrando — mas não tinha desistido. De uma frase a outra, ele pareceu se impulsionar de volta para cima, primeiro de joelhos, então lentamente, mais forte, em direção a seus pés.

— Nós e a Melvin... nós vamos nos adaptar, e eu acho que todo o setor terá que se adaptar.

Quando o congressista Lawson continuou, perguntando o que o setor precisava fazer para evitar que isso acontecesse de novo, Gabe já estava um passo à frente, tirando a lama dos sapatos. Um lutador, se erguendo do tatame, ajustando as luvas de novo. Michael Jordan, entrando na quadra no dia após uma rara perda, pronto para fazer chover jogadas de três pontos.

— Eu acho que, de certa forma, os mercados estão se autocorrigindo. Seguindo em frente, não acho que você verá ações com esse nível de juros em short que vimos antes deste ano. Não acho que os investidores como eu vão querer estar suscetíveis a essa dinâmica. Eu acho que haverá muita supervisão de fóruns de discussão... nós temos um time de data science que verá isso... Sabe, qualquer regulação que vocês todos decidam — certamente iremos obedecer.

Mesmo através da transmissão online, a transformação era visível; em menos de um minuto, Gabe tinha ido de uma vítima desnorteada para o atleta profissional que sempre foi. Era hora de aceitar a perda e continuar, porque teria bastante vitórias no futuro.

Como ele tinha dito, o mercado estava se autocorrigindo. O sistema iria se adaptar. O estranho no porão tinha vencido Gabe, mas agora que ele tinha se revelado, agora que a ameaça que ele representava era tão nítida quanto os pixels na tela em frente a Gabe — ele não conseguiria derrotar Gabe novamente.

* * *

— Quase oito anos atrás, Baiju Bhatt e eu fundamos a Robinhood. Acreditávamos, naquela época, assim como acreditamos agora, que o sistema financeiro deveria ser construído para funcionar para todos, não apenas um grupo seleto.

Vlad Tenev, sentado com perfeita postura, em frente a uma prateleira baixa dando suporte a alguns livros que podiam ser bíblicos, e a três jarras, vasos ou urnas que deveriam ser antigos, estava apoiado em uma almofada inflável enquanto falava de VERDADE no éter da INTERNET.

— Nós sonhamos em tornar o investimento mais acessível, especialmente para pessoas sem muito dinheiro.

As palavras de Vlad pulsavam com a paixão de um CRENTE, e não importava se o seu sermão estava alcançando apenas os cinquenta e poucos legisladores que estavam reunidos na assembleia ou milhões e milhões que estavam assistindo em suas casas.

— O mercado de ações é um poderoso criador de riquezas — continuou ele — mas quase metade das famílias estadunidenses...

E quando a primeira interrupção veio da própria presidenta, parecia uma surpresa tão grande que o olhar atordoado de Vlad era óbvio para qualquer um que estava assistindo.

— Sr. Tenev, eu gostaria que você usasse seu tempo limitado para falar diretamente sobre que aconteceu em 28 de janeiro, e seu envolvimento nisso.

A princípio, talvez ligeiramente mais hesitante do que tinha começado, Vlad tentou manter a postura, rapidamente erguendo os pilares do mito e da mensagem da Robinhood.

— Nós criamos a Robinhood para empoderar economicamente todos os norte-americanos ao abrir mercados financeiros para eles. Eu nasci na Bulgária, um país com um sistema financeiro que estava à beira de um colapso. Com 5 anos de idade, vim com a minha família para a América, em busca de uma vida melhor.

CAPÍTULO VINTE E SETE

E, de novo, ele começou a ganhar fôlego ao largar a almofada inflável e sair rodopiando pelo lago reluzente. Ele falou, é claro, da democratização da finança. Dos recursos educacionais de sua plataforma. Dos maravilhosos investimentos fracionais, do reinvestimento de dividendos e do investimento recorrente que seus clientes aproveitavam; sua dieta estável de ações *blue chip* e ETFs que tinha, em parte, dado àquela base de clientes o valor total que "ultrapassava a quantidade de dinheiro líquida que eles tinham depositado em mais de US$35 bilhões".

— Nosso modelo de negócios é trabalhar para o cidadão comum — ele adicionou; mas tão alto quanto os pilares que ele construiu, era igualmente difícil tentar subir até o ponto elevado que a mitologia sustentava. Em pouco tempo ele descobriu que a interrupção tinha sido apenas o primeiro ataque; com dez minutos na audiência, as flechas vinham tão rápidas e furiosas que pareciam uma chuva violenta.

Do representante David Scott, da Georgia:

— Você não vê e concorda que algo muito errado aconteceu aqui e que você é o centro disso?

Representante Juan Vargas, da Califórnia:

— Robin Hood é um herói folclórico inglês do século XIII ou XIV, e supõe-se que ele rouba... do rico para dar ao pobre. Aqui, você quase tem um oposto. Temos a situação em que você tem o roubo de investidores de pequeno varejo e dá isso ao maior investidor institucional.

E as muitas versões de uma única questão, analisada por todos os homens congressistas — e mulheres — de todos os ângulos: *pagamento por* order flow *é sequer legal?*

Não importa se as pessoas que fazem as perguntas são as mesmas legisladoras que criaram as regras e as leis, que ajudaram a construir o sistema que tinha colocado Vlad na mira. Era óbvio que ele não estava ali como só outra testemunha do que aconteceu, como eles tinham majoritariamente tratado Gabe Plotkin — mas para ser um alvo. Acusações mascaradas de perguntas lançadas a ele em uma mistura de querer chamar a atenção política e raiva real, tudo extraído do turbilhão carregado de teorias da conspiração que vinha crescendo nas mídias desde 28 de janeiro.

Alexandria Ocasio-Cortez, congressista de Nove York, resumiu os ataques oito minutos após a marca de cinco horas:

— Sr. Tenev, a Robinhood se envolveu em um histórico de interrupções, falhas de design e, mais recentemente, o que parece ser uma falha em se responsabilizar corretamente por seu próprio risco interno. Você anteriormente tentou culpar as câmaras de compensação por sua necessidade e correria para juntar US$3,4 bilhões em uma questão de dias… dado o histórico da Robinhood, não é possível que a questão não seja as câmaras de compensação, mas o fato de que você simplesmente não administrou sua própria contabilidade?

Então ela se voltou para o pagamento por *order flow* — destacando que o PFOF (pagamento por *order flow*) carregava em si chances consideráveis de conflito de interesse e, além disso, que os lucros gerados pela prática — apesar de permitirem à Robinhood prover trading livre de comissões — essencialmente significavam "que o trading na Robinhood não é verdadeiramente de graça para início de conversa?".

A princípio, ainda que imediatamente na defensiva, Vlad respondeu à enxurrada de perguntas com tanta postura e graça quanto conseguiu. Ele falou sobre quão incomum — extraordinário — eram os eventos que levaram a 28 de janeiro; como o requisito de depósito que o tinha acordado naquela manhã tinha sido dez vezes o requisito de apenas três dias antes; quão seriamente ele tinha levado o ato de restringir a compra da GME, mas como teria sido infinitamente pior se eles tivessem impedido os clientes de vender, tornando-os incapazes de acessar o dinheiro quando possivelmente eles precisassem dele.

CAPÍTULO VINTE E SETE

Mas, ao final da sessão, sua postura estava sofrendo: paletó e gravata desarrumados, e suas bochechas ruborizadas.

Quando ele finalmente respondeu ao ataque obstinado de Ocasio-Cortez: "Certamente, congressista, a Robinhood é um negócio de fins lucrativos" — ele estava claramente aflito. E em outra parte da audiência, quando as coisas mudaram, inevitavelmente, para a possibilidade de o aplicativo Robinhood ter gamificado o mercado de ações com seu aplicativo fácil para amadores, pouco ele pôde fazer além de jogar as mãos para o alto.

— Olha, me desculpa pelo que houve — desculpou-se ele, não mais flutuando no ar, mas arfando em busca dele. — Eu me desculpo. Não vou dizer que a Robinhood fez tudo perfeitamente...

Mas isso, em suas palavras, era 1 ocorrência eventual em 3,5 milhões. "Uma nunca antes vista em mercados de capital."

Ele não acreditava que tivesse qualquer coisa a ver com a gamificação. Uma palavra que os congressistas lançaram nele como se fosse o mal encarnado — irônico, considerando que o episódio completo girava em torno de uma multidão de traders a varejo tentando escorar a ação de uma empresa que existia apenas por conta do amor por jogos do público norte-americano.

Embora Vlad não dissesse isso ele mesmo, se alguém tinha gamificado Wall Street, essa pessoa seria o cidadão norte-americano. A mesma população que tinha colocado aqueles congressistas em seus cargos. Eram as pessoas que compravam a GameStop pela razão expressa de derrubar Wall Street.

Ao final, tudo se resumia a uma única questão: isso poderia acontecer de novo? Vlad estava certo que, com sua nova reserva financeira, mesmo se acontecesse, sua empresa poderia lidar com isso. Mas, ainda assim, ele deve ter sentido que não era a pessoa certa para perguntar — porque não importava o quão elegante, legal e viciante o aplicativo fosse, ele era apenas um intermediário.

Claro, quando se era um intermediário, e as coisas iam mal, você estava inevitavelmente no *meio*; mas se Wall Street *tinha* sido gamificada, se o mercado de ações *tinha* se tornado algum tipo de grande videogame, a Robinhood era apenas o console.

Os hedge funds — a Melvin e Gabe Plotkin — e os traders de varejo — o cara da bandana em seu porão — eram os jogadores. Se o videogame estava quebrado, se seu software parecia repentinamente cheio de bugs — não se culpava o console nem os jogadores.

A culpa era das pessoas que construíram o jogo ou de alguém que era poderoso o suficiente para mudar seus códigos uma vez que já tinha sido colocado em movimento.

* * *

— Eu quero deixar bem claro. Nós não tivemos nenhum envolvimento na decisão da Robinhood de limitar o trading da GameStop... Eu soube das restrições de trading da Robinhood pela primeira vez apenas depois que eles tinham anunciado publicamente...

Ken Griffin falou com calma e cuidado, precisamente para a câmera, raramente piscando, como se a ação de piscar fosse algo que ele fazia por escolha e não por necessidade. Ele parecia confiante, se não confortável, encarando o poderoso Comitê da Câmara, e seu tom era o de um homem que tinha muitas coisas importante a fazer naquele dia; ele estava lá porque era inevitável e responderia a quaisquer perguntas que os congressistas fizessem, mas ele não tinha intenção de se repetir.

— Durante o período de trading das ações frenéticas a varejo, a Citadel Securities foi capaz de providenciar liquidez contínua a cada minuto de cada dia de trading. Quando outros foram incapazes ou relutantes de lidar com os volumes pesados, a Citadel Securities estava lá. Na quarta-feira, 27 de janeiro, nós executamos US$7,4 bilhões de ações em nome de investidores de varejo. Para colocar isso em perspectiva, naquele dia, a Citadel Securities executou mais ações para investidores de varejo do que o volume diário médio total de todo o mercado norte-americano de ações em 2019.

CAPÍTULO VINTE E SETE

O plano de fundo visual atrás dele não poderia ser mais institucional; cor esbranquiçada, com painéis perfeitamente simétricos na parede, acima de um conjunto combinando, similarmente branco, de armários. O terno de Ken estava emoldurado em ambos os lados por plantas em vasos, folhas serpenteando para baixo em ambos os lados, como vinhas assustadas. Se plantas em vasos pudessem falar, essas pareceriam gritar ou, pelo menos, choramingar. O efeito visual completo estava entre uma transmissão da sala de descanso de um escritório de quiropraxia ou um vídeo de televendas de algum remédio de diabetes suspeito.

Enquanto a audição passava de suas alegações iniciais para o interrogatório, era óbvio que a paciência de Ken seria testada, talvez além de seu limite habitual. Apesar de algumas perguntas serem bem intencionadas, muitas pareciam — sem intenção — planejadas para mostrar quão pouco o comitê do Congresso reunido realmente *entendia* sobre o que a Citadel *fazia*, como o sistema financeiro de fato *funcionava* ou por que colocar Ken na frente deles era uma perda de *tempo* para todos. Ele estava claramente jogando um jogo que eles mal compreendiam, em um campo bem acima de suas áreas de conhecimento.

Conforme Ken tentava — com a mesma paciência de um homem que definitivamente não tinha construído um trono de ossos de seus concorrentes — explicar coisas como o processo T+2, a diversidade do formador de mercado competitivo e como a Citadel Securities economizava bilhões de seus clientes por meio dos melhores modelos de execução, ele podia imaginar a maior parte de seus questionadores murchando, como as plantas atrás dele. A verdade simples era que a tecnologia tinha sido tão rápida, o sistema financeiro tinha se tornado tão complexo, que, se você não estivesse dentro, todo dia, por décadas, tinha chances muito pequenas de realmente compreender o que um homem como Ken fazia para manter a economia funcionando. Era semelhante a um antropólogo viajante do tempo de uma civilização altamente complexa entrando em contato com alguma comunidade antiga — mas era a comunidade antiga que estava tentado decifrar e traduzir a linguagem complexa do antropólogo, não o contrário. Eles simplesmente não tinham, e não conseguiam ter, a experiência e as ferramentas para entender.

Provavelmente era a razão de muito da ira e dos ataques serem focados em Vlad e Robinhood, e apenas alguns congressistas se sentirem corajosos o suficiente para ir atrás de Ken. Vlad era um alvo fácil, não apenas porque parecia acessível e convidativo, como o tipo de cara amigável e de olhos grandes que você poderia encontrar se voluntariando para trabalhar na tina de água em um parque de diversões itinerante; mas o que a Robinhood fazia — e tinha feito — era muitíssimo fácil de entender. Eles se colocam para o mundo em termos simples — inferno, esse era seu modelo de negócio, simplificar, ser acessível, nivelar e, sim, gamificar coisas que *supostamente* eram exageradamente complexas.

Então não era surpresa que, quando um dos investigadores congressionais — o representante Juan Vargas, da Califórnia — finalmente focou de fato Ken, os congressistas estavam se jogando na narrativa simples ao redor da Robinhood e da aparente traição de sua base de usuários.

— Alguém de sua organização contatou primeiro a Robinhood desde janeiro?

Mas, pela reação de Ken, parecia ser uma pergunta tola com a qual ele poderia ter ficado furioso com um subordinado fazendo:

— Você está me perguntando se nós fizemos *contato* com a Robinhood? — então ele esclareceu, como se precisasse de esclarecimento. — É claro que nós estamos falando da rotina da Robinhood no progresso comum de seu negócio. Nós gerenciamos uma proporção substancial de seu *order flow*.

E, quando o congressista tentou seguir adiante, para uma acusação real:

— Você falou com eles sobre restringir ou fazer qualquer coisa para evitar que as pessoas comprassem a GameStop?

CAPÍTULO VINTE E SETE

A resposta de Ken foi dada com um vigor que qualquer um que o conhecesse — e tivesse saído com os quatro membros ainda intactos — teria reconhecido:

— Vou ser bem claro. ABSOLUTAMENTE NÃO.

Ken foi tão inflexível em sua resposta que ele evitou piscar pelo próximo minuto completo, seu semblante tão rígido que uma pessoa poderia ter se perguntado se sua conexão sem fio caiu.

E, na maior parte, muito pouco foi perguntado a ele além disso, algo realmente relacionado aos eventos em torno da GameStop. Quando a representante Rashida Tlaib teve sua vez com Ken em seu pódio virtual, ela não mencionou de forma alguma a GameStop:

— Como todos sabemos, os 10% mais ricos possuem 84% de todas as ações. De fato, 50% das famílias norte-americanas não possuem nenhuma ação. Eu digo isso para enfatizar que, para muitos de meus habitantes, o mercado de ações é simplesmente um cassino para os ricos... e quando vocês todos ferram as coisas... as pessoas terminam pagando a conta.

Dali, ela seguiu direto para uma pergunta sobre o "trading de alta frequência", a estratégia computadorizada de negociar antes do mercado — mas o que ela estava perguntando era tão complexo que era impossível para Ken tentar sequer começar a responder de uma forma que fosse satisfazê-la.

Muito pelo contrário, apesar de ela estar levantando um ponto importante sobre a tangibilidade relacionada às práticas financeiras, o momento resumia quão absurdo era para alguém como Ken sequer ser chamado para uma audiência como essa. Se Ken estivesse em um julgamento — o que claramente não estava —, esperava-se que ele fosse julgado por um júri de seus iguais. Mas Ken Griffin, e a Citadel, não *tinham* iguais.

Durante o questionamento do representante Vargas, o congressista tinha marcado o que parecia ser um ponto significante quando, antes de pressionar Ken em seu contato com a Robinhood, ele perguntou:

— Sr. Griffin. Quantas pessoas estão na sala com você?

Ao que Ken respondeu:

— Cinco pessoas, incluindo eu.

Mas o ponto que o representante tinha pensado que atingiu — que os CEOs de Wall Street como Ken tinham times de vendedores ao seu redor, protegendo-os, aconselhando-os, defendendo-os de gastos tolos de seu tempo como, por exemplo, audiências inúteis — era apenas parte da equação. Ken tinha um time ao seu redor porque o que ele fazia era tão complexo e complicado que era praticamente impossível separá-lo do sistema que o cercava.

Mas, ao fim da audiência de 5h30, havia poucas dúvidas de que os congressistas reunidos não estavam mais perto de entender o que realmente tinha acontecido naquela semana em janeiro do que estavam no dia anterior. Não havia dúvidas de que Ken estava no centro do que tinha acontecido — porque Ken e a Citadel estavam no centro de praticamente tudo que acontecia nos mercados financeiros dos Estados Unidos. Mas as perguntas feitas a eles iluminaram muito pouco, porque não foram as perguntas certas ou não *havia* perguntas certas.

Se a Citadel tinha ativamente pressionado a Robinhood para restringir a compra da GameStop era um questionamento fácil para Ken responder — porque *é claro* que não tinham. Por que eles fariam isso? Os requisitos de depósito de Clearing da Robinhood tinham tornado impossível para a empresa de Vlad fazer qualquer outra coisa.

Pagamentos por *order flow* requeriam conflitos de interesse, ao transformar os usuários da Robinhood em seu produto? Teoricamente, claro, mas a culpa era de quem realmente? Da Citadel, que fazia dinheiro ao prover a Robinhood os trades mais eficientes e mais baratos? Da Robinhood, que também fazia dinheiro, mas poderia dar a seus clientes a habilidade de fazer trade de graça? Ou os próprios usuários, que poderiam também ganhar dinheiro, sem nunca pagar um centavo em comissões?

CAPÍTULO VINTE E SETE

"Trading de alta frequência" ou "trading à frente do mercado" era algo suspeito, perigoso e corruptível? Cristo, certamente sim, mas quem diabos realmente entendia o que isso significava? As possibilidades eram, se você realmente entendesse, se provavelmente fazia isso, não tentar inventar perguntas coerentes para fazer a pessoas como Ken.

Talvez tivesse sido melhor manter as coisas simples. Apesar de alguns dos representantes terem dançado ao redor do assunto, eles poderiam ter feito a Ken a única pergunta que realmente se aplicava:

Por que, exatamente, ele tinha investido US$2 bilhões na Melvin Capital — um hedge fund que tinha acabado de perder metade de seu valor em uma questão de dias? Mesmo se não chamasse isso de plano de resgate financeiro, por que um homem como Ken Griffin investiria em um hedge fund com hemorragia, não importa o quanto Gabe Plotkin fosse uma estrela?

A rivalidade de Ken com Steve Cohen poderia realmente ter sido um incentivo suficiente para Ken querer se envolver com um hedge fund, de uma maneira presumidamente favorável — apesar de aquele hedge fund ter acabado de explodir de maneira pública e talvez existencial?

Ou Ken estava escorando Melvin por outra razão? Algo mais profundo estava acontecendo?

Ou teóricos da conspiração estavam definitivamente errados: como Ken testemunhou, ele não tinha pressionado a Robinhood para restringir a compra da GameStop para salvar a Melvin e outros hedge funds de venda a descoberto — e, obviamente, ele não precisou. Os requisitos de liquidação da Robinhood certificaram disso.

Mas, alguém poderia ter perguntado, Ken e a Citadel não estariam plenamente cientes de quais seriam aqueles requisitos de liquidação e de como a Robinhood precisaria reagir? A Citadel não saberia — na manhã de quinta-feira, 28 de janeiro — que a

Robinhood não conseguiria cumprir seu requisito de depósito sem alterar o lado compra da GameStop?

Se uma firma como a Citadel realmente era capaz de fazer dinheiro por trading à frente do mercado — não era essa uma situação em que uma firma assim saberia o que estava prestes a acontecer, à frente do mercado? Não seriam eles capazes de usar esse conhecimento, se estivessem interessados, de inúmeros modos?

Talvez, se as perguntas certas fossem feitas — ou mesmo se tivesse qualquer pergunta certa —, a presença de Ken na audiência poderia ter feito sentido. Terreno, se não objetividade, poderia ter sido percorrido para a compreensão das ligações entre a GameStop, a Melvin, a Robinhood e o sistema inteiro.

Mas, da forma que era, a presença de Ken, raramente piscando, parecia ter oferecido tanto objetividade quanto as duas plantas em vasos atrás dele. A verdade era que, pelo visto, o Comitê da Câmera não tinha convocado Ken para responder a perguntas sobre a GameStop. Eles o intimaram para provar a eles que ainda *podiam*.

E ele tinha dado a eles 5h30 de seu tempo. O que era mais, ele deveria ter sentido, que esse momento absurdo na história merecia.

Ken não era uma criança com um poster de gato e uma bola 8 mágica em um porão de um subúrbio de Boston, afinal. Ele era o CEO da Citadel.

E tinha uma economia para lidar.

CAPÍTULO VINTE E OITO

E mais uma vez a câmera ligou.

— Obrigada, presidenta Waters... Estou feliz em discutir com o comitê minhas aquisições de ações da GameStop e minhas discussões sobre seu valor justo nas redes sociais. É verdade que meu investimento nessa empresa multiplicou em valor muitas vezes. Por isso eu me sinto enormemente afortunado. Também acredito que o preço atual das ações demonstra que eu estive certo sobre a empresa...

O momento era de certa forma surreal e rotineiro ao mesmo tempo; Keith Gill em sua escrivaninha no porão, falando no microfone vermelho brilhante de streaming, sentado em sua cadeira de couro falso de *Game of Thrones*. O quadro branco estava atrás dele, mas agora não tinha nada além de seu pôster favorito de gato — o gatinho pendurado pela pata, acima o slogan "Segure as pontas!".

— Algumas coisas eu não sou. Eu não sou um gato. Eu não sou um investidor institucional. Nem sou um hedge fund...

Mas, hoje, a bandana vermelha não estava amarrada ao redor da cabeça de Keith; estava pendurada em um canto do pôster, totalmente visível para a câmera — talvez uma referência a quão significante ele sabia que o evento era. Outra referência — sua camiseta colorida tinha sido trocada por um paletó bem passado e uma gravata com nó firme. Verdade, seu terno parecia ter acabado de sair de uma bolsa de lavanderia e a gravata era tão brilhante que, se você virasse do avesso, poderia esperar encontrar uma etiqueta de preço ainda presa. Mas não havia dúvidas, Keith estava levando isso a sério, e, apesar de não parecer um animal desajeitado sob mira, como seu colega Gabe Plotkin, era claro que, como o antigo programa infantil costumava dizer: "Uma coisa não tem a ver com a outra."

— Eu sou só um indivíduo cujo investimento na GameStop e as postagens nas redes sociais se basearam em minhas próprias pesquisas e análises.

A sensação de que ele não pertencia realmente à fila de profissionais altamente sofisticados que tinham sido chamados à audiência do Congresso vinha aumentando desde que a lista de testemunhas se tornou pública. Vlad Tenev, diretor executivo, Robinhood Markets, Inc.; Kenneth C. Griffin, diretor executivo, Citadel LLC; Gabriel Plotkin, diretor executivo, Melvin Capital Management LP; Steve Huffman, diretor executivo, cofundador, Reddit.

Keith Gill.

Sem cargo, sem descrição impressionante, nem mesmo um Brockton amigável, Massachusetts. Apenas um cara chamado Keith Gill.

— Dois fatores importantes, baseados inteiramente em informação publicamente disponível, me deram confiança de que a GameStop era subestimada. Primeiro, o mercado estava subestimando as perspectivas dos negócios tradicionais da GameStop e supervalorizando a probabilidade de falência. Eu cresci jogando videogames e comprando na GameStop, e pretendo continuar comprando lá...

CAPÍTULO VINTE E OITO

Um cara que, apesar da despencada do preço da ação da GME desde que a Robinhood abriu um buraco no *short squeeze*, ainda valia cerca de US$20 milhões, pelo menos "no papel".

— Segundo, eu acredito que a GameStop tem potencial para se reinventar como o destino principal de gamers dentro da rápida e crescente indústria de jogos de US$200 bilhões...

Apesar de Keith ter temporariamente pausado suas atualizações YOLO para lidar com o crescente efeito colateral do que ele — sem dúvidas — começou, ele igualmente passou um tempo fora do YouTube para estar com a família e se proteger do nível de atenção que mesmo alguém que tinha aspirado a uma carreira nos esportes profissionais não poderia ter imaginado, sua tese não mudou — nem sua crença na GameStop diminuiu. Se não fosse pela atenção da mídia, ele muito provavelmente estaria bem onde estava — professando seu amor pela GME para a câmera, com ou sem audiência do Congresso.

— Quando eu escrevi e falei sobre a GameStop nas redes sociais com outros investidores individuais, nossas conversas não foram diferentes de pessoas em um bar, em uma pista de golfe, em casa, falando ou discutindo sobre uma ação...

Porque ele ainda acreditava, e sempre acreditaria, que professar seu amor por uma empresa como a GameStop era certo, justo, legal — e realmente tão americano quanto o próprio mercado de ações.

Como ele mesmo disse, quase no fim de suas alegações iniciais no Comitê da Câmara, para os milhões que poderiam estar assistindo à transmissão ao vivo e para os rostos dos outros jogadores no drama que tinha se desenrolado — Gabe Plotkin, Vlad Tenev, Ken Griffin — os quais ele estava "encontrando" pela primeira vez — o fato de que eles se comunicaram através de "plataformas de redes sociais" ao invés de uma sala de reuniões em um escritório de

Wall Street ou no Zoom, com um time de analistas ou gerentes de portfólio, não fazia nenhuma diferença.

— A ideia de que eu usei as redes sociais para promover a ação GameStop para investidores inconscientes e influenciei o mercado é absurda.

Como se Keith Gill, corredor de uma milha de quatro minutos, filho de um motorista de caminhão e de uma enfermeira formada, um cara que passou a maior parte da sua vida adulta desempregado ou mal empregado, poderia ter enganado alguém para comprar a GameStop.

— Minhas postagens não causaram o movimento de bilhões de dólares em ações da GameStop.

Como se Keith Gill pudesse pessoalmente causar uma revolução que tinha praticamente derrubado um dos maiores hedge funds de Wall Street.

Isso era ridículo, insano. Uma revolução dessas vinha de um lugar muito mais profundo que uma reunião de "primatas" e "retardados" de algum subreddit no porão da internet. Uma revolução dessas vinha de algo muito mais profundo, muito mais profundo do que a porra de uma pesquisa de um cara no porão, uma criança de Brockton.

E quando Keith finalmente terminou seu testemunho — quando finalmente sobreviveu às 5h30 de audiência, mal respondendo a um punhado de perguntas durante o evento porque, realmente, quem era ele, afinal? —, desligou a câmera, olhou de relance para os comentários passando rapidamente um após o outro pelo fórum WallStreetBets — e então mudou para sua conta de trading.

Conforme olhava para aquele belo ticker, GME, multiplicado 50 mil vezes, uma para cada ação que ainda mantinha — ele sabia o que precisava fazer em seguida.

CAPÍTULO VINTE E OITO

Comprar *maaaiiis*.

Porque, bem, mesmo depois de tudo.

Ele apenas realmente gostava da ação.

CAPÍTULO VINTE E NOVE

Número 540 da Madison Avenue, 32º andar.

A um pulo da Melvin Capital, de Gabe Plotkin, cinco prédios e dez andares acima.

Um escritório similar de vidro e aço, também vazio, quieto e escuro. Outro navio fantasma flutuando num mar de arranha-céus vazios, janelas panorâmicas como escotilhas com vista que permanecia principalmente fria e morta. Outro centro quase sem vida, o coração de um cadáver que, como a Melvin, de alguma forma ainda tinha um sistema circulatório funcionando, veias e capilares alcançando como raios em escritórios temporários e segundas casas em todo o mundo.

Richard Mashaal, CEO da Senvest Management, em um daqueles escritórios temporários, em uma daquelas segundas casas, afastou-se do computador e deixou a tensão finalmente se esvair de seu rosto, seu pescoço e seus ombros. Geralmente sua aparência era bem arrumada; mas, no momento, ele estava desgrenhado. Seu cabelo era uma bagunça e um dos botões da sua camisa tinha soltado. Sua manga esquerda estava muito enrolada, seu paletó tinha caído das costas da cadeira no chão — mas ele não estava nem aí. Parecia ter passado por uma guerra, o que fazia sentido, porque o que ele tinha acabado de vivenciar era o equivalente financeiro de um combate campal. Uma experiência profunda, transformadora profissionalmente; mas, ao contrário de seu colega a cinco prédios de distância, Richard não tinha perdido a luta. Muito pelo contrário, sua vitória era tão extrema que seria registrada nos anais de Wall Street como um dos melhores trades que alguém já fizera.

Ao contrário de seus colegas de Wall Street, Richard não era uma celebridade financeira. "Mashaal" estava longe de um nome conhecido, e mesmo no mundo elitista dos hedge funds ele não era particularmente famoso. Parte de seu anonimato era por escolha própria; Richard e seu CIO, Brian Gonick, tinham feito pouco esforço para se entrosar com o ambiente dos hedge funds, mesmo que sua própria loja tivesse crescido de uma semente de US$5 milhões no início dos anos 1990, principalmente um negócio familiar, passando para uma ainda relativamente pequena, mas respeitável, quantia de avaliação pré-pandemia de US$2 bilhões.

Dado o perfil único de investimento da firma, seu distanciamento não era nenhuma surpresa. A abordagem adversa de ações públicas não era para todos; perseguir e investir em ações desvalorizadas, dispensadas, incompreendidas e, sim, desamadas era inerentemente arriscado. Colocar dinheiro em empresas que outros hedge funds estavam evitando, ou apostando contra, era uma estratégia volátil que produzia um balanço patrimonial que nunca seguia em linha reta. Havia trimestres, anos, mas, quando Richard e sua equipe escolhiam corretamente, os ganhos podiam ser impressionantes. Como investidor adverso, não era necessário estar certo com frequência, porque, quando estava, era — explosivo.

A tendência de Richard de nadar contra a corrente provavelmente tinha relação com sua criação; ele cresceu em Montreal, não em Nova York. Seu pai era um empreendedor, que fez parte de sua fortuna ao trazer para o Canadá etiquetas em miniatura, universais, antirroubo presas às mangas e aos forros de roupas na maioria das lojas a varejo ao redor do mundo. Depois de Wharton e da Universidade de Chicago, Richard voltou ao Canadá para focar o ramo de

CAPÍTULO VINTE E NOVE

ações públicas do negócio da família, que então transformou-se em seu hedge fund — Senvest Management, em homenagem às "etiquetas de segurança sensormatic" — com sede firmemente plantada em Nova York, a capital financeira do mundo.

Embora durante a década seguinte algumas das vitórias mais notáveis da Senvest possam ter sido no lado short — em particular, a posição short em Insys Therapeutics, uma empresa biomédica que supostamente forçou uma forma sintética de fentanila em relacionamentos fraudulentos e de suborno com médicos corruptos —, Richard e Brian sempre estiverem mais interessados em identificar diamantes brutos; empresas para as quais o resto de Wall Street tinha virado as costas, mas que ainda tinham potencial para transformação. E, quando a Senvest fazia long, eles não ficavam à margem, assistindo ao ticker da ação e rezando; eles gostavam de se envolver. Quando compravam ações, eles se consideravam parte da gestão, tentando impulsioná-las na direção que seria vantajoso para todos.

Quando Richard, Brian e o time Senvest esbarrou na GameStop no começo de setembro do ano anterior, a ação estava em trade na faixa de US$6,00 a US$7,00 e parecia ser uma boa razão. O mundo rapidamente tinha se tornado digital, enquanto a GameStop estava atolada no físico: lojas, cartuchos de jogo e CDs, consoles de plástico. A gerência também parecia anacronicamente míope, incapaz de aproveitar as vantagens naturais que a empresa poderia ter no espaço de jogos rapidamente em expansão. Não era surpresa que a ação tivesse um enorme volume short — qualquer um que decifrasse um manual de negócios podia farejar o "cubo de gelo derretendo" a 1.000km de distância.

Mas Richard e Brian viam outra coisa também. Semelhante ao que Michael Burry tinha observado, a Microsoft e a PlayStation estavam perto de lançar novas versões de seus aparelhos — consoles físicos, os quais tinham que ser comprados em algum lugar, não baixados através da mágica da internet. Segundo — e talvez mais importante — era que Ryan Cohen, um gênio do e-commerce, que tinha ultrapassado a Amazon com o domínio de muitos bilhões de dólares com produtos para pets online, jogando seu dinheiro na ação, entrando na rixa com sua carta raivosa para o subreddit da GameStop.

Para o time Senvest, aqueles pareciam dois indicadores positivos de que, no oceano vermelho, as transformações não eram tão loucura quanto pareciam ser. Adicionado a isso, o insano volume de short — naquela época, quase chegando a 100% da flutuação. Isso em si era atrativo; todos aqueles vendedores a descoberto precisavam emprestar as ações que eles queriam vender para alguém, e um hedge fund como a Senvest podia fazer um retorno bem estável emprestando essas ações.

Então a decisão foi tomada — e o time de Richard começou a comprar. Em silêncio, a princípio, porque a última coisa que um hedge fund queria era que todos soubessem que ele estava comprando ações que considerava subestimadas. Pouco a pouco eles pegaram as ações, começando com uma posição pequena o suficiente para não impactar o mercado. Uma posição de 2%, a qual se tornou 3% — e quanto mais confiantes Richard e Brian ficavam de que estavam atrás de algo real, mais eles fincavam seus pés em águas agitadas.

Quando eles alcançaram 5% da ação, precisaram fazer a documentação na SEC — notificando o público sobre o que estavam fazendo — mas, ainda assim, de alguma forma, seu interesse permaneceu principalmente na surdina, talvez porque, naquela época, a mídia de negócios tinha ficado distraída com o drama desenrolando entre a multidão do WallStreetBets e a Melvin. Um pequeno hedge fund nascido em Montreal e nomeado com uma etiqueta antirroubo possivelmente não poderia competir com a narrativa Davi versus Golias pronta.

No momento em que a ação começou a realmente explodir, a Senvest tinha adquirido em torno de 7% das ações disponíveis. Não era bem o investimento que Ryan Cohen tinha colocado na empresa, mas era o suficiente para, de repente, ter uma voz na gestão — e,

CAPÍTULO VINTE E NOVE

como era de seu feitio, Richard e seu time imediatamente foram ao trabalho, tentando impulsionar a empresa para a transformação que eles acreditavam ser possível. Ao final de 2020 e no início de janeiro, tentaram o melhor para convencer a diretoria a parar de lutar com Cohen e trazê-lo para eles. Apesar da Senvest já ter dobrado, e então triplicado seus investimentos — eles sabiam que, com Cohen ajudando a comandar, a GameStop poderia realmente ter uma chance de se tornar um gigante de e-commerce ao invés de um dinossauro de loja física, envelhecendo.

Quando as notícias chegaram, em 11 de janeiro, de que a gestão considerou suas sugestões e Cohen se juntaria oficialmente à direção da empresa — Richard soube que o pavio tinha sido oficialmente aceso. Quando a ação começou a voar — US$30,00 em 13 de janeiro, US$40,00 um dia depois —, ficou claro que a Senvest era parte de uma grande vitória. A questão era: quanto tempo duraria a maré?

Era talvez a parte mais difícil de investir — saber quando aceitar a vitória. Da posição de Richard no outro lado do trade, ele podia apenas tentar adivinhar como os pensamentos da Melvin estavam, enquanto assistiam à subida da ação. Eles tinham originalmente feito um short da empresa em cerca de US$40,00 a ação, e curtiram sua própria maré vencedora até US$5,00. Eles poderiam ter saído com uma fortuna — mas, incompreensivelmente, as ações voltaram a subir para US$40,00 e foram além, aparentemente dobrando.

Richard não tinha intenção de cometer o mesmo erro. Com o *short squeeze* em seu extremo desde o começo da semana de 25 de janeiro, ele preparou seu time de trading para aceitar sua vitória.

Escolher o momento para sair de uma ação era uma arte e uma ciência. Mas, nesse caso em particular, na altura dessa guerra em particular — aquele momento acertou Richard como se tivesse sido atirado do canhão do navio inimigo.

O tweet de Elon Musk — Gamestonk!! — às 16h08 de 26 de janeiro, que mandou a ação para o alto em espiral, destruindo qualquer posição short ainda de pé e engatilhando o caos que ocorreria logo em seguida, por meio da Robinhood, da Citadel e de qualquer um que a teoria de conspiração decidisse envolver — era o sinal claro que Richard pediu.

Momentum de pico, ele disse a seus traders, e ali mesmo eles começaram o processo de descarregar o volume de suas ações.

Começando no pré-mercado da manhã seguinte, a ação estava bagunçada. Mas o time de Richard, espalhado em mesas em cidades por todo o país, vendeu em frenesi, a um ritmo vertiginoso; Richard e Brian orquestrando via e-mail, mensagens de texto e Zoom.

E, naquela tarde, estava feito. A Senvest tinha vendido todas as suas ações, com lucro de mais de US$700 milhões. Tudo em um único trade.

Em tempos normais, sob circunstâncias normais, eles passariam o resto do dia comemorando. Rolhas de champanhe voando, música ensurdecedora, danças nas mesas, talvez até um terminal Bloomberg ou dois chutados.

Em vez disso, Richard Mashaal sentou sozinho à mesa. Mais tarde, faria um longo passeio de bicicleta na praia, talvez começasse a planejar uma viagem da empresa a Park City para esquiar, a primeira vez que a maioria deles se encontraria desde que a pandemia acometeu suas vidas.

E, sentado ali, sua mente já estava pensando à frente, para qual seria o próximo passo da empresa. Quando tudo esteve louco, antes deles saírem de sua posição, um dos traders mais jovens de Richard tinha chamado a atenção dele para os amadores, nos fóruns do Reddit, que gostavam de chamar lucro de "tendies".

Provavelmente US$700 milhões eram a maldita galinha inteira; mesmo assim, a graça da coisa era que, quando algo tinha um gosto bom, mesmo que comesse muito, a pessoa não se sentia cheia.

Só a fazia ficar faminta por mais.

DEPOIS

Em 19 de fevereiro, um dia depois da audiência no Congresso sobre o *short squeeze* que abalou o mundo, Keith Gill postou sua primeira atualização YOLO no WallStreetBets em mais de duas semanas. De acordo com as capturas de tela anexadas à postagem, Keith tinha adicionado um ponto de exclamação ao seu depoimento — colocando mais de seu dinheiro em prol de sua crença imutável de que a GameStop estava no começo de sua jornada na era digital, e não próxima do fim. Apesar do fato do preço da GME ter desabado de altas de aproximadamente US$500,00 cada após as ações da Robinhood terem, sem dúvidas, colocado uma tampa no *short squeeze* motivado pelo WSB para uma baixa de US$40,00, Keith tinha anunciado, por meio de sua postagem, que ele estava obstinado como sempre, dobrando sua aposta para 100 mil parcelas da ação, em adição ao seu US$1,5 milhão em *call options*.

Se o preço ativo da GME nas semanas e nos meses que seguiram a postagem de Keith dizia algo, era que Keith não estava sozinho em seu amor pela ação; apesar do preço permanecer estável em US$40,00 nos próximos dias, ao final da semana, a GME estava elevadíssima de novo. O ímpeto para a alta repentina — de cerca de US$45,00 a ação na quarta-feira, 23 de fevereiro, para impressionantes US$142,90 em 26 de fevereiro, era ainda incerto, apesar de provavelmente ter inúmeras causas: o apoio contínuo de Keith movimentando a fidelidade do WSB — que, naquele momento, estava fechando em vertiginosos 10 milhões de inscritos. O pedido de demissão do CFO da GameStop, Jim Bell, o qual pode ter representado uma mudança na estratégia adiante, para se alinhar mais aos sonhos digitais da empresa de Ryan Cohen e de seus patrocinadores. E um tweet enigmático do próprio Cohen, que aterrissou no Twitter às 13h57 do dia 24, consistindo na foto de uma casquinha de sorvete do McDonald's com um emoji de sapo. Apesar de Cohen não ter incluído uma explicação na foto, muitos assumiram que ele estava contando ao mundo que tinha intenção de consertar a GameStop, da maneira como o McDonald's tinha planejado consertar suas duvidosas e famosas máquinas de sorvete.

Qualquer que seja a razão inicial, a montanha-russa GME estava de volta nos trilhos; nas próximas 12 semanas, o preço da ação oscilou na alta de US$283,00 e continuou sua gangorra volátil enquanto mais notícias continuaram a alimentar a narrativa de que a GameStop tinha finalmente visto a luz e tentaria mudar seus fundamentos para coincidir mais claramente com sua avaliação repentinamente elevadíssima. Para esse fim, a empresa vendeu 3,5 milhões de parcelas de sua ação, aumentando para US$500 milhões, a fim de diminuir sua dívida e investir em um futuro focado no online. O diretor executivo da GameStop, George Sherman, anunciou que ele renunciaria — para uma suposta indenização de US$179 milhões, uma feliz coincidência do preço da ação disparado, não relacionado à performance em um sentido tradicional — enquanto Ryan Cohen foi nomeado presidente, significando a intenção da gerência de usar o momento para sua vantagem, pois eles miraram na transformação da GameStop em um e-commerce gigantesco, como Keith sempre tinha acreditado que poderia ser.

No momento da escrita deste livro, a ação ainda paira em ricos US$159,48, colocando a avaliação da empresa bem acima de US$11 bilhões. Ainda resta ver se essa avaliação é de alguma forma sensata

— se Keith Gill está certo, se a GameStop pode ser bem-sucedida em se tornar a Amazon de videogames, ao invés de uma loja física retrô como a Blockbuster — ou se os vendedores a descoberto foram visionários todo o tempo, e a cortina de fumaça dessa ilusão compartilhada, inspirada pelo Reddit, por fim se dissiparia e a ação despencaria de volta para a Terra.

Mas a maior questão poderia ser: realmente importa o que a gerência da GameStop faz? Os fundamentos da empresa — *quaisquer* fundamentos da empresa — terão relevância no preço da ação no mundo para o qual estamos nos movendo, onde um grupo de amadores em redes sociais pode mover mercados?

Onde um tweet bem construído, um meme particularmente cômico ou uma postagem inspiradora YOLO pode mudar bilhões de dólares na avaliação da empresa?

Em tal futuro revolucionário pós-GameStop ainda há realmente algo como um gelo derretendo? Ou toda ação agora — talvez o próprio mercado — é mais como um balão livre?

Quando se espeta um alfinete em um balão, ele não desaba em direção ao chão. Ele dispara em ângulos estranhos, às vezes em alturas extremas, girando e espiralando, subindo e descendo — até que finalmente fica sem ar. Então ele pode flutuar de volta para o chão; ou ele pode contrariar a lógica e a razão, ser pego em uma brisa forte — e subir, subir, para sempre.

AGRADECIMENTOS

Primeiro e mais importante, eu preciso agradecer aos meus filhos, Asher e Arya, por me arrastarem para todas as GameStops por onde sempre passávamos; quando essa história explodiu nas notícias e comecei a receber ligações de todos que eu conhecia me contando que isso era algo que eu nasci para escrever, eu já estava munido e preparado. Agradecimentos enormes também para meus agentes brilhantes, Eric Simonoff e Matt Snyder, que fizeram duas dessas ligações, me levando a mergulhar nessa situação surreal. Eu também estou em dívida com o meu fantástico editor, Wes Miller, por trabalhar dia e noite durante esses anos estranhos, e ajudar a fazer desta uma das melhores experiências de escrita da minha carreira; e a Andy Dodds, por me ajudar a planejar uma turnê do livro em um tempo tão incomum. Obrigado também a meu incrível time em Hollywood por sua fé, seu encorajamento e sua criatividade — Mike Deluca, que dirigiu comigo desde Vegas, Pam Abdy e Katie Martin Kelley — e o megaprodutor Aaron Ryder, cujos filmes têm me emocionado por anos. Também agradeço enormemente às nossas roteiristas, Lauren Schuker Blum e Rebecca Angelo; mal posso esperar para ver o que farão com isso.

Um projeto como este vive e morre na fonte. Eu fui afortunado de ter a ajuda e o conhecimento de muitos, a maioria dos quais precisa permanecer anônima. Um obrigado especial a Ross Gerber, que me ensinou muito sobre a Tesla e sobre finanças. Obrigado também a Bem Wehrman, um dos meus gurus do Twitter — e ao próprio Twitter que, junto com o Reddit e os recursos que ambos forneceram, tornou este livro possível.

Mais importante, e como sempre, obrigado a Tonya, minha arma secreta. E Asher, Arya, Bugdy, Bagel e meus pais — vocês fazem tudo valer a pena.

SOBRE O AUTOR

Ben Mezrich é autor best-seller do *New York Times* por *Bilionários por Acaso* (adaptado por Aaron Sorkin em um filme de David Fincher, *A Rede Social*) e *Quebrando a Banca* (adaptado no filme sensação nº 1 de bilheteria, *Quebrando a Banca*), assim como muitos outros livros mais vendidos. Seus livros venderam mais de 6 milhões de cópias ao redor do mundo. O próximo romance de Mezrich, *The Midnight Ride,* será publicado pela GCP no início de 2022.

ÍNDICE

A

Ações
　em deep value, 65
　em short, 117
　long-short, 106
Alexander Kearns, 141
Alexandria Ocasio-Cortez, 258
Andrew Left, 132, 144

B

Baiju Bhatt, 45, 256
Barack Obama, 35
Barstool, 152
Blaine Luetkemeyer, 253
Brian Gonick, 274

C

Call options, 71
Centro de Medicina Psiquiátrica
　Davis (CMPD), 29
Chamath Palihapitiya, 170
Citadel, 175, 252
　Citadel Securities, 179, 260
Citron Research, 132
Clarence Saunders, 71
　Piggly Wiggly, 71
Clearing, 50, 141, 204, 264
　corretora de, 143
　T+2, 143
Colapso financeiro de 2008, 84

Comunidade WallStreetBets, 130, 151, 169, 219
Conta de trading, 57, 92
Corrente de raiva, 62
Covid, 95, 103, 120
Crise financeira de 2008, 61

D

Dark web, 39
David Einhorn, 163
David Portnoy, 152, 221
David Scott, 257
Day trading, 142
DeepFuckingValue, 78, 91, 98
Depository Trust & Clearing Corporation, 143
DFV, 188
    atualização YOLO, 218, 279
    atualização YOLO de, 153
    atualizações YOLO, 195
Diálogo extremista, 37
Discord, 189, 212
Documento 13F, 110
Donald Trump, 35
Dopamina, 93

E

Elon Musk, 157, 173, 187, 198, 207, 228, 277
Emma Jackson, 43

F

Facebook, 37
Filosofia de trading, 78

G

Gabe Plotkin, 103, 112, 118, 134, 167, 249
GameStop, 67, 78, 107, 116, 144, 185, 209, 253, 280
    investimento YOLO na, 82
Gatinho Rugidor, 79, 116
GME
    volatilidade geral da, 144

H

Hillary Clinton, 36

J

Jaime Rogozinski, 37
Jenny Just, 51
Jeremy Poe, 75, 127, 192, 226
Jim Swartwout, 137, 204
Juan Vargas, 262

K

Keith Gill, 65, 115, 215, 267, 279
    portfólio de trading, 66

Ken Griffin, 146, 175, 260

Kim Campbell, 29, 87, 119, 149, 237

L

Lehman, 178

M

Mark Cuba, 209

Martin Shkreli, 38
    Mano Pharma, 38

Matt Hulsizer, 51

Maxine Waters, 250

Mecanismo de pagamento por order flow, 212

Melvin Capital, 103, 134, 169, 194, 212, 251

Mercado de ações, 57

Michael Burry, 72, 91, 170, 275

Missão SpaceX, 160

O

Occupy Wall Street, 47

Options, 142

Order flow, 146

P

Padrões de trading anormais, 145

Pagamento por order flow, 258

Pandemia, 81

Plataforma de trading, 140

Portfólios, 58

Posições short, 69

Pressão de short, 117

Privacidade pessoal, 37

Q

Quebra de 2008, 146

R

Rashida Tlaib, 263

Reddit, 37, 111, 153, 200, 221
    subreddit, 37, 57, 109, 130, 233

Rede antissocial, 41

Richard Mashaal, 273

Robinhood, 45, 62, 90, 120, 137, 180, 204, 240, 252

Ryan Cohen, 79, 91, 117, 275

S

Sara Morales, 55, 95, 185, 245

Senvest Management, 273

Short squeeze, 70, 118, 131, 181, 189, 212, 217, 279
   implosão do, 218
   lendário, 118
SpaceX, 161
Steve Cohen, 134, 212, 221, 265

T

Tendieman, 128
Teorias da conspiração, 37
Tesla, 157
Traders de varejo, 179, 208, 217, 254
Trades YOLO, 79, 116
Trading
   de margem, 142
   de varejo, 189
Twitter, 37

V

Vale do Silício, 43
Valley Internet, 43
VAR, valor de risco, 206
Venda a descoberto, 69, 111
Vendedores a descoberto, 117, 124
   batalha da Tesla com, 162

Vlad Tenev, 45, 203, 256
Volatilidade no sistema, 251
Volkswagen
   tentativa de tomada da, 70

W

Wall Street, 62, 99, 106, 130, 221
   pessoasl alinhadas contra, 62
   provocar, 130
   raiva profunda contra, 99
WallStreetBets, 37, 109, 120, 171, 187, 276
   encerramento dos servidores do, 198

Y

YOLO, 78